Lerne mit uns komplexe Statistik!

Eckehard Kuhlmei

Lerne mit uns komplexe Statistik!

Drei Studis erklären fortgeschrittene statistische
Verfahren und ihre SPSS-Anwendungen

Eckehard Kuhlmei
Département de Psychologie
Université de Fribourg
Fribourg, Schweiz

Zusätzliches Material zu diesem Buch finden Sie auf ▶ http://www.lehrbuch-psychologie.springer.com

ISBN 978-3-662-61750-2   ISBN 978-3-662-61751-9 (eBook)
https://doi.org/10.1007/978-3-662-61751-9

Die Deutsche Nationalbibliothek verzeichnet diese Publikation in der Deutschen Nationalbibliografie; detaillierte bibliografische Daten sind im Internet über ▶ http://dnb.d-nb.de abrufbar.

© Springer-Verlag GmbH Deutschland, ein Teil von Springer Nature 2020
Das Werk einschließlich aller seiner Teile ist urheberrechtlich geschützt. Jede Verwertung, die nicht ausdrücklich vom Urheberrechtsgesetz zugelassen ist, bedarf der vorherigen Zustimmung des Verlags. Das gilt insbesondere für Vervielfältigungen, Bearbeitungen, Übersetzungen, Mikroverfilmungen und die Einspeicherung und Verarbeitung in elektronischen Systemen.
Die Wiedergabe von allgemein beschreibenden Bezeichnungen, Marken, Unternehmensnamen etc. in diesem Werk bedeutet nicht, dass diese frei durch jedermann benutzt werden dürfen. Die Berechtigung zur Benutzung unterliegt, auch ohne gesonderten Hinweis hierzu, den Regeln des Markenrechts. Die Rechte des jeweiligen Zeicheninhabers sind zu beachten.
Der Verlag, die Autoren und die Herausgeber gehen davon aus, dass die Angaben und Informationen in diesem Werk zum Zeitpunkt der Veröffentlichung vollständig und korrekt sind. Weder der Verlag, noch die Autoren oder die Herausgeber übernehmen, ausdrücklich oder implizit, Gewähr für den Inhalt des Werkes, etwaige Fehler oder Äußerungen. Der Verlag bleibt im Hinblick auf geografische Zuordnungen und Gebietsbezeichnungen in veröffentlichten Karten und Institutionsadressen neutral.

Einbandabbildungen: v.l.n.r. © Jeanette Dietl/stock.adobe.com, © Alliance/stock.adobe.com, © muro/stock.adobe.com
Illustrationen von Erica Desch Kuhlmei

Planung/Lektorat: Joachim Coch
Springer ist ein Imprint der eingetragenen Gesellschaft Springer-Verlag GmbH, DE und ist ein Teil von Springer Nature.
Die Anschrift der Gesellschaft ist: Heidelberger Platz 3, 14197 Berlin, Germany

Vorwort und Einleitung

Liebe Leserin, lieber Leser,

das Buch *Lerne mit uns komplexe Statistik!* ist die Fortsetzung von dem Buch *Lerne mit uns Statistik!* von Kuhlmei (2018). Es wurde erstellt, um die teilweise etwas ungeliebte, aber notwendige Studienkomponente *Statistik* den Studierenden in den Sozialwissenschaften – nun auch für die fortgeschrittenen Verfahren – leichter zugänglich zu machen.

- **Konzept und Zielsetzungen**

Die *komplexeren* statistischen Verfahren (die Fragestellung betreffend mit jeweils mehr als zwei inhaltlichen Variablen) mit ihren Hypothesenprüfungen werden hier nach den gleichen Konzepten wie bei Kuhlmei (2018) möglichst leicht verständlich präsentiert. Es werden dazu die folgenden acht Punkte umgesetzt:

1. Lebendiger Dialog zwischen drei befreundeten Psychologiestudierenden Stoffel, Stefanie und Stevie mit möglichst interessanten konkreten inhaltlichen psychologischen Fragestellungen.
2. Cartoons zur humorvollen Auflockerung.
3. Überwiegende Verwendung von realen Datensätzen.
4. Detaillierte SPSS-Ablaufschemata.
5. Einheitliches Ablaufschema für die statistischen Verfahren mit den folgenden zehn Punkten: 1) Fragestellung, 2) Wissenschaftliche Hypothese, 3) Statistische Hypothesen, 4) Versuchsplanung, 5) Datenerhebung und Datentabelle, 6) Stichprobenergebnisse bzw. SPSS-Ergebnisse, 7) Vorbetrachtung und Betrachtung der Voraussetzungen, 8) Empirische Prüfgrößen und Irrtumswahrscheinlichkeiten p, 9) Entscheidungen, 10) Ergebnisdarstellungen, Interpretation und Diskussion.
6. Verzicht auf die Wahrscheinlichkeitsrechnung und auf theoretische mathematische Modelle.
7. Komplexe Abläufe werden Schritt für Schritt gut nachvollziehbar dargestellt.
8. Kennzeichnung von möglichen Sprungstellen – bei anspruchsvolleren und abstrakteren Darstellungen – für ein leichteres, flüssigeres Lesevergnügen:

Sprungmöglichkeit →
← Sprungmöglichkeit

- **Voraussetzungen für die Lektüre**

Für das Verständnis der komplexen Statistik werden die Grundkenntnisse, die üblicherweise in den entsprechenden Statistik-Bachelorveranstaltungen erworben werden, vorausgesetzt.

Zur Auffrischung und Wiederholung dieses Basiswissens empfehlen wir die Bücher von Kuhlmei (2018), Rasch, Friese, Hofmann und Naumann (2014a), Rasch, Friese, Hofmann und Naumann (2014b), Bortz (2005) sowie Bortz und Schuster (2010). Weitere, gut sortierte Literaturvorschläge finden sich bei Kuhlmei (2018, S. 223–228).

Hinweis: In dem Buch *Lerne mit uns Statistik!* von Kuhlmei (2018) werden die fiktiven Dialogpartner Stoffel, Stefanie und Stevie vorgestellt, die Verwendung und die Eigenschaften von Variablen erläutert, die grundlegenden Anwendungsabläufe mit SPSS erklärt, die Auswahl und die Durchführung der inferenzstatistischen Verfahren behandelt. In der deskriptiven Statistik werden Tabellen und Grafiken erstellt. Die *einfachen* inferenzstatistischen Verfahren (die Fragestellung betreffend mit jeweils maximal zwei inhaltlichen Variablen): chi^2-Tests, U-Test und Vorzeichen-Test, t-Tests, einfaktorielle Varianzanalysen, Produkt-Moment-Korrelation und einfache lineare Regressionsanalyse werden nach einem einheitlichen Ablaufschema im Dialog bearbeitet.

■ **Verwendung des Statistikprogramms SPSS (Version 26)**

Wie bei Kuhlmei (2018) mit der SPSS-Version 24 werden die hier verwendeten Daten- und Ergebnistabellen in starker Anlehnung an die SPSS-Ergebnistabellen – jetzt mit der Version 26 – aufbereitet, ohne damit identisch zu sein. Es werden wiederum überflüssige SPSS-Elemente weggelassen, Reihenfolgen von Ergebnissen umgestellt und teilweise Kennzeichnungen hinzugefügt, wenn es der besseren Verständlichkeit und der Prägnanz dient. Wir verwenden auch hier wieder, wie es im deutschsprachigen Raum üblich ist, das Dezimalkomma für das Dezimaltrennzeichen und nicht den Dezimalpunkt wie bei SPSS (englischsprachiger Raum).

■ **Übersicht**

Der **erste Teil** – Hypothesenprüfungen – beginnt in ▶ Kap. 1 mit der Vorstellung des fiktiven Datensatzes und der Übersicht zu den mehrfaktoriellen Varianzanalysen. Im ▶ Kap. 2 werden dann die mehrfaktoriellen Varianzanalysen, mit und ohne abhängige Stichproben, zur Prüfung von (Mittelwerts-)Unterschiedshypothesen durchgeführt.

Der reale Datensatz und die Übersicht für die weiteren, komplexen statistischen Verfahren werden im ▶ Kap. 3 präsentiert. Die Prüfungen von Scheinkorrelationen werden im ▶ Kap. 4 im Kontext der Partialkorrelationen vorgenommen. Im ▶ Kap. 5 wird demonstriert, wie normal geeignete Prädiktoren, Suppressorvariablen, Moderatorvariablen, Mediatorvariablen und mehrstufige nominalskalierte Prädiktoren in der multiplen Regressionsanalyse eingesetzt bzw. geprüft werden können. Die normale Verwendung von Prädiktoren und auch von Suppressorvariablen im Rahmen der Diskriminanzanalyse erfolgt im ▶ Kap. 6. Wie mithilfe von Kreuzvalidierungen bei der multiplen Regressionsanalyse und bei der Diskriminanzanalyse das Problem der Stichprobenabhängigkeit angegangen werden kann, wird im ▶ Kap. 7 aufgezeigt.

Der **zweite Teil** – Sonderfall, Prüfungen der Voraussetzungen und Robustheitsstudien – startet im ▶ Kap. 8 mit dem Levene-Test. Zunächst wird der Sonderfall der Hypothesenprüfungen behandelt, bei dem sich die inhaltliche Fragestellung auf die Varianzen (und nicht auf die Mittelwerte oder Häufigkeiten) von zwei untersuchten Gruppen bezieht. Anschließend wird die Prüfung der Varianzhomogenität (Modellvoraussetzung) durchgeführt. Im ▶ Kap. 9 werden visuelle Analysen, der z-Test und der Kolmogorov-Smirnov- bzw. Lilliefors-Test für die Prüfung der Normalverteilungsannahme präsentiert. Im abschließenden ▶ Kap. 10 wird etwas ausführlicher auf das Thema der Robustheitsstudien zu den Signifikanztests eingegangen.

- **Sprachliche Hinweise**

Mit der üblichen Verwendung von geschlechtseinseitigen Bezeichnungen wie z. B. „Patient" usw. sollen stets das männliche und das weibliche Geschlecht gleichberechtigt angesprochen werden.

Abweichend von den grammatikalischen Regeln wird in diesem Buch aus Gründen der besseren und flüssigeren Lesbarkeit des Textes bei den Dialogen durchgehend auf die zu verwendenden *Ausführungszeichen* der direkten Rede verzichtet.

- **Methodischer Hintergrund**

Zu der Auswahl, Bewertung und Begründung der verwendeten Fragestellungen, zum wissenschaftstheoretischen Hintergrund, zu den verwendeten Signifikanztestkonzepten, zur Versuchsplanung und zu den Prüfungen der Voraussetzungen haben wir unter dem Punkt *Methodische Hinweise* im Vorwort von Kuhlmei (2018) bereits eine kurze Stellungnahme bezogen, die wir im Wesentlichen auch für dieses Buch in Anspruch nehmen.

Fribourg
im November 2020

Danksagung

Zunächst möchte ich mich bei allen meinem Psychologiestudenten und SPSS-Tutoren bedanken, die während etwa 35 Jahren Statistiklehrtätigkeit konstruktiv mit mir zusammengearbeitet haben und mich mit hilfreichen Tipps bei der Entstehung, Entwicklung und Erstellung dieser Arbeit unterstützt haben.

Bei Prof. Birgit Brouer, Prof. Peter Gerjets, Prof. em. Oswald Huber, Prof. Thomas Ledermann und Prof. Holger Schmid bedanke ich mich für sehr wertvolle Korrekturhinweise.

Für die verbliebenen Fehler und Mängel im Text trage ich allein die Verantwortung.

Für die sehr gute und freundliche Zusammenarbeit mit dem Springer-Verlag bedanke ich mich bei Herrn Joachim Coch und Frau Judith Danziger.

Meine Frau Erica hat meine Ideen und Vorstellungen zu den Illustrationen wunderbar umgesetzt. Herzlichen Dank.

Fribourg
im November 2020

Website-Seite

Materialien zum Lehrbuch Lerne mit uns komplexe Statistik! im Internet – ▶ www.lehrbuch-psychologie.springer.com

- Kapitelzusammenfassungen: Das steckt drin im Lehrbuch
- Leseprobe
- Für die Lehre – fertig zum Download: Abbildungen und Tabellen für Dozentinnen und Dozenten

Weitere Websites unter ▶ www.lehrbuch-psychologie.springer.com

- Zusammenfassungen der Buchkapitel
- Leseprobe
- SPSS-Datensätze zum Download
- Abbildungen und Tabellen für Dozentinnen und Dozenten zum Download

- Rechnen mit SPSS und R: Syntax-Kommentare zur Berechnung der Software
- Glossar der wichtigsten Fachbegriffe
- Zusammenfassungen der 28 Buchkapitel
- Karteikarten: Überprüfen Sie Ihr Wissen
- Foliensätze sowie Tabellen und Abbildungen für Dozentinnen und Dozenten zum Download

Materialien zum Lehrbuch Lerne mit uns komplexe Statistik! im Internet – ▶ www.lehrbuch-psychologie.springer.com

- Kapitelzusammenfassungen
- Verständnisfragen und Antworten
- Glossar mit zahlreichen Fachbegriffen
- Karteikarten
- SPSS- und G*Power-Ergänzungen, Aufgaben und Datensätze

- Kapitelzusammenfassungen
- Karteikarten: Überprüfen Sie Ihr Wissen
- Glossar der wichtigsten Fachbegriffe
- Übungsaufgaben
- Tabellen statistischer Kennziffern

Inhaltsverzeichnis

I Hypothesenprüfungen

1   Einstieg in die mehrfaktoriellen Varianzanalysen 3
1.1   Fiktiver Datensatz 4
1.2   Übersicht 9

2   Mehrfaktorielle Varianzanalysen 11
2.1   Mehrfaktorielle Varianzanalyse mit unabhängigen Stichproben 12
2.1.1 Basisablauf: Zweifaktorielle Varianzanalyse 16
2.1.2 Ergänzungen: Beispiel für eine vermutete disordinale Interaktion 28
2.2   Mehrfaktorielle Varianzanalyse mit abhängigen Stichproben 32
2.2.1 Basisablauf: Zweifaktorielle Varianzanalyse mit Messwiederholungen auf
      beiden Faktoren 33
2.2.2 Basisablauf: Zweifaktorielle Varianzanalyse mit Messwiederholung auf
      einem der beiden Faktoren 45

**3   Einstieg in die Partialkorrelationen, Regressionsanalysen
      und Diskriminanzanalysen** 57
3.1   Realer Datensatz 58
3.2   Übersicht 62

4   Partialkorrelationen 67
4.1   Basisablauf: Prüfung auf „Scheinkorrelation" 69
4.2   Ergänzungen: Weitere Partialkorrelationen 75

5   Multiple Regressionsanalyse 77
5.1   Basisablauf: Zwei *normal geeignete* Prädiktoren 79
5.2   Basisablauf: Traditioneller Suppressoreffekt 89
5.3   Moderatorvariablen 101
5.3.1 Basisablauf: Dichotome Moderatorvariable als Interaktionseffekt 102
5.3.2 Basisablauf: Dichotome Moderatorvariable im Gruppenvergleich 110
5.4   Mediatorvariablen 117
5.4.1 Basisablauf: Totale Mediatorvariable 119
5.4.2 Partielle Mediatorvariable 126
5.5   Nominalskalierte Prädiktorvariablen 127
5.5.1 Basisablauf: Dreistufige nominalskalierte Prädiktorvariable 128
5.5.2 Hinweis auf das allgemeine lineare Modell 134
5.6   Zwei Anwendungsbereiche der multiplen Regressionsanalyse mit
      typischerweise mehr als 2 Prädiktoren 134
5.6.1 Diagnostik 135
5.6.2 Polynome höheren Grades 135

6   Diskriminanzanalyse 137
6.1   Basisablauf: Zwei Prädiktoren 140

6.2	Basisablauf: Traditioneller Suppressoreffekt	151
6.3	Hinweise zu verwandten Verfahren	166
6.3.1	Multivariater t-Test	166
6.3.2	Multivariate Varianzanalyse	167
6.3.3	Logistische Regressionsanalyse	168
7	**Ergänzungen zu der Regressionsanalyse und der Diskriminanzanalyse**	**173**
7.1	Bedeutungen der einzelnen Prädiktoren	174
7.2	**Kreuzvalidierung**	174
7.2.1	Kreuzvalidierung bei der multiplen Regressionsanalyse	175
7.2.2	Kreuzvalidierung bei der Diskriminanzanalyse	176

II Sonderfall, Prüfungen der Voraussetzungen und Robustheitsstudien

8	**Varianzhomogenität: Levene-Test**	**181**
8.1	Sonderfall – Basisablauf: Zwei unabhängige Stichproben	183
8.2	Basisablauf: Prüfung der Varianzhomogenität (Modellvoraussetzung)	187
8.3	Indirekte Prüfung der Varianzen	189
9	**Prüfung der Normalverteilungsannahme von stetigen, (mindestens) intervallskalierten Variablen**	**191**
9.1	Visuelle Analysen	193
9.1.1	Häufigkeitsverteilung mit eingezeichneter Normalverteilung	193
9.1.2	P-P-Plot	196
9.2	Signifikanztests	198
9.2.1	z-Tests für die Schiefe und die Kurtosis	199
9.2.2	Kolmogorov-Smirnov-Test/Lilliefors-Test	203
9.3	Gesamtbewertung der visuellen Analysen und der Signifikanztests	205
10	**Robustheitsstudien zu den Signifikanztests**	**207**
10.1	Monte-Carlo-Studien	208
10.1.1	z-Test (Stichprobe/Population) und Monte-Carlo-Studien	209
10.1.2	t-Test (Stichprobe/Population) und Monte-Carlo-Studien	210
10.1.3	Weitere Signifikanztests, Variationen und Robustheitskriterium	211
10.2	**Die beiden gegensätzlichen Standpunkte bei den Robustheitsstudien**	213
10.2.1	Positive und differenzierte Robustheitsnachweise	214
10.2.2	Negative und differenzierte Robustheitsnachweise	216
10.2.3	Konfrontationsschlag mit der Realität von Micceri	218
10.2.4	Konterschlag gegen Micceri von Sawilowsky und Blair	219
10.2.5	Abschließende Bemerkungen	219

Serviceteil

Literatur	224
Stichwortverzeichnis	227

Hypothesenprüfungen

Inhaltsverzeichnis

Kapitel 1 Einstieg in die mehrfaktoriellen Varianzanalysen – 3

Kapitel 2 Mehrfaktorielle Varianzanalysen – 11

Kapitel 3 Einstieg in die Partialkorrelationen, Regressionsanalysen und Diskriminanzanalysen – 57

Kapitel 4 Partialkorrelationen – 67

Kapitel 5 Multiple Regressionsanalyse – 77

Kapitel 6 Diskriminanzanalyse – 137

Kapitel 7 Ergänzungen zu der Regressionsanalyse und der Diskriminanzanalyse – 173

Bei den Varianzanalysen werden Unterschiedshypothesen geprüft. Es geht darum, ob sich die arithmetischen Populationsmittelwerte auf der abhängigen Variable für die verschiedenen Gruppen unterscheiden, die sich aus den unterschiedlichen Kombinationen der verschiedenen Stufen der unabhängigen Variablen ergeben können.

Bei den Partialkorrelationen und bei den multiplen Regressionsanalysen werden Zusammenhangshypothesen geprüft. Es stellt sich die Frage, ob es einen statistischen Zusammenhang zwischen einem oder mehreren Prädiktor(en) mit einer weiteren Variable (meist als Kriterium bezeichnet) in der Population gibt.

Bei den Diskriminanzanalysen werden erneut Unterschiedshypothesen geprüft. Es wird geprüft, ob mithilfe von mehreren Prädiktoren die verschiedenen Gruppen des Kriteriums richtig zugeordnet werden können. Dabei wird u. a. analysiert, ob sich die arithmetischen Populationsmittelwerte der Prädiktoren für die verschiedenen Gruppen des Kriteriums unterscheiden.

Einstieg in die mehrfaktoriellen Varianzanalysen

Inhaltsverzeichnis

1.1 Fiktiver Datensatz – 4

1.2 Übersicht – 9

© Springer-Verlag GmbH Deutschland, ein Teil von Springer Nature 2020
E. Kuhlmei, *Lerne mit uns komplexe Statistik!*,
https://doi.org/10.1007/978-3-662-61751-9_1

Stoffel: Liebe Leser, ich bin der Stoffel. Ich studiere mittlerweile im sechsten Semester Psychologie und schreibe gerade meine Bachelorarbeit. Ich habe manchmal ziemliche Schwierigkeiten mit der Statistik. Zum Glück habe ich zwei gute Psycho-Freunde, Stefanie und Stevie, die über bessere Statistikkenntnisse als ich verfügen.

Wenn du mehr über mich, Stefanie und Stevie erfahren möchtest, dann schaue bitte in das Buch von Kuhlmei (2018, S. 3–11). Dort haben wir uns bereits ausführlich vorgestellt. Wenn im folgenden Text im sprachlichen Ausdruck die „Wir-Form" verwendet wird, dann sind damit stets „wir" (Stefanie, Stevie und Stoffel) gemeint.

Ob Stefanie und Stevie mir wohl bei den komplexeren statistischen Verfahren – mit mehr als zwei inhaltlichen Variablen – helfen werden?

Stefanie: Hi Stoffel, mach dir mal keine Sorgen. Wir werden dir weiterhin bei deinen Fragen zur Statistik hilfreich zur Seite stehen.

Stevie: Hallo Stoffel, alter Kumpel, alles wird gut. Wir werden gleich mit den mehrfaktoriellen Varianzanalysen beginnen. In den späteren Kapiteln werden wir auch noch die wichtigsten weiteren komplexen statistischen Verfahren (die multiplen Regressionsanalysen usw.) besprechen.

Stefanie: Für unsere Präsentationen zur mehrfaktoriellen Varianzanalyse benötigen wir zunächst noch ein interessantes inhaltliches Thema mit einem geeigneten Datensatz. Stevie, was schlägst du vor?

1.1 Fiktiver Datensatz

Stevie: Wir werden für unsere Hypothesenprüfungen – bei den mehrfaktoriellen Varianzanalysen – eine kleine fiktive Evaluationsstudie zum Behandlungserfolg (Einschlaflatenzzeit; psychisches Wohlbefinden) von 60 depressiven Patienten mit Einschlafstörungen verwenden. Dabei werden zwei klassische verhaltenstherapeutische Maßnahmen – Sport und progressive Muskelentspannung (= PM) – angewendet.

Im Buch *Lerne mit uns Statistik!* von Kuhlmei (2018, S. 168–171) wurde der für die Varianzanalysen erstellte fiktive Datensatz bereits genau beschrieben. Es folgt eine kurze Zusammenfassung dazu.

Zum einen soll der Einfluss der dreistufigen nominalskalierten unabhängigen Variable x1 = *Sport* und der zweistufigen nominalskalierten unabhängigen Variablen x2 = *progressive Muskelentspannung* auf die verhältnisskalierte abhängige Variable x3 = *die (mittlere) Einschlaflatenzzeit* der Patienten untersucht werden.

1 · Einstieg in die mehrfaktoriellen Varianzanalysen

- $x1 = Sport$ (kein Sport = Kontrollgruppe = 1, 3 h Sport pro Woche = 2, 6 h Sport pro Woche = 3).
- $x2 = progressive\ Muskelentspannung$ (keine PM = Kontrollgruppe = 1, tägliche Anwendung der PM = 2).
- $x3 = die\ (mittlere)\ Einschlaflatenzzeit$ (in Minuten am Ende der Therapie).

Zum anderen sollen die Einflüsse von bestimmten *Therapiezeitpunkten* (dreistufige unabhängige Variable) und von bestimmten *Wochentagen* (zweistufige unabhängige Variable) auf die abhängige Variable *psychisches Wohlbefinden* untersucht werden.

Das *psychische Wohlbefinden* wird auf einer Skala von 0 bis 100 vor, während und nach der Therapie erfasst. Dabei finden diese Messwiederholungen jeweils an einem Montag (Wochenbeginn) und einem Samstag (Wochenende) statt. Somit wird das *psychische Wohlbefinden* der Patienten insgesamt drei (vor, während, nach) mal zwei (Montag, Samstag) gleich sechsmal erfasst. Aus berechnungstechnischen Gründen wird die Information der beiden Messzeitpunktvariablen (= nominalskalierte unabhängige Variablen) mit der intervallskalierten abhängigen Variable *psychisches Wohlbefinden* gekoppelt:

- $x4 = psychisches\ Wohlbefinden$ vor der Therapie an einem Montag
- $x5 = psychisches\ Wohlbefinden$ vor der Therapie an einem Samstag
- $x6 = psychisches\ Wohlbefinden$ während der Therapie an einem Montag
- $x7 = psychisches\ Wohlbefinden$ während der Therapie an einem Samstag
- $x8 = psychisches\ Wohlbefinden$ nach der Therapie an einem Montag
- $x9 = psychisches\ Wohlbefinden$ nach der Therapie an einem Samstag

Damit die Einflüsse der beiden Messzeitpunktvariablen auch getrennt in einfaktoriellen und zweifaktoriellen Varianzanalysen mit Messwiederholungen untersucht werden können, wurden zusätzlich die folgenden Variablen bestimmt:
- $x10 = (x4 + x5)/2 = psychisches\ Wohlbefinden$ vor der Therapie
- $x11 = (x6 + x7)/2 = psychisches\ Wohlbefinden$ während der Therapie
- $x12 = (x8 + x9)/2 = psychisches\ Wohlbefinden$ nach der Therapie
- $x13 = (x4 + x6 + x8)/3 = psychisches\ Wohlbefinden$ an einem Montag
- $x14 = (x5 + x7 + x9)/3 = psychisches\ Wohlbefinden$ an einem Samstag

Stoffel: Ich habe diesen Datensatz unter dem Dateinamen *Evaluationsstudie* abgespeichert (◘ Tab. 1.1).

Tab. 1.1 Datensatz der fiktiven Evaluationsstudie für die Varianzanalysen

Person	X1	X2	X3	X4	X5	X6	X7	X8	X9	X10	X11	X12	X13	X14
1	1	1	50	32	37	54	43	25	49	34,5	48,5	37	37	43
2	1	1	59	46	33	47	56	61	73	39,5	51,5	67	51,33	54
3	1	1	60	34	51	35	50	69	60	42,5	42,5	64,5	46	53,7
4	1	1	65	28	39	28	40	35	54	33,5	34	44,5	30,33	44,3
5	1	1	67	16	26	17	49	30	33	21	33	31,5	21	36
6	1	1	71	17	47	39	30	40	42	32	34,5	41	32	39,67
7	1	1	74	41	53	35	51	39	67	47	43	53	38,33	57
8	1	1	81	35	40	37	37	59	58	37,5	37	58,5	43,67	45
9	1	1	82	34	59	13	29	36	40	46,5	21	38	27,67	42,67
10	1	1	90	42	51	41	59	59	85	46,5	50	72	47,33	65
11	1	2	38	44	61	42	60	60	70	52,5	51	65	48,67	63,67
12	1	2	51	43	53	60	45	63	69	48	52,5	66	55,33	55,67
13	1	2	53	55	67	59	64	68	82	61	61,5	75	60,67	71
14	1	2	55	21	30	21	25	61	39	25,5	23	50	34,33	31,33
15	1	2	57	21	40	28	26	36	45	30,5	27	40,5	28,33	37
16	1	2	58	30	41	32	42	50	47	35,5	37	48,5	37,33	43,33
17	1	2	64	36	52	25	55	54	81	44	40	67,5	38,33	62,67
18	1	2	72	37	42	38	54	35	65	39,5	46	50	36,67	53,67
19	1	2	73	22	15	22	30	39	42	18,5	26	40,5	27,67	29
20	1	2	81	24	32	30	37	40	29	28	33,5	34,5	31,33	32,67

(Fortsetzung)

1 · Einstieg in die mehrfaktoriellen Varianzanalysen

Tab. 1.1 (Fortsetzung)

Person	X1	X2	X3	X4	X5	X6	X7	X8	X9	X10	X11	X12	X13	X14
21	2	1	39	12	14	0	27	47	43	13	13,5	45	19,67	28
22	2	1	50	19	49	16	45	26	45	34	30,5	35,5	20,33	46,33
23	2	1	50	53	64	55	44	67	75	58,5	49,5	71	58,33	61
24	2	1	56	52	62	56	61	66	64	57	58,5	65	58	62,33
25	2	1	56	45	55	45	57	56	72	50	51	64	48,67	61,33
26	2	1	62	49	60	48	57	63	75	54,5	52,5	69	53,33	64
27	2	1	65	52	57	59	64	68	72	54,5	61,5	70	59,67	64,33
28	2	1	70	19	29	39	28	63	48	24	33,5	55,5	40,33	35
29	2	1	71	20	21	24	33	27	51	20,5	28,5	39	23,67	35
30	2	1	80	52	66	33	42	69	87	59	37,5	78	51,33	65
31	2	2	32	42	50	49	60	90	53	46	54,5	71,5	60,33	54,33
32	2	2	42	53	64	51	65	71	80	58,5	58	75,5	58,33	69,67
33	2	2	44	35	54	38	54	65	56	45	46	60,5	46,33	54,67
34	2	2	46	33	39	34	46	49	39	36	40	44	38,67	41,33
35	2	2	47	32	36	32	35	51	51	34	33,5	51	38,33	40,67
36	2	2	50	35	25	34	47	48	79	30	40,5	63,5	39	50,33
37	2	2	52	31	41	12	38	39	55	36	25	47	27,33	44,67
38	2	2	60	20	28	21	51	32	66	24	36	49	24,33	48,33
39	2	2	62	54	63	62	63	71	89	58,5	62,5	80	62,33	71,67
40	2	2	70	43	52	47	53	57	69	47,5	50	63	49	58

(Fortsetzung)

◘ Tab. 1.1 (Fortsetzung)

Person	X1	X2	X3	X4	X5	X6	X7	X8	X9	X10	X11	X12	X13	X14
41	3	1	31	32	46	51	43	53	56	39	47	54,5	45,33	48,33
42	3	1	41	33	47	30	31	67	65	40	30,5	66	43,33	47,67
43	3	1	43	35	43	40	41	54	59	39	40,5	56,5	43	47,67
44	3	1	47	43	54	36	53	58	77	48,5	44,5	67,5	45,67	61,33
45	3	1	48	35	34	25	52	64	60	34,5	38,5	62	41,33	48,67
46	3	1	51	52	65	50	62	75	73	58,5	56	74	59	66,67
47	3	1	53	34	42	43	38	52	79	38	40,5	65,5	43	53
48	3	1	56	45	61	46	59	64	74	53	52,5	69	51,67	64,67
49	3	1	63	30	22	26	32	46	55	26	29	50,5	34	36,33
50	3	1	71	33	63	42	24	48	62	48	33	55	41	49,67
51	3	2	14	29	38	33	41	50	57	33,5	37	53,5	37,33	45,33
52	3	2	21	53	58	57	81	45	81	55,5	69	63	51,67	73,33
53	3	2	27	54	69	58	65	70	82	61,5	61,5	76	60,67	72
54	3	2	34	46	58	49	55	49	76	52	52	62,5	48	63
55	3	2	35	37	48	19	40	51	63	42,5	29,5	57	35,67	50,33
56	3	2	36	40	49	45	44	52	68	44,5	44,5	60	45,67	53,67
57	3	2	36	33	62	37	46	48	67	47,5	41,5	57,5	39,33	58,33
58	3	2	43	29	35	31	48	36	54	32	39,5	45	32	45,67
59	3	2	46	27	32	20	56	53	57	29,5	38	55	33,33	48,33
60	3	2	51	34	24	36	47	46	58	29	41,5	52	38,67	43

1.2 Übersicht

Stefanie: Die *mehrfaktorielle Varianzanalyse* mit unabhängigen Stichproben im ▶ Abschn. 2.1 wird verwendet, wenn bei mindestens zwei (zwei- oder mehrstufigen) nominalskalierten Variablen, jeweils keine Abhängigkeiten zwischen den Stufen bestehen.

Wir werden uns auf zwei unabhängige Variablen beschränken. Die Anzahl der Gruppen (Stufen) der ersten nominalskalierten Variable wird mit „p" und der zweiten nominalskalierten Variable wird mit „q" bezeichnet.

Im ▶ Abschn. 2.1.1 sind das die nominalskalierten Variablen *Sport* (x1) mit $p=3$ und *PM* (x2) mit $q=2$. Es geht dann für die Gruppen um die zentrale Tendenz auf der intervallskalierten Variable *Einschlaflatenzzeit* (x3).

Bei der mehrfaktoriellen Varianzanalyse für unabhängige Stichproben müssen pro Gruppenkombination mindestens 5 Personen untersucht werden. Nach Möglichkeit sollten die Stichproben der verschiedenen Gruppenkombinationen gleich groß und jeweils größer als 30 sein.

Bei der *mehrfaktoriellen Varianzanalyse* mit abhängigen Stichproben (▶ Abschn. 2.2) liegt auf mindestens einem der Faktoren (nominalskalierte unabhängige Variable) eine Abhängigkeit zwischen den Stufen vor.

Im ▶ Abschn. 2.2.1 werden wir die zweifaktorielle Varianzanalyse mit Messwiederholung auf beiden Faktoren vorstellen. Wir werden eine Messwiederholung mit der nominalskalierten dreistufigen Variable *Messzeitpunkt* (vor, während und nach der Therapie) und eine weitere Messwiederholung mit der nominalskalierten zweistufigen Variable *Messzeitpunkt* (Montag, Samstag) verwenden. Die intervallskalierte abhängige Variable ist hier das *psychische Wohlbefinden*. Aus berechnungstechnischen Gründen werden die Informationen der *Messzeitpunkt*-Variablen auf die folgende Art und Weise mit der Variable *psychisches Wohlbefinden* gekoppelt:

intervallskaliertes psychisches Wohlbefinden (vor) = x10, *intervallskaliertes psychisches Wohlbefinden* (während) = x11 und *intervallskaliertes psychisches Wohlbefinden* (nach) = x12

und

intervallskaliertes psychisches Wohlbefinden (Montag) = x13 und *intervallskaliertes psychisches Wohlbefinden* (Samstag) = x14.

Bei der *zweifaktoriellen Varianzanalyse* mit Messwiederholung auf beiden Faktoren müssen insgesamt mindestens 10 Personen untersucht werden. Nach Möglichkeit sollte die Stichprobe aber aus mehr als 30 Personen ($N > 30$) bestehen.

Bei der *zweifaktoriellen Varianzanalyse* mit Messwiederholung auf einem Faktor (das wird in der Literatur manchmal auch als *Split-plot*-Versuchsplan bezeichnet) liegt für eine der beiden nominalskalierten Variablen eine Unabhängigkeit zwischen den Stufen vor, und für die andere nominalskalierte Variable sind die Stichproben abhängig.

Im ▶ Abschn. 2.2.2 verwenden wir die Variable *PM* (x2) als die nominalskalierte Variable mit unabhängigen Stichproben. Die Messwiederholung erfolgt mit der nominalskalierten dreistufigen Variable *Messzeitpunkt* (vor, während und nach der Therapie).

Die intervallskalierte abhängige Variable ist hier das *psychische Wohlbefinden*. Aus berechnungstechnischen Gründen wird die Information der *Messzeitpunkt*-Variable auf die folgende Art und Weise mit der Variable *psychisches Wohlbefinden* gekoppelt:

Intervallskaliertes psychisches Wohlbefinden (vor) = x10, *intervallskaliertes psychisches Wohlbefinden* (während) = x11 und *intervallskaliertes psychisches Wohlbefinden* (nach) = x12.

Bei der *zweifaktoriellen Varianzanalyse* mit Messwiederholung auf einem der Faktoren müssen insgesamt mindestens 10 Personen untersucht werden. Nach Möglichkeit sollten die jeweiligen Stichproben aber aus mehr als 30 Personen (N > 30) bestehen.

Stevie: Bei den Varianzanalysen werden wiederholt sogenannte Overall F-Tests in den verschiedenen Vorbetrachtungen (Ablaufschema Punkt 7) durchgeführt. Dabei wird standardmäßig jeweils das Signifikanzniveau von 5 % verwendet. Hinweis: Bei einem Overall-F-Test wird die Gleichheit der Populationsmittelwerte auf der abhängigen Variable über alle Gruppen eines Faktors geprüft.

In der Versuchsplanung (Punkt 4) mit den Teststärkeanalysen und in der Interpretation (Punkt 10) mit der Bestimmung der Stichprobeneffekte werden wir uns darauf beschränken, die entsprechenden Berechnungen nur für diese Overall-F-Tests durchzuführen bzw. zu besprechen.

Für die dazugehörigen, möglicherweise anschließend durchgeführten t-Tests (Einzelvergleiche bzw. Kontraste) verweisen wir, sowohl bei der Versuchsplanung (Punkt 4) mit den Teststärkeanalysen als auch bei den Interpretationen (Punkt 10) mit den Stichprobeneffekten, auf unsere entsprechenden Darstellungen zu den t-Tests im Buch *Lerne mit uns Statistik!* von Kuhlmei (2018, S. 135–160).

Im Folgenden geben wir eine Übersicht mit Hinweisen zu den Prüfungen der Voraussetzungen bzw. zu der Robustheit der im ▶ Kap. 2 verwendeten varianzanalytischen Verfahren.

> **Prüfung der Voraussetzungen zu den Varianzanalysen**
> Für die im ▶ Kap. 2 durchzuführenden F-Tests und t-Tests sind die Stichproben durchgehend gleich groß. In einigen Fällen liegen die Stichprobengrößen der einzelnen Gruppen aber unter 30. Da die Stichproben (im Minimum) mit N = 20 noch relativ groß sind, können wir hier auf die Prüfungen der Voraussetzungen (Varianzhomogenität und Normalverteilung) noch *relativ problemlos* (mit dem Hinweis auf die grundsätzlich gute Robustheit der Verfahren) verzichten. Falls aber trotzdem eine Prüfung der Voraussetzungen gewünscht wird, dann sind in den ▶ Kap. 8 und 9 die dazu erforderlichen Prozeduren zu finden.
> Bei den Varianzanalysen mit abhängigen Stichproben führen wir standardmäßig den Mauchly-Test durch (für die indirekte Prüfung der wichtigen zusätzlichen Voraussetzung auf *Varianzhomogenität* und Homogenität der Korrelationen (für die verschiedenen Messzeitpunkte)).

Mehrfaktorielle Varianzanalysen

Inhaltsverzeichnis

2.1	**Mehrfaktorielle Varianzanalyse mit unabhängigen Stichproben – 12**	
2.1.1	Basisablauf: Zweifaktorielle Varianzanalyse – 16	
2.1.2	Ergänzungen: Beispiel für eine vermutete disordinale Interaktion – 28	
2.2	**Mehrfaktorielle Varianzanalyse mit abhängigen Stichproben – 32**	
2.2.1	Basisablauf: Zweifaktorielle Varianzanalyse mit Messwiederholungen auf beiden Faktoren – 33	
2.2.2	Basisablauf: Zweifaktorielle Varianzanalyse mit Messwiederholung auf einem der beiden Faktoren – 45	

© Springer-Verlag GmbH Deutschland, ein Teil von Springer Nature 2020
E. Kuhlmei, *Lerne mit uns komplexe Statistik!,*
https://doi.org/10.1007/978-3-662-61751-9_2

2.1 Mehrfaktorielle Varianzanalyse mit unabhängigen Stichproben

Stevie: Wir werden uns auf die zweifaktorielle Varianzanalyse beschränken und sollten dafür zunächst einige der zu verwendenden zentralen Begriffe klären und veranschaulichen:

Die beiden unabhängigen Variablen werden als Faktoren A und B bezeichnet. Die dreistufige nominalskalierte Variable x1 (Sport) im folgenden ▶ Abschn. 2.1.1 wird dementsprechend der Faktor A und die zweistufige nominalskalierte Variable x2 (Progressive Muskelentspannung = PM) der Faktor B sein.

Die Wechselwirkung bzw. die Interaktion zwischen den beiden Faktoren wird für gewöhnlich mit A*B (Sport * PM im ▶ Abschn. 2.1.1) gekennzeichnet.

- **Interaktion und Interaktionsarten**

Stoffel: Könnt ihr mir bitte zunächst das Konzept der Interaktion und die verschiedenen Interaktionsarten mit einem einfachen Beispiel erklären?

Stefanie: Im Buch von Bortz und Schuster (2010, S. 244–245) wird das eigentlich alles sehr schön dargestellt. Vielleicht kannst du es dort einfach mal nachlesen.

Stevie: Liebe Stefanie, ich erkläre es gerne. Als möglichst anschauliches Beispiel verwende ich ein Ratatouille-Kochexperiment mit fiktiven, idealisiert vereinfachten Populationsmittelwerten.

Die abhängige Variable erfasst, wie gut das gekochte Ratatouillegericht (Skala von 0 bis 10) schmeckt. In der ◘ Tab. 2.1 finden sich dazu die Populationsmittelwerte.

Es werden zwei unabhängige Variablen, die Faktoren A und B mit jeweils zwei Stufen, verwendet:

Der Faktor A (Sahne) hat die beiden Stufen *nein* (keine Hinzugabe von Sahne) und *ja* (Hinzugabe von Sahne).

Für den Faktor B werden für die vier verschiedenen Interaktionsmöglichkeiten die folgenden vier verschiedenen Varianten (*Pasta, Honig, Milch, Zitronensaft*) verwendet:

1. *Pasta* mit den beiden Stufen *nein* (keine Hinzugabe von Pasta) und *ja* (Hinzugabe von Pasta).
2. *Honig* mit den beiden Stufen *nein* (keine Hinzugabe von Honig) und *ja* (Hinzugabe von Honig).
3. *Milch* mit den beiden Stufen *nein* (keine Hinzugabe von Milch) und *ja* (Hinzugabe von Milch).
4. *Zitronensaft* mit den beiden Stufen *nein* (keine Hinzugabe von Zitronensaft) und *ja* (Hinzugabe von Zitronensaft).

Aus der ◘ Tab. 2.1 können wir zunächst die folgenden einfachen Effekte (ohne Hinzugabekombination) für die beiden Faktoren A und B entnehmen:

Das einfache Ratatouille (ohne Anreicherungen) verfügt über einen recht niedrigen Basisgeschmacksmittelwert von „3". Durch die alleinige Hinzugabe von Sahne steigt der Geschmacksmittelwert um beachtliche drei Punkte (Effekt von Faktor A) auf „6" an. Durch die alleinige Hinzugabe von *Pasta* oder *Honig* oder *Milch* oder

2.1 · Mehrfaktorielle Varianzanalyse mit unabhängigen Stichproben

◻ Tab. 2.1 Mittelwerte im Kochexperiment mit 1) keine Interaktion (Pasta), 2) ordinale Interaktion (Honig), 3) hybride Interaktion (Milch) und 4) disordinale Interaktion (Zitronensaft)

Vier Interaktionsarten Sahne * Faktor B Geschmack (Ratatouille) (= abhängige Variable)		Faktor A = Sahne	
		Nein	Ja
Faktor B	Nein	*Basis:* 3	6 *Hinzugabekombination:*
1. Pasta	Ja	4	7
2. Honig		4	9
3. Milch		4	5
4. Zitronensaft		4	1

Zitronensaft steigt der Geschmacksmittelwert jeweils nur um einen Punkt (Effekt von Faktor B) auf „4" an.

Bei der Hinzugabekombination von den beiden Faktoren A und B resultieren unterschiedliche Populationsmittelwerte (siehe ◻ Tab. 2.1) mit den vier verschiedenen Interaktionsmöglichkeiten für die vier verschiedenen Varianten von Faktor B:

1. *Keine Interaktion* von Sahne mit *Pasta*
   Es liegt keine Interaktion vor, wenn sich so wie hier die Effekte einfach nur addieren:

   3(Basis − Geschmacksmittelwert) + 3(Sahneeffekt) + 1(Pastaeffekt) = 7

   Auch inhaltlich dürfte es gut nachvollziehbar sein, dass es keine Wechselwirkung zwischen der gleichzeitig verwendeten Sahne und Pasta gibt.

2. Eine *ordinale Interaktion* von Sahne mit *Honig*
   Eine ordinale Interaktion liegt vor, wenn sich so wie hier die Effekte nicht einfach nur addieren und dabei gleichzeitig die Haupteffekte (in ihrer Ausrichtung) der beiden Faktoren A und B bestehen bleiben.

   3(Basis − Geschmacksmittelwert) + 3(Sahneeffekt) + 1(Honigeffekt) < 9

   Sowohl für Sahne als auch für Honig gilt: Die Hinzugabe führt jeweils generell zu einer Verbesserung des Geschmacksmittelwertes (unabhängig von der verwendeten Stufe des anderen Faktors). Beide Haupteffekte sind somit interpretierbar.
   Inhaltlich dürfte es für die meisten Personen gut nachvollziehbar sein, dass durch die Kombination von Sahne mit Honig ein besonders leckerer Geschmack entsteht, der zu einem zusätzlichen Geschmacksgewinn führt (hier von zwei Punkten) – über die einfache Addition der Einzelkomponenten hinaus.

3. Eine *hybride Interaktion* von Sahne mit *Milch*
   Eine hybride Interaktion liegt vor, wenn sich so wie hier die Effekte nicht einfach nur addieren und sich dabei gleichzeitig der Haupteffekt (in seiner Ausrichtung) für nur einen der beiden Faktoren verändert.

   3(Basis − Geschmacksmittelwert) + 3(Sahneeffekt) + 1(Milcheffekt) > 5

Für Faktor A (Sahne) gilt weiterhin, die Hinzugabe führt generell zu einer Verbesserung des Geschmacksmittelwertes. Der Haupteffekt für Faktor A ist somit weiterhin interpretierbar. Man sagt dann: „Der Faktor A ist ordinal".

Aber für Faktor B (Milch) gilt das hier nicht mehr. Die Hinzugabe führt nur zu einer Verbesserung des Geschmacksmittelwertes, wenn keine Sahne hinzugegeben wurde. Wenn bereits Sahne hinzugegeben wurde, dann führt das hier zu einer Verminderung des Geschmacksmittelwertes. Der Haupteffekt für Faktor B ist somit nicht mehr interpretierbar. Man sagt dann: „Der Faktor B ist disordinal".

Inhaltlich dürfte es sehr gut nachvollziehbar sein, dass die Hinzugabe von Milch zu einer Art Verdünnung des positiven Sahneeffektes und damit zu einer leichten Geschmacksverschlechterung (hier von zwei Punkten) führt.

4. Eine *disordinale Interaktion* von Sahne mit *Zitronensaft*
Eine disordinale Interaktion liegt vor, wenn sich so wie hier die Effekte nicht einfach nur addieren und sich dabei gleichzeitig die beiden Haupteffekte (in ihren Ausrichtungen) für die beiden Faktoren verändern.

$$3(\text{Basis} - \text{Geschmacksmittelwert}) + 3(\text{Sahneeffekt}) + 1(\text{Zitronensafteffekt}) > 1$$

Für die Faktoren A (Sahne) und Faktor B (Zitronensaft) können die Haupteffekte nicht mehr interpretiert werden. Weder für Faktor (A) noch für Faktor B (Zitronensaft) können generelle Verbesserungsausrichtungen angegeben werden. Die Verbesserung oder Verschlechterung der (Geschmacks-)Mittelwerte hängt immer von der jeweils verwendeten Stufe des anderen Faktors ab: Zitronensaft führt nur zu einer Verbesserung, wenn keine Sahne verwendet wurde. Sahne führt nur zu einer Verbesserung, wenn kein Zitronensaft verwendet wurde. Man sagt dann: „Die Faktoren A und B sind beide disordinal".

Wenn man einem (Gemüse-)Gericht Zitronensaft und Sahne hinzufügt und es dann ausreichend erhitzt, wird die Interaktion sehr schnell sichtbar. Es kommt zu einer Gerinnung und einem Ausflocken der Sahne-Eiweiß-Teilchen, und das ganze Gericht wird nahezu ungenießbar. Das hat hier zu einer starken Geschmacksverschlechterung (von sechs Punkten) geführt.

In der ◘ Abb. 2.1 sehen wir Stoffel bei dem Kochexperiment.

Stoffel: Vielen Dank. Die Interaktion ist mir nun etwas klarer geworden. Ich habe aber auch noch ziemliche Probleme mit den verschiedenen formalen Bezeichnungen bei den Hypothesen der Varianzanalysen, könnt ihr mir da bitte ebenfalls weiterhelfen?

- **Hinweise zur Notation**

Stevie: Sicher. Die abhängige Variable 1 ist (mindestens) intervallskaliert. Dann gibt es noch zwei unabhängige mehrstufige nominalskalierte Variablen: Durch die Variable 2 werden $p \geq 2$ verschiedene Gruppen (Gruppe 1, Gruppe 2, …, Gruppe p) ohne Abhängigkeiten festgelegt. Durch die Variable 3 werden $q \geq 2$ andere verschiedene Gruppen (Gruppe 1, Gruppe 2, …, Gruppe q) ohne Abhängigkeiten bestimmt.

Es werden üblicherweise die folgenden Bezeichnungen verwendet:
— Faktor A = Variable 2 und Faktor B = Variable 3.
— μ ist der Gesamtpopulationsmittelwert über alle betrachteten Gruppen auf der abhängigen Variable 1.

2.1 · Mehrfaktorielle Varianzanalyse mit unabhängigen Stichproben

◘ **Abb. 2.1** Stoffel mit Kochmütze bereitet ein Ratatouille. Spezielle Zutaten: Sahne, Pasta, Honig, Milch, Zitronensaft

- μ_i ist der Populationsmittelwert auf der abhängigen Variable 1 für die Personen (Objekte) aus der i-ten Gruppe des Faktors A.
- μ_k ist der Populationsmittelwert auf der abhängigen Variable 1 für die Personen (Objekte) aus der k-ten Gruppe des Faktors B.
- μ_{ik} ist der Populationsmittelwert auf der abhängigen Variable 1 für die Personen (Objekte) aus der Kombination der i-ten Gruppe des Faktors A und der k-ten Gruppe des Faktors B.

Insgesamt sind drei (Overall-)Hypothesen aufzustellen. Jeweils eine Hypothese für den Faktor A, für den Faktor B und für die Interaktion A*B.

Stoffel: Ich finde es noch wichtig, dass ich die beiden verschiedenen Schreibweisen bei der Population und der Stichprobe gut unterscheiden kann. Könnt ihr mir dabei helfen?

Stefanie: Mit dem kleingeschriebenen, griechischen Buchstaben (mü): „μ" wird der Populationsmittelwert ausgedrückt. Mit dem kleingeschriebenen, griechischen Buchstaben (sigma): „σ" wird die Populationsstandardabweichung bezeichnet. Die Populationsvarianz wird mit „σ^2" dargestellt. Hinweis: σ bzw. σ^2 wird von uns erst im ▶ Kap. 8 verwendet.

Für die Stichproben verwenden wir hier einfach die Bezeichnungen Mittelwert und Standardabweichung (ohne Abkürzungen).

🛈 Sprungmöglichkeit →

> **Generelle ungerichtete statistische (Overall-)Hypothesen für die zweifaktorielle Varianzanalyse mit unabhängigen Stichproben**
>
> **Faktor A:**
> In der Nullhypothese H_0 wird davon ausgegangen, dass sich die arithmetischen Populationsmittelwerte µ (der Variable 1) für die verschiedenen Gruppen (Variable 2) nicht unterscheiden: $\mu_{Gruppe\ 1} = \mu_{Gruppe\ 2} = \ldots = \mu_{Gruppe\ p}$.
> Die Alternativhypothese H_1 behauptet dagegen, dass mindestens zwei Gruppen i und j existieren, bei denen sich die arithmetischen Populationsmittelwerte µ (der Variable 1) unterscheiden: $\mu_{Gruppe\ i} \neq \mu_{Gruppe\ j}$.
>
> **Faktor B:**
> In der Nullhypothese H_0 wird davon ausgegangen, dass sich die arithmetischen Populationsmittelwerte µ (der Variable 1) für die verschiedenen Gruppen (Variable 3) nicht unterscheiden: $\mu_{Gruppe\ 1} = \mu_{Gruppe\ 2} = \ldots = \mu_{Gruppe\ q}$.
> Die Alternativhypothese H_1 behauptet dagegen, dass mindestens zwei Gruppen k und l existieren, bei denen sich die arithmetischen Populationsmittelwerte µ (der Variable 1) unterscheiden: $\mu_{Gruppe\ k} \neq \mu_{Gruppe\ l}$.
>
> **Interaktion A*B:**
> In der Nullhypothese H_0 wird davon ausgegangen, dass es keine Interaktion zwischen den beiden Faktoren A und B gibt. Für alle möglichen Gruppenkombinationen i und k der beiden Faktoren gilt: $\mu_{ik} = \mu_i + \mu_k - \mu$.
> Die Alternativhypothese H_1 behauptet dagegen, dass es eine Interaktion zwischen den beiden Faktoren A und B gibt. Es gibt mindestens eine Gruppenkombination i und k der beiden Faktoren, für die gilt: $\mu_{ik} \neq \mu_i + \mu_k - \mu$.

❶ ← Sprungmöglichkeit

Wie bei nur zwei oder drei Stufen auch gerichtete Hypothesen untersucht werden können, zeigen wir im folgenden ▶ Abschn. 2.1.1 auf.

2.1.1 Basisablauf: Zweifaktorielle Varianzanalyse

■ **1) Fragestellung**

Stevie: Kommen wir zu unserer Fragestellung: Es geht u. a. um den Einfluss der sportlichen Aktivität (Joggen im Tageslicht) und der Entspannungstechnik Progressive Muskelentspannung (PM) auf die Einschlaflatenzzeiten bei depressiven Patienten.

Wir wollen dabei die Einflüsse der einzelnen Faktoren und den Einfluss der Interaktion zwischen den Faktoren (Sport * PM) auf die abhängige Variable (Einschlaflatenzzeit) untersuchen:

Stoffel: Aber sollten wir uns nicht jeweils auf nur eine Fragestellung beschränken?

Stevie: Tut mir leid, aber bei der zweifaktoriellen Varianzanalyse haben wir es mit einer komplexeren Fragestellung zu tun, die aus mehreren Komponenten (mit mehreren Variablen) besteht. Wir werden deswegen gleichzeitig drei Gruppen von Hypothesen – eine zum Faktor A, eine zum Faktor B und eine zur Interaktion A*B – zu bearbeiten haben. Im Prinzip werden wir diese drei Gruppen von Hypothesen parallel und getrennt voneinander bearbeiten. Wie wir aber noch sehen werden, können sich die Resultate zu der Interaktion A*B ganz massiv auf die Interpretationen der Faktoren A und B auswirken.

Stoffel: Das verstehe ich.

- **2) Wissenschaftliche Hypothese (WH)**

Wissenschaftliche Hypothese
Stevie: Meine Vermutung besteht aus den folgenden Komponenten:
Faktor A:
a) Patienten, die sich nicht sportlich betätigen (= Gruppe 1 = Kontrollgruppe), haben vergleichsweise zu Patienten, die sich regelmäßig etwas sportlich betätigen (= Gruppe 2 = 3 h Sport pro Woche), längere Einschlaflatenzzeiten.
und (nicht oder)
b) Patienten die sich regelmäßig etwas sportlich betätigen (= Gruppe 2 = 3 h Sport pro Woche), haben vergleichsweise zu Patienten die sich regelmäßig stärker sportlich betätigen (= Gruppe 3 = 6 h Sport pro Woche), längere Einschlaflatenzzeiten.
Faktor B: Patienten, die sich nicht regelmäßig entspannen (= Gruppe 1 = Kontrollgruppe), haben vergleichsweise zu Patienten, die sich regelmäßig entspannen (= Gruppe 2 = PM), längere Einschlaflatenzzeiten.
Interaktion A*B: Es gibt keine Interaktion zwischen der sportlichen Aktivität und der Progressiven Muskelentspannung auf die Einschlaflatenz.
Hinweis: Meine Vermutungen zum Faktor A basieren theoretisch auf physiologischen Erklärungsmechanismen wie körperlicher Ermüdung und der Ausschüttung von Melatonin. Meine Vermutungen zum Faktor B basieren einerseits auf physiologischen Mechanismen (wie zum Beispiel auf der Annahme einer Verminderung der Aktivierung des zentralnervösen Systems) und andererseits auf dem psychologischen Konzept der Selbstwirksamkeit.

Stoffel: Die beiden Teilvermutungen beim Faktor A sind mit einem „und (nicht oder)" verbunden. Was hat das zu bedeuten?

Stevie: Damit soll ausgedrückt werden, dass die Vermutungen zum Faktor A nur dann als bewährt betrachtet werden, wenn sich tatsächlich beide Teilkomponenten in der Studie bestätigen lassen.

Stoffel: Wie begründet ihr denn die Vermutung, dass es zu keiner Interaktion zwischen der sportlichen Aktivität und der PM kommt?

Stefanie: Ich kann mich zumindest im Moment an keine Theorien oder empirischen Befunde erinnern, die auf eine Interaktion zwischen diesen beiden Faktoren hinweisen. Dementsprechend vertreten wir jetzt hier zunächst einmal ein theoretisches Konzept, bei dem wir von dem denkbar einfachsten, einem additiven Zusammenwirken (= keine Interaktion) der beiden Faktoren A und B ausgehen.

- **3) Statistische Hypothesen (SH)**

Stevie: Ich möchte zunächst die folgenden Bezeichnungen erläutern:
− μ ist der Gesamtpopulationsmittelwert über alle betrachteten Gruppen.
− μ_{1A} ist der Populationsmittelwert auf der abhängigen Variable Einschlafzeit für die Patienten aus der ersten Gruppe des Faktors A (= kein Sport).

- μ_{1B} ist der Populationsmittelwert auf der abhängigen Variable Einschlafzeit für die Patienten aus der ersten Gruppe des Faktors B (= kein PM = Kontrollgruppe).
- μ_{1A1B} ist der Populationsmittelwert auf der abhängigen Variable Einschlafzeit für die Patienten aus der Kombination der ersten Gruppe des Faktors A (= kein Sport) und der ersten Gruppe des Faktors B (= kein PM).

Die weiteren Populationsmittelwerte μ_{2A}, μ_{3A} usw. sind alle sinngemäß in der gleichen Logik zu verstehen.

> **Statistische Hypothesen**
> Aus meiner wissenschaftlichen Hypothese werden für den Faktor A und den Faktor B gerichtete Alternativhypothesen H_1 abgeleitet, und für die Interaktion wird eine ungerichtete Nullhypothese abgeleitet:
> **Faktor A:**
> a) $H_1: \mu_{1A} > \mu_{2A}$ mit der dazu komplementären Nullhypothese $H_0: \mu_{1A} \leq \mu_{2A}$.
> **und (nicht oder)**
> b) $H_1: \mu_{2A} > \mu_{3A}$ mit der dazu komplementären Nullhypothese $H_0: \mu_{2A} \leq \mu_{3A}$.
> **Faktor B:**
> $H_1: \mu_{1B} > \mu_{2B}$ mit der dazu komplementären Nullhypothese $H_0: \mu_{1B} \leq \mu_{2B}$.
> **Interaktion A*B:**
> Nullhypothese H_0:
> $\mu_{1A1B} = \mu_{1A} + \mu_{1B} - \mu$ und (nicht oder) $\mu_{1A2B} = \mu_{1A} + \mu_{2B} - \mu$ und (nicht oder)
> $\mu_{2A1B} = \mu_{2A} + \mu_{1B} - \mu$ und (nicht oder) $\mu_{2A2B} = \mu_{2A} + \mu_{2B} - \mu$ und (nicht oder)
> $\mu_{3A1B} = \mu_{3A} + \mu_{1B} - \mu$ und (nicht oder) $\mu_{3A2B} = \mu_{3A} + \mu_{2B} - \mu$.
> mit der dazu gehörigen komplementären Alternativhypothese H_1:
> $\mu_{1A1B} \neq \mu_{1A} + \mu_{1B} - \mu$ oder (und) $\mu_{1A2B} \neq \mu_{1A} + \mu_{2B} - \mu$ oder (und)
> $\mu_{2A1B} \neq \mu_{2A} + \mu_{1B} - \mu$ oder (und) $\mu_{2A2B} \neq \mu_{2A} + \mu_{2B} - \mu$ oder (und)
> $\mu_{3A1B} \neq \mu_{3A} + \mu_{1B} - \mu$ oder (und) $\mu_{3A2B} = \mu_{3A} + \mu_{2B} - \mu$.

Stoffel: Könnt ihr mir bitte erklären, warum die so formulierte Nullhypothese ausdrückt, dass es keine Interaktion gibt?

Stevie: Keine Interaktion bedeutet, dass sich für jede der sechs Kombinationen der Gruppen von den Faktoren A und B die Mittelwerte aus der Addition der einzelnen Faktoreneffekte A und B ergeben:

$$\mu_{1A1B} = \mu + \text{Effekt von Faktor A (Gruppe 1)} + \text{Effekt von Faktor B (Gruppe 1)}$$
$$= \mu + (\mu_{1A} - \mu) + (\mu_{1B} - \mu) = \mu_{1A} + \mu_{1B} - \mu$$

μ_{1A2B} usw. werden sinngemäß nach der gleichen Logik hergeleitet.

Stefanie: Vielleicht sollten wir noch anmerken, dass sich generell der Effekt der Gruppe eines Faktors darin niederschlägt, wie stark der zugehörige Mittelwert von dem Gesamtmittelwert abweicht (Differenz).

Stevie: Die oben relativ aufwendige Schreibweise für die Interaktionshypothesen kann deutlich verkürzt werden, wenn man die verschiedenen Stufen der Faktoren A und B mit den generellen Indexbezeichnungen „i" und „j" versieht.

2.1 · Mehrfaktorielle Varianzanalyse mit unabhängigen Stichproben

Der Index „i" könnte hier dann die Werte 1, 2 und 3 für die drei Gruppen des Faktors A annehmen und der Index „j" die Werte 1 und 2 für die zwei Gruppen des Faktors B.

Interaktions-Nullhypothese
Die Interaktions-Nullhypothese würde dann lauten:
$\mu_{ij} = \mu_i + \mu_j - \mu$ für alle möglichen Wertekombinationen von i und j.
Die Interaktions-Alternativhypothese würde dann lauten:
Es existiert mindestens eine Wertekombination von i, j, für die gilt: $\mu_{ij} \neq \mu_i + \mu_j - \mu$.

- **4) Versuchsplanung**

Stefanie: Aus der wissenschaftlichen Hypothese für die Gruppe Faktor A folgen zwei gerichtete Alternativhypothesen, die mit einem „und (nicht oder)" verbunden sind. Wenn wir beide Hypothesen einzeln prüfen, kann es in diesem Fall zu keiner Akkumulierung des Fehlers erster Art kommen. Dementsprechend können wir jede dieser beiden Hypothesen auf dem Signifikanzniveau von $\alpha = 5\% = 0{,}05$ testen. Hinweis: Wären die beiden Alternativhypothesen mit einem „und" (oder) verbunden, müssten wir eine Fehleradjustierung vornehmen auf $\alpha = 2{,}5\% = 0{,}025$ (vergleiche Kuhlmei 2018, S. 182).

Für den Faktor B liegt eine gerichtete Alternativhypothese vor, die wir ebenfalls auf dem Signifikanzniveau von $\alpha = 5\% = 0{,}05$ testen.

Bei der Interaktion A*B vertreten wir eine ungerichtete Nullhypothese, die wir für eine strenge Prüfung auf dem Signifikanzniveau von $\alpha = 20\% = 0{,}20$ testen.

Es wurden $N = 60$ fiktive Depressionspatienten untersucht.

Die im Folgenden verwendeten Formeln für die Bestimmung der Freiheitsgrade finden sich im Bortz (2005, S. 298, ◘ Tab. 8.5).

Stoffel: Könnt ihr mir bitte erklären, warum wir bei der Interaktion auf einmal $\alpha = 20\%$ und nicht wie üblich 5 % verwenden?

Stefanie: Bei der Interaktion folgte hier aus der wissenschaftlichen Hypothese eine Nullhypothese. Die Wahl eines kleineren α-Wertes (5 %) würde dazu führen, dass die von uns vertretene Nullhypothese mit *größerer* Wahrscheinlichkeit beibehalten würde und wir somit keine (halbwegs) strenge Prüfung durchführen würden. Bei $\alpha = 1\%$ würde die Wahrscheinlichkeit für die Beibehaltung unserer Nullhypothese sogar noch größer werden.

Stevie: Durch ein Erhöhen des α-Wertes auf 20 % wird dagegen (bei sonst gleich bleibenden Bedingungen) automatisch die Wahrscheinlichkeit für den β-Fehler (Fehler zweiter Art: fälschliches Beibehalten der Nullhypothese) verringert und damit die Strenge unserer Prüfung verbessert.

Stoffel: Dann würden wir unsere vertretene Nullhypothese mit $\alpha = 25\%$ – anstatt 20 % – sogar noch strenger prüfen.

Stevie: Ganz genau. Die Strenge der Prüfung einer Nullhypothese wächst (unter sonst gleichen Bedingungen) mit der Zunahme des α-Fehlers, weil dadurch (automatisch) eine Abnahme des β-Fehlers erreicht wird.

ℹ Sprungmöglichkeit →

Teststärkeanalyse für den Overall-F-Test für Faktor A (s. u. Punkt 7b bei der Vorbetrachtung)

Von Cohen (1988, S. 274) wird der Fall der Tabellenanwendung (für Haupteffekte bei mehrfaktorieller Varianzanalyse) im ▶ Kap. 8 als *case 2* bezeichnet.

Für die Bestimmung der Teststärke muss eine Anpassung der Stichprobengröße nach der Formel 8.3.4 von Cohen (1988, S. 365) erfolgen:

$$n' = \frac{\text{Nennerfreiheitsgrad}}{\text{Zählerfreiheitsgrad} + 1} + 1 = \frac{54}{2+1} + 1 = 19$$

Hinweise: Bei Cohen (1988) wird der Zählerfreiheitsgrad für gewöhnlich mit „u" bezeichnet.

Der Zählerfreiheitsgrad $= 2$ ($= p - 1 = 3 - 1$) findet sich in der ◘ Tab. 2.3 in der Zeile für den Faktor A und der Nennerfreiheitsgrad $= 54$ ($= N - p*q = 60 - 3*2$) in der Zeile für den Fehler.

Die eigentliche Stichprobengröße von $n = 20$ pro Gruppe für den Faktor A wird somit auf $n' = 19$ verkleinert.

Wenn wir nach der Konvention von Cohen (1988, S. 287) von einer großen Effektgröße $f = 0{,}4$ (Signifikanzniveau 5 %, Freiheitsgrad $= p - 1 = 3 - 1 = 2$, $n' = 19$) ausgehen, dann liegt die Teststärke bei 0,76 (Cohen 1988, S. 313, Tab. 8.3.13).

Für die Teststärkeanalysen zu den einzelnen Hypothesen (Einzelvergleiche bzw. Kontraste) verweisen wir auf unsere entsprechenden Darstellungen bei Kuhlmei (2018, S. 138–139).

Teststärkeanalyse für den Overall-F-Test für Faktor B (s. u. Punkt 7b bei der Vorbetrachtung)

Von Cohen (1988, S. 274) wird der Fall der Tabellenanwendung (für Haupteffekte bei mehrfaktorieller Varianzanalyse) im ▶ Kap. 8 als *case 2* bezeichnet.

Für die Bestimmung der Teststärke muss eine Anpassung der Stichprobengröße nach der Formel 8.3.4 von Cohen (1988, S. 365) erfolgen:

$$n' = \frac{\text{Nennerfreiheitsgrad}}{\text{Zählerfreiheitsgrad} + 1} + 1 = \frac{54}{1+1} + 1 = 28$$

Hinweise: Bei Cohen (1988) wird der Zählerfreiheitsgrad für gewöhnlich mit „u" bezeichnet.

Der Zählerfreiheitsgrad $= 1$ ($= q - 1 = 2 - 1$) findet sich in der ◘ Tab. 2.3 in der Zeile für den Faktor B und der Nennerfreiheitsgrad $= 54$ ($= N - p*q = 60 - 3*2$) in der Zeile für den Fehler.

Die eigentliche Stichprobengröße von $n = 30$ pro Gruppe für den Faktor B wird somit auf $n' = 28$ verkleinert.

Wenn wir nach der Konvention von Cohen (1988, S. 287) von einer großen Effektgröße $f = 0{,}4$ (Signifikanzniveau 5 %, Freiheitsgrad $= q - 1 = 2 - 1 = 1$, $n' = 28$) ausgehen, dann liegt die Teststärke bei 0,84 (Cohen, 1988, S. 311, Tab. 8.3.12).

Teststärkeanalysen zu den einzelnen Hypothesen (Einzelvergleiche bzw. Kontraste) werden beim F-Test mit zwei Gruppen nicht benötigt, weil hier der F-Test und der t-Test funktional zusammenhängen und austauschbar sind (s. u. Punkt 8).

2.1 · Mehrfaktorielle Varianzanalyse mit unabhängigen Stichproben

■ ■ **Teststärkeanalyse für den Overall-F-Test für die Interaktion A*B (s. u. Punkt 7b bei der Vorbetrachtung)**

Von Cohen (1988, S. 274) wird der Fall der Tabellenanwendung (für Interaktionen bei mehrfaktorieller Varianzanalyse) im ▶ Kap. 8 als *case 3* bezeichnet.

Für die Bestimmung der Teststärke muss auch hier zunächst eine Bestimmung der Stichprobengröße nach der Formel 8.3.4 von Cohen (1988, S. 365) erfolgen:

$$n' = \frac{\text{Nennerfreiheitsgrad}}{\text{Zählerfreiheitsgrad} + 1} + 1 = \frac{54}{2+1} + 1 = 19$$

Hinweise: Bei Cohen (1988) wird der Zählerfreiheitsgrad für gewöhnlich mit „u" bezeichnet.

Der Zählerfreiheitsgrad = 2 (= (p − 1)*(q − 1) = (3 − 1)*(2 − 1) = 2) findet sich in der ◘ Tab. 2.3 in der Zeile für die Interaktion A*B und der Nennerfreiheitsgrad = 54 (= N − p*q = 60 − 3*2) in der Zeile für den Fehler.

Wenn wir nach der Konvention von Cohen (1988, S. 287) von einer großen Effektgröße f = 0,4 (Freiheitsgrad = 2, n' = 19) ausgehen, dann liegt die Teststärke für ein Signifikanzniveau von 10 % bei 0,85 (Cohen 1988, S. 335, Tab. 8.3.24). Für die gesuchte Teststärke für das hier verwendete Signifikanzniveau von 20 % gibt es bei Cohen (1988) leider keine Tabellenwerte, aber die Teststärke liegt sicher über dem Wert von 0,85.

Für die möglichen Teststärkeanalysen zu den einzelnen Hypothesen (Einzelvergleiche bzw. Kontraste) verweisen wir auf unsere entsprechenden Darstellungen zu den t-Tests bei Kuhlmei (2018, S. 138–139).

🛈 ←Sprungmöglichkeit

■ **5) Datenerhebung und Datentabelle**
▶ Siehe Kap. 1 für die Erstellung der Datentabelle.

■ **6) Stichprobenergebnisse bzw. SPSS-Ergebnisse**
Stefanie: Mit dem SPSS-Schema 1 wird nun die Durchführung der zweifaktoriellen Varianzanalyse für unabhängige Stichproben mit SPSS vorgestellt (◘ Abb. 2.2).

Stoffel: Speichern und Drucken der SPSS-Ergebnisse bitte nicht vergessen.

Stefanie: Kommen wir zu den Ergebnissen.

Im vorderen Teil der SPSS-Ergebnisausgabe erhalten wir eine Tabelle mit den Informationen zu der Anzahl der verarbeiteten Fälle, den Mittelwerten und den Standardabweichungen für alle sechs Gruppenkombinationen und auch für die verschiedenen Gesamtgruppen, die wir in ◘ Tab. 2.2 eingetragen haben.

Die Werte in der dritten Zeile bedeuten: Es gibt N = 10 Patienten, die keinen Sport und keine PM absolviert haben. Der Mittelwert dieser 10 Personen auf der Variable x3 (Einschlaflatenzzeit) beträgt 69,90 und die Standardabweichung liegt bei 12,19.

Die Werte in der fünften Zeile bedeuten: Es gibt N = 20 Patienten, die keinen Sport absolviert haben. Der Mittelwert dieser 20 Personen auf der Variable x3 (Einschlaflatenzzeit) beträgt 65,05 und die Standardabweichung liegt bei 13,04.

Schritt 1	
Handlungen:	Die SPSS-Datei mit dem Dateinamen *Evaluationsstudie* starten.
Auswirkungen:	SPSS-Bildschirm: *Datenansicht* der fiktiven Evaluationsstudie mit der Datentabelle (N = 60 für x1 bis x14) ist reaktiviert.

⬇

Schritt 2	
Handlungen:	1) In der Menüleiste *Analysieren* anklicken. 2) In dem dadurch entstandenen ersten Untermenü *Allgemeines lineares Modell* anvisieren und in dem zweiten entstandenen Untermenü *Univariat...* anklicken.
Auswirkungen:	Eine Dialogbox *Univariat* hat sich geöffnet.

⬇

Schritt 3	
Handlungen:	1) In dem linken Variablenfeld die Variable *x3* (Einschlaflatenzzeit) markieren. Dann den *Pfeil* (links neben dem Abhängige Variablenfeld) anklicken. In dem linken Variablenfeld die Variable *x1* (Sport) markieren. Dann den *Pfeil* (links neben dem Feste-Faktoren-Feld) anklicken. In dem linken Variablenfeld die Variable *x2* (PM) markieren. Dann den *Pfeil* (links neben dem Feste-Faktoren-Feld) anklicken. 2) Den Button *Optionen...*(rechts Mitte) anklicken.
Auswirkungen:	1) In der Dialogbox Univariat sind die Variablen x3 (als abhängige Variable) und x1 & x2 (als Faktoren) zur weiteren Bearbeitung ausgewählt. 2) Öffnung der Dialogbox: *Univariat: Optionen*

⬇

Schritt 4	
Handlungen:	1) Die Anzeigekästchen für *Deskriptive Statistiken* und für *Schätzungen der Effektgröße* anklicken. 2) Den Button *Weiter* (links unten) anklicken.
Auswirkungen:	Die Dialogbox *Univariat* ist aktiviert, und die Optionen *Deskriptive Statistiken* & *Schätzer der Effektgröße* wurden ausgewählt.

⬇

Schritt 5	
Handlungen:	Den *OK-Button* (links unten) anklicken.
Auswirkungen:	Das Ausgabefenster mit den Ergebnissen wird angezeigt.

◻ **Abb. 2.2** *Zweifaktorielle Varianzanalyse für unabhängige Stichproben* – SPSS-Schema 1

Die Werte in der zwölften Zeile bedeuten: Es gibt N = 30 Patienten, die keine PM absolviert haben. Der Mittelwert dieser 30 Personen auf der Variable x3 (Einschlaflatenzzeit) beträgt 60,07 und die Standardabweichung liegt bei 14,04.

2.1 · Mehrfaktorielle Varianzanalyse mit unabhängigen Stichproben

Tab. 2.2 Deskriptive Statistiken für die zweifaktorielle Varianzanalyse mit den unabhängigen Variablen x1 und x2 und der abhängigen Variable x3

Deskriptive Statistiken	Einschlaflatenzzeit = x3			
x1 = Sport	x2 = PM	N	Mittelwert	Standardabweichung
1 = kein Sport	1 = kein PM	10	69,90	12,19
	2 = PM	10	60,20	12,57
	Gesamt	20	65,05	13,04
2 = 3 h	1 = kein PM	10	59,90	12,12
	2 = PM	10	50,50	11,03
	Gesamt	20	55,20	12,27
3 = 6 h	1 = kein PM	10	50,40	11,35
	2 = PM	10	34,30	11,26
	Gesamt	20	42,35	13,75
Gesamt	1 = kein PM	30	60,07	14,04
	2 = PM	30	48,33	15,63
	Gesamt	60	54,20	15,87

Die Werte in der untersten Zeile bedeuten: Es gibt insgesamt N = 60 Patienten. Der Mittelwert dieser 60 Personen auf der Variable x3 (Einschlaflatenzzeit) beträgt 54,20 und die Standardabweichung liegt bei 15,87.

Die anderen Tabellenwerte sind alle sinngemäß nach der gleichen Logik zu verstehen.

- **7) Vorbetrachtung und Betrachtung der Voraussetzungen**

Es wird geprüft, ob die Bedingungen für die Durchführung der Signifikanztests erfüllt sind.

▪▪ Vorbetrachtung

Stevie: Punkt a) Bei der zweifaktoriellen Varianzanalyse prüfen wir in der Vorbetrachtung zunächst für alle drei Hypothesengruppen (Faktor A, Faktor B und Interaktion A*B) jeweils wie gewohnt, ob die Stichprobenergebnisse zumindest in der Tendenz für die Alternativhypothesen sprechen, mit der folgenden Entscheidungsstrategie:

1. Wenn die gefundenen Ergebnisse eher für die Nullhypothese sprechen, wird sofort abgebrochen und die entsprechende Nullhypothese wird (vorläufig) beibehalten.
2. Wenn die gefundenen Ergebnisse eher für die Alternativhypothese sprechen, geht es für die beiden ersten Hypothesengruppen Faktor A und Faktor B weiter mit dem Punkt b) der Vorbetrachtung. Für die Interaktion A*B kann direkt mit dem nächsten Punkt 8) im Ablaufschema fortgefahren werden.

Punkt b) Für die ersten beiden Hypothesengruppen (Faktor A und Faktor B) mit gerichteten Hypothesen, wie in diesem Beispiel, wird dann (wenn es nach der Prüfung unter Punkt a) weitergehen kann) vor der eigentlichen Signifikanzprüfung der aufgestellten statistischen Hypothesen noch eine weitere Vorbetrachtung durchgeführt:

Es wird jeweils kontrolliert, ob der F-Test der Varianzanalyse, der die jeweilige ungerichtete Overall-Nullhypothese testet, auf dem 5 %-Niveau signifikant wird. Die folgende Entscheidungsstrategie ist dabei zu verwenden:
1. Wenn der F-Test nicht signifikant wird ($p > 0{,}05$), dann wird jeweils sofort abgebrochen und die aufgestellten Nullhypothesen werden (vorläufig) beibehalten.
2. Wenn der F-Test signifikant wird ($p < 0{,}05$), dann wird mit dem Punkt c) der Vorbetrachtung fortgefahren.

Punkt c) Für die ersten beiden Hypothesengruppen (Faktor A und Faktor B) mit gerichteten Hypothesen, wie in diesem Beispiel, wird dann (wenn es nach der Prüfung unter Punkt a) und b) weitergehen kann) vor der eigentlichen Signifikanzprüfung der aufgestellten statistischen Hypothesen noch eine weitere Vorbetrachtung durchgeführt:

Es wird geprüft, ob eine signifikante Interaktion zwischen den beiden Faktoren besteht, und wenn ja, welche Art von Interaktion (ordinal, hybrid oder disordinal) dabei vorliegt. Wir verwenden die folgende Entscheidungsstrategie:
1. Wenn der F-Test der Interaktion nicht signifikant ($p \geq 0{,}20$) wird oder es sich um eine ordinale signifikante Interaktion handelt, dann werden die Signifikanzprüfungen für die Faktoren A und B normal mit dem Punkt 8) im Ablaufschema fortgesetzt.
2. Wenn der F-Test der Interaktion signifikant ($p < 0{,}20$) wird und es sich um eine hybride signifikante Interaktion handelt, dann werden die Signifikanzprüfungen nur für den als „ordinal" bewerteten Faktor mit dem Punkt 8) im Ablaufschema fortgesetzt, bei dem als „disordinal" bewerteten Faktor wird die Prüfung sofort abgebrochen und die zu diesem Faktor gehörigen aufgestellten Nullhypothesen werden (vorläufig) beibehalten.
3. Wenn der F-Test der Interaktion signifikant ($p < 0{,}20$) wird und es sich um eine disordinale signifikante Interaktion handelt, dann werden die Signifikanzprüfungen für beide Faktoren A und B sofort abgebrochen und die dazugehörigen aufgestellten Nullhypothesen werden (vorläufig) beibehalten.

Stefanie: Punkt a) Zunächst kommen also wieder die Prüfungen, ob die Stichprobenmittelwerte in der Tendenz mit den jeweiligen Nullhypothesen in Übereinstimmung liegen.

Faktor A:
Wenn unsere wissenschaftliche Hypothese stimmen würde, dann müsste auch in den Stichproben der Mittelwert für Gruppe 1 (kein Sport) größer sein als der Mittelwert für die Gruppe 2 (3 h) und der Mittelwert für Gruppe 2 (3 h) größer sein als der Mittelwert für die Gruppe 3 (6 h). Das ist hier offensichtlich der Fall: $65{,}05 > 55{,}20 > 42{,}35$ (siehe ◘ Tab. 2.2). Das Stichprobenergebnis spricht damit in der Tendenz für die Alternativhypothese.

2.1 · Mehrfaktorielle Varianzanalyse mit unabhängigen Stichproben

Faktor B:
Wenn unsere wissenschaftliche Hypothese stimmen würde, dann müsste auch in den Stichproben der Mittelwert für Gruppe 1 (keine PM) größer sein als der Mittelwert für die Gruppe 2 (PM) Das ist hier offensichtlich der Fall: 60,07 > 48,33 (siehe ◘ Tab. 2.2). Das Stichprobenergebnis spricht damit in der Tendenz für die Alternativhypothese.

Interaktion A*B:
Wenn die Nullhypothese stimmen würde ($\mu_{1A1B} = \mu_{1A} + \mu_{1B} - \mu$ usw.), dann müsste u. a. in den Stichproben gelten: Mittelwert (kein Sport und kein PM) = 69,90 (siehe ◘ Tab. 2.2) = Mittelwert (kein Sport) + Mittelwert (kein PM) − Mittelwert (Gesamt) 65,05 + 60,07 − 54,02 = 71,1 (siehe ◘ Tab. 2.2)

Da 69,90 ≠ 71,1 ist, spricht das Stichprobenergebnis damit in der Tendenz für die Alternativhypothese.

Somit können und sollten wir für die beiden ersten Hypothesengruppen Faktor A und Faktor B zum nächsten Punkt b) der Vorbetrachtung kommen. Für die Interaktion A*B kann direkt zum Punkt 8) im Ablaufschema weitergegangen werden.

Punkt b) Im hinteren Teil der SPSS-Ergebnisausgabe (durch das SPSS-Schema 1 erzeugt) erhalten wir die Informationen zu den hier durchgeführten Overall-F-Tests.

Für unsere Vorbetrachtung b) benötigen wir dabei aus der ◘ Tab. 2.3 die Irrtumswahrscheinlichkeiten p in der vorletzten Spalte, die hier für beide Faktoren A und B mit 0,000 deutlich kleiner als 0,05 sind.

Somit werden die Nullhypothesen für die beiden Faktoren A und B abgelehnt und wir können sinnvoll mit den nächsten Vorbetrachtungen Punkt c) fortfahren.

In der ◘ Tab. 2.3 sind die Ergebnisse in der üblichen Schreibweise dargestellt. Die verwendeten Abkürzungen bedeuten:
QS = Quadratsumme, df = Freiheitsgrad, $\hat{\sigma}^2$ = geschätzte Varianz (Bezeichnung im SPSS: Mittel der Quadrate), F_{emp} = empirischer Prüfwert F, p = Irrtumswahrscheinlichkeit (für ungerichtete Hypothesen), eta^2_p = partielles eta^2 = Stichprobeneffekt.

◘ **Tab. 2.3** Ergebnisse für die zweifaktorielle Varianzanalyse mit den unabhängigen Variablen x1 und x2 und der abhängigen Variable x3

ONEWAY ANOVA	Einschlaflatenzzeit = x3					
	Varianzquelle	QS	df	$\hat{\sigma}^2$	F_{emp}	p	eta^2_p
	A (Sport = x1)	5182,90	2	2591,45	18,72	0,000	0,41
	B (PM = x2)	2065,07	1	2065,07	14,92	0,000	0,22
	A*B (Sport * PM)	143,23	2	71,62	0,52	0,599	0,019
	Fehler	7474,40	54	138,42			
	Gesamt	14865,60	59				

Punkt c) Es wird geprüft, ob eine signifikante Interaktion zwischen den beiden Faktoren A*B besteht. Dazu benötigen wir aus der ◘ Tab. 2.3 nur die Irrtumswahrscheinlichkeit p für die Interaktion A*B (fünfte Zeile, vorletzte Spalte): p = 0,599.

Damit wird der Signifikanztest der Interaktion nicht signifikant ($p \geq 0{,}20$), und somit sollte es für beide Faktoren A und B im Ablaufschema mit dem Punkt 8) weitergehen.

Betrachtung der Voraussetzungen

Stevie: Es liegen überwiegend (Signifikanztests für Faktor A und Faktor B) die gleichen Bedingungen wie bei Kuhlmei (2018, S. 178) vor, und dementsprechend kann auch hier *relativ problemlos* oder *problemlos* auf die Prüfungen der Modellvoraussetzungen verzichtet werden. Als *problematisch* könnte allerdings der Signifikanztest für die Interaktionshypothese eingestuft werden, weil die Stichproben pro Gruppe hier nur bei N = 10 liegen. Hierfür könnte man daher mit erhöhter Berechtigung einfordern, dass die beiden Voraussetzungen (Varianzhomogenität und Normalverteilung) geprüft werden sollten. In den ▶ Kap. 8 und 9 werden die Vorgehensweisen dazu grundlegend beschrieben.

Die weiteren Analyseschritte der Signifikanztests werden absolviert.

8) Empirische Prüfgrößen und Irrtumswahrscheinlichkeiten p

Faktor A:

Stoffel: Die Prüfungen (t-Tests) für die Hypothesengruppe vom Faktor A wurden schon bei Kuhlmei (2018, S. 179–180) mit den folgenden Einzelvergleichen durchgeführt:

Einzelvergleich 1: H_0: $\mu_{1A} \leq \mu_{2A}$ Die empirische Prüfgröße war $t_{emp} = 2{,}46$ und die gerichtete Irrtumswahrscheinlichkeit lag bei $p = 0{,}01$.

Einzelvergleich 2: H_0: $\mu_{2A} \leq \mu_{3A}$ Die empirische Prüfgröße war $t_{emp} = 3{,}12$ und die gerichtete Irrtumswahrscheinlichkeit lag bei $p = 0{,}0015$.

Faktor B:

Stefanie: Für die Prüfung der Nullhypothese H_0: $\mu_{1B} \leq \mu_{2B}$ vom Faktor B benötigen wir keinen zusätzlichen t-Test, weil bei nur zwei Gruppen (keine PM vs. PM) der entsprechende t-Test und der bereits durchgeführte F-Test (siehe oben „Vorbetrachtung", Punkt c) und ◘ Tab. 2.3) mit: $F_{emp} = 14{,}92$ und $p = 0{,}000$ vollkommen gleichwertig bzw. austauschbar sind (zwischen F_{emp} und t_{emp} besteht dabei der funktionale Zusammenhang: $t_{emp} = \sqrt{F_{emp}} = 3{,}86$).

Interaktion A*B:

Stevie: Für die Prüfung der Interaktions-Nullhypothese können wir (siehe auch oben „Vorbetrachtung", Punkt c) aus der ◘ Tab. 2.3 die folgenden Werte entnehmen: $F_{emp} = 0{,}52$ und $p = 0{,}599$.

9) Entscheidungen

Faktor A:

Stoffel: Weil in beiden Fällen $p < \alpha$ (0,01 < 0,05 und 0,0015 < 0,05) ist, werden die beiden Nullhypothesen H_0: $\mu_{1A} \leq \mu_{2A}$ und H_0: $\mu_{2A} \leq \mu_{3A}$ abgelehnt.

Faktor B:

Stefanie: Weil $p < \alpha$ (0,000 < 0,05) ist, wird die Nullhypothese $\mu_{1B} \leq \mu_{2B}$ vom Faktor B abgelehnt.

2.1 · Mehrfaktorielle Varianzanalyse mit unabhängigen Stichproben

Interaktion A*B:
Stevie: Weil p > α (0,599 > 0,20) ist, wird die Interaktions-Nullhypothese (vorläufig) beibehalten.

- **10) Ergebnisdarstellungen, Interpretation und Diskussion**

Faktor A:
Stefanie: Die Interpretation unseres Befundes lautet:

Die zur Prüfung unserer Vermutung durchgeführten Signifikanztests: der Overall-F-Test ($F_{emp} = 18{,}72$, p = 0,000), mit einer Stichprobeneffektgröße von 41 % ($eta_p^2 = 0{,}41$) und die beiden t-Tests für den Einzelvergleich 1 ($t_{emp} = 2{,}46$, p = 0,01) und für den Einzelvergleich 2 ($t_{emp} = 3{,}12$, p = 0,0015) wurden alle signifikant.

Damit hat sich unsere Vermutung, Patienten, die sich nicht sportlich betätigen (= Gruppe 1 = Kontrollgruppe), haben vergleichsweise zu Patienten, die sich etwas sportlich betätigen (= Gruppe 2 = 3 h Sport pro Woche), längere Einschlaflatenzzeiten **und** Patienten, die sich etwas sportlich betätigen (= Gruppe 2 = 3 h Sport pro Woche), haben vergleichsweise zu Patienten, die sich stärker sportlich betätigen (= Gruppe 3 = 6 h Sport pro Woche), längere Einschlaflatenzzeiten, (vorläufig) bewährt.

Für die mögliche Bestimmung der Stichprobeneffektgrößen der einzelnen t-Tests verweisen wir auf unsere entsprechenden Darstellungen zu den t-Tests bei Kuhlmei (2018, S. 141–142).

Stoffel: Das sind fast genau die gleichen Ergebnisse wie im Buch von Kuhlmei (2018, S. 180) bei der einfaktoriellen Varianzanalyse. Ich sehe aber einen kleinen Unterschied: Bei der einfaktoriellen Varianzanalyse hatten wir einen Stichprobeneffekt $\eta^2 = eta^2$ von 0,35, der für mich auf wundersame Weise bei der zweifaktoriellen Varianzanalyse auf $eta_p^2 = 0{,}41$ (siehe ◘ Tab. 2.3) angestiegen ist.

Stevie: Das ist eigentlich ein gut nachvollziehbarer Vorgang, weil bei der zweifaktoriellen Varianzanalyse der zweite Faktor B und die Interaktion A*B mit erfasst werden und die entsprechenden Quadratsummen dann nicht mehr zu den unaufgeklärten Fehler- bzw. Residualanteilen gehören. Sehen wir uns einfach mal die entsprechenden Formeln genauer an:

Für die einfaktorielle Varianzanalyse (siehe Kuhlmei 2018, S. 180) liegen die folgenden einzelnen QS-Werte vor:

$$eta^2 = \frac{QS_{zwischen}}{QS_{Gesamt}} = \frac{QS_{zwischen}}{QS_{zwischen} + QS_{Fehler}} = \frac{5182{,}90}{5182{,}90 + 9682{,}70} = 0{,}35 = 35\%$$

Für die zweifaktorielle Varianzanalyse entnehmen wir die einzelnen QS-Werte der ◘ Tab. 2.3:

$$eta_p^2 = \frac{QS_{zwischen}}{QS_{zwischen} + QS_{Fehler}} = \frac{5182{,}90}{5182{,}90 + 7474{,}40} = 0{,}41 = 41\%$$

QS_{Fehler} hat sich bei der zweifaktoriellen Varianzanalyse um den Wert von (9682,70 − 7474,40 =) 2208,30 verkleinert. Das entspricht genau der folgenden Summe: $QS_B + QS_{A*B} = 2065{,}07 + 143{,}23 = 2208{,}30$ (siehe ◘ Tab. 2.3).

Auf die einzelnen Ergebnisdarstellungen und auf die Diskussion werden wir hier nicht weiter eingehen.

Faktor B:
Stoffel: Die Interpretation unseres Befundes lautet:
Der zur Prüfung unserer Vermutung durchgeführte F-Signifikanztest ($F_{emp} = 14,92$, $p = 0,000$), mit einer Stichprobeneffektgröße von 22 % ($eta_p^2 = 0,22$) wurde signifikant.

Damit hat sich unsere Vermutung, dass Patienten, die sich nicht regelmäßig entspannen (= Gruppe 1 = Kontrollgruppe), vergleichsweise zu Patienten, die sich regelmäßig entspannen (= Gruppe 2 = PM), längere Einschlaflatenzzeiten haben, (vorläufig) bewährt.

Auf die einzelnen Ergebnisdarstellungen und auf die Diskussion werden wir hier nicht weiter eingehen.

Interaktion A*B:
Stefanie: Die Interpretation unseres Befundes lautet:
Der zur Prüfung unserer Vermutung durchgeführte F-Signifikanztest ($F_{emp} = 0,52$, $p = 0,599$), mit einer Stichprobeneffektgröße von 1,9 % ($eta_p^2 = 0,019$) wurde nicht signifikant.

Damit hat sich unsere Vermutung, es gäbe keine Interaktion zwischen der sportlichen Aktivität und der Progressiven Muskelentspannung auf die Einschlaflatenz, (vorläufig) bewährt.

Auf die einzelnen Ergebnisdarstellungen und auf die Diskussion werden wir hier nicht weiter eingehen.

2.1.2 Ergänzungen: Beispiel für eine vermutete disordinale Interaktion

- **1) Fragestellung**

Stoffel: Ich möchte noch mal auf mein Kochexperiment zu sprechen kommen. Wie würden meine Hypothesen aussehen und wie wäre vorzugehen, wenn ich prüfen wollte, ob eine disordinale Interaktion (so wie oben zu Beginn vom ▶ Abschn. 2.1 beschrieben) zwischen den beiden zweistufigen nominalskalierten unabhängigen Variablen Sahne (nein vs. ja) und Zitronensaft (nein vs. ja) in Bezug auf die intervallskalierte abhängige Variable Geschmack (vom Ratatouille) besteht?

Stefanie: Am besten untersuchst du insgesamt mindestens 120 Versuchspersonen, die per Zufall (Randomisierung) gleichmäßig ($N_1 = N_2 = N_3 = N_4 = 30$) den vier Versuchsbedingungen der beiden unabhängigen Variablen bzw. der beiden Faktoren A und B: 1A1B (ohne Sahne & ohne Zitronensaft), 2A1B (mit Sahne & ohne Zitronensaft), 1A2B (ohne Sahne & mit Zitronensaft), 2A2B (mit Sahne & mit Zitronensaft) zugeordnet werden.

Selbstverständlich muss dein gesamter Versuchsablauf unter standardisierten Bedingungen stattfinden und …

Stoffel: Schon gut, keine Sorge ich werde mich an die methodischen Standardregeln für Experimente halten.

2.1 · Mehrfaktorielle Varianzanalyse mit unabhängigen Stichproben

- **2) Wissenschaftliche Hypothese (WH)**

Wissenschaftliche Hypothese
Stevie: Unsere Vermutung zu der disordinalen Interaktion besteht aus den folgenden vier Komponenten:
a) Der Geschmack unter der Bedingung mit Sahne & ohne Zitronensaft ist vergleichsweise besser als unter der Bedingung ohne Sahne & ohne Zitronensaft.
und (nicht oder)
b) Der Geschmack unter der Bedingung ohne Sahne & mit Zitronensaft ist vergleichsweise besser als unter der Bedingung ohne Sahne & ohne Zitronensaft
und (nicht oder)
c) Der Geschmack unter der Bedingung mit Sahne & mit Zitronensaft ist vergleichsweise schlechter als unter der Bedingung mit Sahne & ohne Zitronensaft.
und (nicht oder)
d) Der Geschmack unter der Bedingung mit Sahne & mit Zitronensaft ist vergleichsweise schlechter als unter der Bedingung ohne Sahne & mit Zitronensaft.
Die theoretische Erklärung dazu basiert u. a. auf dem chemischen Vorgang, der sich beim Erhitzen zwischen Eiweiß und Zitronensäure abspielt und auf der empirischen Erfahrung, dass die meisten Verfeinerungen den Geschmack verbessern, aber dass geronnenes und geflocktes Eiweiß nicht sehr appetitlich ist.

Stoffel: Haben wir denn keine Vermutungen zu den Faktoren A und B wie im ▶ Abschn. 2.2.1?
Stefanie: Wenn wir so wie hier eine disordinale Interaktion vermuten, dann kann es darüber hinaus keine sinnvollen allgemeineren Vermutungen mehr zu den beiden Faktoren A und B geben.

- **3) Statistische Hypothesen (SH)**

Statistische Hypothesen
Stevie: Aus unserer wissenschaftlichen Hypothese werden die folgenden vier gerichteten Alternativhypothesen abgeleitet:
a) $H_1: \mu_{2A1B} > \mu_{1A1B}$ mit der dazu komplementären Nullhypothese $H_0: \mu_{2A1B} \leq \mu_{1A1B}$.
und (nicht oder)
b) $H_1: \mu_{1A2B} > \mu_{1A1B}$ mit der dazu komplementären Nullhypothese $H_0: \mu_{1A2B} \leq \mu_{1A1B}$.
und (nicht oder)
c) $H_1: \mu_{2A2B} < \mu_{2A1B}$ mit der dazu komplementären Nullhypothese $H_0: \mu_{2A2B} \geq \mu_{2A1B}$.
und (nicht oder)
d) $H_1: \mu_{2A2B} < \mu_{1A2B}$ mit der dazu komplementären Nullhypothese $H_0: \mu_{2A2B} \geq \mu_{1A2B}$.

- **4) Versuchsplanung**

Stefanie: Aus der wissenschaftlichen Hypothese folgen für diese Art der disordinalen Interaktion A*B vier gerichtete Alternativhypothesen, die alle mit einem „und (nicht oder)" verbunden sind. Damit die Vermutung dieser Interaktion als bewährt eingestuft werden kann, müssen alle vier Nullhypothesen gleichzeitig abgelehnt werden. Wenn wir die vier Hypothesen einzeln, mit t-Tests für unabhängige Stichproben, prüfen, kann es in diesem Fall zu keiner Akkumulierung des Fehlers erster Art kommen. Dementsprechend können wir jede dieser vier Hypothesen einzeln auf dem Signifikanzniveau mit $\alpha = 5\,\% = 0{,}05$ testen.

Hinweis: Wären die vier Alternativhypothesen mit einem „und (oder)" verbunden, müssten wir eine Fehleradjustierung für die einzelnen t-Tests vornehmen auf $\alpha' = \alpha/4 = 1{,}25\,\% = 0{,}0125$ (nach Bonferroni, siehe Bortz und Schuster, 2010, S. 232).

Es werden mindestens $N = 120$ fiktive Versuchspersonen, jeweils genau 30 Personen pro Versuchsbedingung, untersucht.

🛈 Sprungmöglichkeit →

■■ **Teststärkeanalyse für den Overall-F-Test für die Interaktion A*B (s. u. Punkt 7b bei der Vorbetrachtung):**
Von Cohen (1988, S. 274) wird der Fall der Tabellenanwendung (für Interaktionen bei mehrfaktorieller Varianzanalyse) im ▶ Kap. 8 als *case 3* bezeichnet.

Für die Bestimmung der Teststärke muss auch hier eine Bestimmung der Stichprobengröße nach der Formel 8.3.4 von Cohen (1988, S. 365) erfolgen:

$$n' = \frac{\text{Nennerfreiheitsgrad}}{\text{Zählerfreiheitsgrad} + 1} + 1 = \frac{116}{1+1} + 1 = 59$$

Hinweise: Bei Cohen (1988) wird der Zählerfreiheitsgrad für gewöhnlich mit „u" bezeichnet.

Der Zählerfreiheitsgrad $= (p-1)*(q-1) = (2-1)*(2-1) = 1$ und der Nennerfreiheitsgrad $= N - p*q = 120 - 2*2 = 116$.

Wenn wir nach der Konvention von Cohen (1988, S. 287) von einer großen Effektgröße $f = 0{,}4$ ($\alpha = 5\,\%$, Zählerfreiheitsgrad $= 1$, $n' = 59$) ausgehen, dann liegt die interpolierte Teststärke bei 0,99 (Cohen 1988, S. 312, Tab. 8.3.12).

Für die möglichen Teststärkeanalysen zu den einzelnen Hypothesen (Einzelvergleiche) verweisen wir auf unsere entsprechenden Darstellungen zu den t-Tests bei Kuhlmei (2018, S. 138).

🛈 ← Sprungmöglichkeit

■ **5) Datenerhebung und Datentabelle**
Da wir bei diesem Beispiel die Vorgehensweise nur konzeptuell erläutern, wird auf die Erhebung der Datentabelle nicht weiter eingegangen. Wir gehen allerdings davon aus, dass die methodischen Basisregeln, wie zum Beispiel Randomisierung, standardisierte Bedingungen usw. eingehalten werden.

■ **6) Stichprobenergebnisse bzw. SPSS-Ergebnisse**
Stoffel: Mit dem SPSS-Schema 1 (siehe ▶ Abschn. 2.2.1) wird dann die Durchführung der zweifaktoriellen Varianzanalyse für unabhängige Stichproben mit SPSS vorgenommen. Die Ergebnisse für die Stichproben zu der Anzahl der verarbeiteten Fälle, den Mittelwerten und den Standardabweichungen für die hier vorliegenden

2.1 · Mehrfaktorielle Varianzanalyse mit unabhängigen Stichproben

vier Gruppenkombinationen und auch für die verschiedenen Gesamtgruppen werden dann in einer geeigneten Tabelle (vergleiche ▸ Abschn. 2.2.1) zusammengestellt.

- **7) Vorbetrachtung und Betrachtung der Voraussetzungen**

Es wird geprüft, ob die Bedingungen für die Durchführung der Signifikanztests erfüllt sind.

■■ **Vorbetrachtung**

Stevie: Punkt a) In der Vorbetrachtung wird zunächst für alle vier Hypothesen wie gewohnt geprüft, ob die Stichprobenergebnisse zumindest in der Tendenz für die Alternativhypothesen sprechen. Verwendete Entscheidungsstrategie:
1. Wenn nur eines der gefundenen Ergebnisse eher für die zugehörige Nullhypothese spricht, wird sofort abgebrochen und die entsprechende Nullhypothese wird (vorläufig) beibehalten. Die Vermutung der disordinalen Interaktion wird dann insgesamt als „(vorläufig) nicht bewährt" eingestuft.
2. Wenn die gefundenen Ergebnisse eher für die Alternativhypothesen sprechen, geht es für die vier Hypothesen weiter mit dem Punkt b) der Vorbetrachtung.

Punkt b) Es wird kontrolliert, ob der Overall-Interaktions-F-Test (A*B) der Varianzanalyse, auf dem 5 %-Niveau signifikant wird. Die folgende Entscheidungsstrategie ist dabei zu verwenden:
1. Wenn der F-Test nicht signifikant wird ($p > 0{,}05$), dann wird sofort abgebrochen und die aufgestellten Nullhypothesen werden (vorläufig) beibehalten. Die Vermutung der disordinalen Interaktion wird insgesamt als (vorläufig) nicht bewährt eingestuft.
2. Wenn der F-Test signifikant wird ($p < 0{,}05$), dann wird mit dem nächsten Punkt 8) im Ablaufschema fortgefahren.

■■ **Betrachtung der Voraussetzungen**

Da wir in diesem fiktiven Beispiel von gleich großen Stichproben ($N_1 = N_2 = N_3 = N_4$), die jeweils mindestens bei 30 liegen sollen, ausgehen, können der hier im Punkt 7) durchzuführende F-Test und die t-Tests (siehe Punkt 8) *problemlos* ohne die Prüfungen der beiden Voraussetzungen (Varianzhomogenität und Normalverteilung) angewendet werden. Begründung: Robustheit der Signifikanztests und zentraler Grenzwertsatz für die Normalverteilung.

- **8) Empirische Prüfgrößen und Irrtumswahrscheinlichkeiten p**

Für jede der vier Alternativhypothesen der disordinalen Interaktionshypothese (siehe oben) wird ein t-Test für unabhängige Stichproben durchgeführt, und die empirischen t-Werte und die Irrtumswahrscheinlichkeiten p werden wie bei den t-Tests im Buch von Kuhlmei (2018, S. 137–142) bestimmt.

- **9) Entscheidungen**

Im ersten Schritt wird für jede der vier Alternativhypothesen die gewohnte Entscheidungsstrategie angewendet:
− Wenn $p < \alpha$, dann wird die zugehörige Nullhypothese abgelehnt.
− Wenn $p \geq \alpha$, dann wird die zugehörige Nullhypothese (vorläufig) beibehalten.

Im zweiten Schritt erfolgt die Gesamtbewertung für die Interaktion:
- Wenn nur eine der vier Nullhypothesen (vorläufig) beibehalten wird, dann wird die Vermutung der disordinalen Interaktion insgesamt als „(vorläufig) nicht bewährt" eingestuft.
- Wenn alle vier Nullhypothesen abgelehnt werden, dann wird die Vermutung der disordinalen Interaktion insgesamt als „(vorläufig) bewährt" eingestuft.

- **10) Ergebnisdarstellungen, Interpretation und Diskussion**

Bei der Interpretation wird im Sinne der oben aufgeführten verschiedenen Entscheidungsregeln die Bewertung für die vermutete disordinale Interaktionshypothese vorgenommen, und es werden für die durchgeführten Signifikanztests (Overall-Interaktions-F-Test und gegebenenfalls für die vier t-Tests) die empirischen Prüfwerte, die Irrtumswahrscheinlichkeiten und möglicherweise die Stichprobeneffekte angegeben.

2.2 Mehrfaktorielle Varianzanalyse mit abhängigen Stichproben

Stefanie: Für die zweifaktorielle Varianzanalyse mit abhängigen Stichproben verwenden wir im Prinzip die gleichen Grundbegriffe, die wir bereits im ▶ Abschn. 2.1 erläutert haben.

Wir werden uns hier auf die zweifaktoriellen Varianzanalysen beschränken. Im ▶ Abschn. 2.2.1 betrachten wir den Fall, dass es sich bei beiden Faktoren (den unabhängigen Variablen) um Messwiederholungen handelt. Im ▶ Abschn. 2.2.2 wird bei einem der beiden Faktoren eine Messwiederholung vorliegen und bei dem anderen Faktor nicht.

Stevie: Die Darstellungen der generellen statistischen Hypothesen unterscheiden sich für die unabhängigen Variablen (die Faktoren) mit und ohne Abhängigkeiten zwischen den Gruppen nicht. Daher können wir uns dazu mit einer gemeinsamen Präsentation für die ▶ Abschn. 2.2.1 und 2.2.2 begnügen.

Die abhängige Variable 1 ist (mindestens) intervallskaliert. Dann gibt es noch zwei unabhängige mehrstufige nominalskalierte Variablen: Durch die Variable 2 werden $p \geq 2$ verschiedene Gruppen (Gruppe 1, Gruppe 2, ..., Gruppe p) mit Abhängigkeiten und durch die Variable 3 werden $q \geq 2$ andere verschiedene Gruppen (Gruppe 1, Gruppe 2, ..., Gruppe q) mit oder ohne Abhängigkeiten, festgelegt.

Es werden üblicherweise die folgenden Bezeichnungen verwendet:
- Faktor A = Variable 2 und Faktor B = Variable 3.
- μ ist der Gesamtpopulationsmittelwert über alle betrachteten Gruppen auf der abhängigen Variable 1.
- μ_i ist der Populationsmittelwert auf der abhängigen Variable 1 für die Personen (Objekte) aus der i-ten Gruppe des Faktors A.
- μ_k ist der Populationsmittelwert auf der abhängigen Variable 1 für die Personen (Objekte) aus der k-ten Gruppe des Faktors B.
- μ_{ik} ist der Populationsmittelwert auf der abhängigen Variable 1 für die Personen (Objekte) aus der Kombination der i-ten Gruppe des Faktors A und der k-ten Gruppe des Faktors B.

2.2 · Mehrfaktorielle Varianzanalyse mit abhängigen Stichproben

Insgesamt sind drei (Overall-)Hypothesen, eine Hypothese für den Faktor A, eine Hypothese für den Faktor B und eine Hypothese für die Interaktion A*B aufzustellen.

ⓘ Sprungmöglichkeit →

> **Generelle ungerichtete statistische (Overall-)Hypothesen für die zweifaktorielle Varianzanalyse**
> **Faktor A:**
> In der Nullhypothese H_0 wird davon ausgegangen, dass sich die arithmetischen Populationsmittelwerte μ (der Variable 1) für die verschiedenen Gruppen (Variable 2) nicht unterscheiden: $\mu_{Gruppe\ 1} = \mu_{Gruppe\ 2} = \ldots = \mu_{Gruppe\ p}$.
> Die Alternativhypothese H_1 behauptet dagegen, dass mindestens zwei Gruppen i und j existieren, bei denen sich die arithmetischen Populationsmittelwerte μ (der Variable 1) unterscheiden: $\mu_{Gruppe\ i} \neq \mu_{Gruppe\ j}$.
> **Faktor B:**
> In der Nullhypothese H_0 wird davon ausgegangen, dass sich die arithmetischen Populationsmittelwerte μ (der Variable 1) für die verschiedenen Gruppen (Variable 3) nicht unterscheiden: $\mu_{Gruppe\ 1} = \mu_{Gruppe\ 2} = \ldots = \mu_{Gruppe\ q}$.
> Die Alternativhypothese H_1 behauptet dagegen, dass mindestens zwei Gruppen k und l existieren, bei denen sich die arithmetischen Populationsmittelwerte μ (der Variable 1) unterscheiden: $\mu_{Gruppe\ k} \neq \mu_{Gruppe\ l}$.
> **Interaktion A*B:**
> In der Nullhypothese H_0 wird davon ausgegangen, dass es keine Interaktion zwischen den beiden Faktoren A und B gibt. Für alle möglichen Gruppenkombinationen i und k der beiden Faktoren gilt: $\mu_{ik} = \mu_i + \mu_k - \mu$.
> Die Alternativhypothese H_1 behauptet dagegen, dass es eine Interaktion zwischen den beiden Faktoren A und B gibt. Es gibt mindestens eine Gruppenkombinationen i und k der beiden Faktoren, für die gilt: $\mu_{ik} \neq \mu_i + \mu_k - \mu$.

ⓘ ← Sprungmöglichkeit

Stefanie: Wie bei nur zwei oder drei Stufen (bzw. Gruppen) auch gerichtete Hypothesen untersucht werden können, zeigen wir in den folgenden ▶ Abschn. 2.2.1 und 2.2.2 auf.

2.2.1 Basisablauf: Zweifaktorielle Varianzanalyse mit Messwiederholungen auf beiden Faktoren

- **1) Fragestellung**

Stevie: Kommen wir zu unserer Fragestellung: Es soll untersucht werden, ob das psychische Wohlbefinden der depressiven Patienten sich im Verlauf der Therapie (vor, während und nach) verändert und ob es dabei einen Wochentageinfluss (Montag vs. Samstag) gibt.

Der Einfluss der einzelnen Faktoren, Faktor A = Messzeitpunkt (vor, während, nach) und Faktor B = Wochentag (Montag, Samstag), und der Einfluss der Interaktion der beiden Faktoren (A*B) auf das psychische Wohlbefinden bei depressiven Patienten soll untersucht werden.

Wir werden, genau wie im ▶ Abschn. 2.1, gleichzeitig drei Gruppen von Hypothesen zum Faktor A, zum Faktor B und zur Interaktion A*B zu bearbeiten haben. Im Prinzip werden wir diese drei Gruppen von Hypothesen parallel und getrennt voneinander bearbeiten. Wie wir aber noch sehen werden, können sich die Resultate zu der Interaktion A*B ganz massiv auf die Interpretationen der Faktoren A und B auswirken.

- **2) Wissenschaftliche Hypothese (WH)**

> **Wissenschaftliche Hypothese**
> **Stefanie:** Unsere Vermutung besteht aus den folgenden Komponenten:
> **Faktor A:**
> a) Während der Therapie verfügen die Patienten über ein besseres psychisches Wohlbefinden als zu Beginn (vor) der Therapie.
> **und (nicht oder)**
> b) Am Ende (nach) der Therapie verfügen die Patienten über ein besseres psychisches Wohlbefinden als während der Therapie.
> **Faktor B:**
> Am Samstag fühlen sich die Patienten im Vergleich zum Montag psychisch besser.
> **Interaktion A*B:**
> Es gibt keine Interaktion zwischen dem Therapieverlaufszeitpunkt (vor, während, nach) und dem Wochentag (Montag vs. Samstag) auf das psychische Wohlbefinden.
> Hinweis: Unsere Vermutungen basieren zum einen auf lernpsychologischen und kognitiven Erklärungsansätzen und zum anderen auf der Alltagsbeobachtung, dass sich Menschen am Montag häufig darüber beklagen, dass noch die gesamte Arbeitswoche vor ihnen liegt.

Stevie: Ausgezeichnet. Bei der Interaktion vertreten wir hier zunächst wieder das denkbar einfachste Konzept, das von einem rein additiven Zusammenwirken (= keine Interaktion) der beiden Faktoren ausgeht.

- **3) Statistische Hypothesen (SH)**

Stefanie: Ich möchte zunächst die folgenden Bezeichnungen erläutern:
- μ ist der Gesamtpopulationsmittelwert über alle betrachteten Gruppen.
- μ_{1A} ist der Populationsmittelwert auf der abhängigen Variable psychisches Wohlbefinden für die Patienten auf der ersten (Messzeit-)Stufe des Faktors A (= vor der Therapie).
- μ_{1B} ist der Populationsmittelwert auf der abhängigen Variable psychisches Wohlbefinden für die Patienten auf der ersten (Messzeit-)Stufe des Faktors B (= Montag).
- μ_{1A1B} ist der Populationsmittelwert auf der abhängigen Variable psychisches Wohlbefinden für die Patienten auf der Kombination der ersten (Messzeit-)Stufe des Faktors A (= vor der Therapie) und der ersten (Messzeit-)Stufe des Faktors B (= Montag).

2.2 · Mehrfaktorielle Varianzanalyse mit abhängigen Stichproben

Die weiteren Populationsmittelwerte μ_{2A}, μ_{3A} usw. sind alle sinngemäß in der gleichen Logik zu verstehen.

Statistische Hypothesen

Aus unserer wissenschaftlichen Hypothese werden für den Faktor A und den Faktor B gerichtete Alternativhypothesen H_1 abgeleitet und für die Interaktion wird eine ungerichtete Nullhypothese abgeleitet:

Faktor A:
a) H_1: $\mu_{1A} < \mu_{2A}$ mit der dazu komplementären Nullhypothese H_0: $\mu_{1A} \geq \mu_{2A}$.
und (nicht oder)
b) H_1: $\mu_{2A} < \mu_{3A}$ mit der dazu komplementären Nullhypothese H_0: $\mu_{2A} \geq \mu_{3A}$.

Faktor B:
H_1: $\mu_{1B} < \mu_{2B}$ mit der dazu komplementären Nullhypothese H_0: $\mu_{1B} \geq \mu_{2B}$.

Interaktion A*B:
Nullhypothese H_0:
$\mu_{1A1B} = \mu_{1A} + \mu_{1B} - \mu$ **und (nicht oder)** $\mu_{1A2B} = \mu_{1A} + \mu_{2B} - \mu$ **und (nicht oder)**
$\mu_{2A1B} = \mu_{2A} + \mu_{1B} - \mu$ **und (nicht oder)** $\mu_{2A2B} = \mu_{2A} + \mu_{2B} - \mu$ **und (nicht oder)**
$\mu_{3A1B} = \mu_{3A} + \mu_{1B} - \mu$ **und (nicht oder)** $\mu_{3A2B} = \mu_{3A} + \mu_{2B} - \mu$.

mit der dazu gehörigen komplementären Alternativhypothese H_1:
$\mu_{1A1B} \neq \mu_{1A} + \mu_{1B} - \mu$ **oder (und)** $\mu_{1A2B} \neq \mu_{1A} + \mu_{2B} - \mu$ **oder (und)**
$\mu_{2A1B} \neq \mu_{2A} + \mu_{1B} - \mu$ **oder (und)** $\mu_{2A2B} \neq \mu_{2A} + \mu_{2B} - \mu$ **oder (und)**
$\mu_{3A1B} \neq \mu_{3A} + \mu_{1B} - \mu$ **oder (und)** $\mu_{3A2B} = \mu_{3A} + \mu_{2B} - \mu$.

Stoffel: Stefanie, kannst du mir bitte erklären, warum die so formulierte Nullhypothese ausdrückt, dass es keine Interaktion gibt?

Stefanie: Stoffel, du hast wirklich ein Gedächtnis wie ein Sieb. Schaue bitte im ▶ Abschn. 2.1.1 unter den statistischen Hypothesen (Punkt 3) nach, da haben wir das erklärt.

Stoffel: Weiß ich doch, ich wollte nur einmal testen, ob du dich auch noch daran erinnern kannst.

■ 4) Versuchsplanung

Stefanie: Aus der wissenschaftlichen Hypothese für die Gruppe Faktor A folgen zwei gerichtete Alternativhypothesen, die mit einem „und (nicht oder)" verbunden sind. Wenn wir beide Hypothesen einzeln prüfen, kann es in diesem Fall zu keiner Akkumulierung des Fehlers erster Art kommen. Dementsprechend können wir jede dieser beiden Hypothesen auf dem Signifikanzniveau von $\alpha = 5\% = 0{,}05$ testen. Hinweis: Wären die beiden Alternativhypothesen mit einem „und (oder)" verbunden, müssten wir eine Fehleradjustierung vornehmen auf $\alpha = 2{,}5\% = 0{,}025$.

Für den Faktor B liegt eine gerichtete Alternativhypothese vor, die wir ebenfalls auf dem Signifikanzniveau von $\alpha = 5\% = 0{,}05$ testen.

Bei der Interaktion A*B vertreten wir eine ungerichtete Nullhypothese, die wir für eine strenge Prüfung auf dem Signifikanzniveau von $\alpha = 20\% = 0{,}20$ testen (Begründung siehe ▶ Abschn. 2.1.1, bei der Versuchsplanung Punkt 4).

Es wurden $N = 60$ fiktive Depressionspatienten untersucht.

Die im Folgenden verwendeten Formeln für die Bestimmung der Freiheitsgrade finden sich im Bortz (2005, S. 350–351, ◘ Tab. 9.20 und 9.21).

🛈 Sprungmöglichkeit →

■■ **Teststärkeanalyse für den Overall-F-Test für Faktor A (s. u. Punkt 7c bei der Vorbetrachtung)**

Stevie: Von Cohen (1988, S. 274) wird der Fall der Tabellenanwendung (für Haupteffekte bei mehrfaktorieller Varianzanalyse) im ▶ Kap. 8 als *case 2* bezeichnet.

Für die Bestimmung der Teststärke muss eine Anpassung der Stichprobengröße nach der Formel 8.3.4 Cohen (1988, S. 365) erfolgen:

$$n' = \frac{\text{Nennerfreiheitsgrad}}{\text{Zählerfreiheitsgrad} + 1} + 1 = \frac{118}{2+1} + 1 = 40{,}33$$

Hinweise: Bei Cohen (1988) wird der Zählerfreiheitsgrad für gewöhnlich mit „u" bezeichnet.

Der Zählerfreiheitsgrad $= 2$ ($= p - 1 = 3 - 1$) findet sich in der ◘ Tab. 2.6 in der Zeile für den Faktor A und der Nennerfreiheitsgrad $= 118$ ($= (p - 1) * (N - 1) = 2 * 59$) in der Zeile für den Fehler (von Faktor A).

Wenn wir nach der Konvention von Cohen (1988, S. 287) von einer großen Effektgröße $f = 0{,}4$ (Signifikanzniveau 5 %, Zählerfreiheitsgrad $= p - 1 = 3 - 1 = 2$, $n' = 40{,}33$) ausgehen, dann liegt die interpolierte Teststärke bei 0,98 (Cohen 1988, S. 314, Tab. 8.3.13).

Für die Teststärkeanalysen zu den einzelnen Hypothesen (Einzelvergleiche bzw. Kontraste) verweisen wir auf unsere entsprechenden Analysen bei Kuhlmei (2018, S. 138 und S. 153–154).

■■ **Teststärkeanalyse für den Overall-F-Test für Faktor B (s. u. Punkt 7c bei der Vorbetrachtung)**

Von Cohen (1988, S. 274) wird der Fall der Tabellenanwendung (für Haupteffekte bei mehrfaktorieller Varianzanalyse) im ▶ Kap. 8 als *case 2* bezeichnet.

Für die Bestimmung der Teststärke muss eine Anpassung der Stichprobengröße nach der Formel 8.3.4 Cohen (1988, S. 365) erfolgen:

$$n' = \frac{\text{Nennerfreiheitsgrad}}{\text{Zählerfreiheitsgrad} + 1} + 1 = \frac{59}{1+1} + 1 = 30{,}5$$

Hinweis: Bei Cohen (1988) wird der Zählerfreiheitsgrad für gewöhnlich mit „u" bezeichnet.

Der Zählerfreiheitsgrad $= 1$ ($= q - 1 = 2 - 1$) findet sich in der ◘ Tab. 2.6 in der Zeile für den Faktor B und der Nennerfreiheitsgrad $= 59$ ($= (q - 1) * (N - 1) = 1 * 59$) in der Zeile für den Fehler (von Faktor B).

Wenn wir nach der Konvention von Cohen (1988, S. 287) von einer großen Effektgröße $f = 0{,}4$ (Signifikanzniveau 5 %, Zählerfreiheitsgrad $= q - 1 = 2 - 1 = 1$, $n' = 30{,}5$) ausgehen, dann liegt die interpolierte Teststärke bei 0,875 (Cohen 1988, S. 311, Tab. 8.3.12).

2.2 · Mehrfaktorielle Varianzanalyse mit abhängigen Stichproben

Teststärkeanalysen zu den einzelnen Hypothesen (Einzelvergleiche bzw. Kontraste) werden beim F-Test mit zwei Gruppen nicht benötigt, weil hier der F-Test und der t-Test funktional zusammenhängen und austauschbar sind (siehe Punkt 8).

▪▪ Teststärkeanalyse für den Overall-F-Test für die Interaktion A*B:

Von Cohen (1988, S. 274) wird der Fall der Tabellenanwendung (für Interaktionen bei mehrfaktorieller Varianzanalyse) im ▶ Kap. 8 als *case 3* bezeichnet.

Für die Bestimmung der Teststärke muss auch hier eine Bestimmung der Stichprobengröße nach der Formel 8.3.4 Cohen (1988, S. 365) erfolgen:

$$n' = \frac{\text{Nennerfreiheitsgrad}}{\text{Zählerfreiheitsgrad} + 1} + 1 = \frac{118}{2+1} + 1 = 40{,}33$$

Hinweise: Bei Cohen (1988) wird der Zählerfreiheitsgrad für gewöhnlich mit „u" bezeichnet.

Der Zählerfreiheitsgrad = 2 (= (p − 1)*(q − 1) = (3 − 1)*(2 − 1)) findet sich in der ◘ Tab. 2.6 in der Zeile für die Interaktion A*B und der Nennerfreiheitsgrad = 118 (= (p − 1) * (q − 1) * (N − 1) = 2 * 1 * 59) in der Zeile für den Fehler (von der Interaktion).

Wenn wir nach der Konvention von Cohen (1988, S. 287) von einer großen Effektgröße f = 0,4 (Zählerfreiheitsgrad = 2, n' = 40,33) ausgehen, dann liegt die interpolierte Teststärke für ein Signifikanzniveau von 10 % bei 0,99 (Cohen 1988, S. 336, Tab. 8.3.24). Für die gesuchte Teststärke für das hier verwendete Signifikanzniveau von 20 % gibt es bei Cohen (1988) leider keine Tabellenwerte, aber die Teststärke liegt sicher über dem Wert von 0,99.

Für die möglichen Teststärkeanalysen zu den einzelnen Hypothesen (Einzelvergleiche bzw. Kontraste) verweisen wir auf unsere entsprechenden Darstellungen bei den t-Tests bei Kuhlmei (2018, S. 153–154).

ⓘ ← Sprungmöglichkeit

▪ 5) Datenerhebung und Datentabelle
▶ Siehe Kap. 1 für die Erstellung der Datentabelle.

▪ 6) Stichprobenergebnisse bzw. SPSS-Ergebnisse
Stefanie: Mit dem SPSS-Schema 2 wird nun die Durchführung der zweifaktoriellen Varianzanalyse mit Messwiederholung auf beiden Faktoren (für abhängige Stichproben) mit SPSS vorgestellt (◘ Abb. 2.3).

Stoffel: Speichern und Drucken der SPSS-Ergebnisse bitte nicht vergessen.

Stevie: Kommen wir zu den Ergebnissen (◘ Tab. 2.4).

In den vorderen und hinteren Tabellenteilen der SPSS-Ergebnisausgabe erhalten wir insgesamt die Informationen zu der Anzahl der verarbeiteten Fälle, den Mittelwerten und den Standardabweichungen für die verschiedenen Gruppenkombinationen und auch für die verschiedenen Gesamtgruppen der beiden Faktoren A und B auf der abhängigen Variable psychisches Wohlbefinden. Angaben zu den Konfidenzintervallen lassen wir weg, da wir sie hier nicht benötigen.

Kapitel 2 · Mehrfaktorielle Varianzanalysen

Schritt 1	
Handlungen:	Die SPSS-Datei mit dem Dateinamen *Evaluationsstudie* starten.
Auswirkungen:	SPSS-Bildschirm: *Datenansicht* der fiktiven Evaluationsstudie mit der Datentabelle (N = 60 für x1 bis x14) ist reaktiviert.

⇩

Schritt 2	
Handlungen:	1) In der Menüleiste *Analysieren* anklicken.
	2) In dem dadurch entstandenen ersten Untermenü *Allgemeines lineares Modell* anvisieren und in dem zweiten entstandenen Untermenü *Messwiederholung...* anklicken.
Auswirkungen:	Eine Dialogbox *Messwiederholung: Faktor(en) definieren* hat sich geöffnet.

⇩

Schritt 3	
Handlungen:	1) In dem Feld *Name des Innersubjektfaktors* die Voreinstellung "Faktor1" in "FaktorA" ändern (kann problemlos "überschrieben" werden).
	2) In das Kästchen *Anzahl der Stufen* (links oben) den Wert "3" eintragen.
	3) Den Button *Hinzufügen* (links oben) anklicken.
	4) In dem Feld *Name des Innersubjektfaktors* den Namen "FaktorB" eintippen.
	5) In das Kästchen *Anzahl der Stufen* (links oben) den Wert "2" eintragen.
	6) Den Button *Hinzufügen* (links oben) anklicken.
	7) Den Button *Definieren* (links unten) anklicken.
Auswirkungen:	1) bis 7) Die Dialogbox *Messwiederholung* ist geöffnet und im oberen mittleren Feld Innersubjektvariablen (FaktorA, FaktorB) sind die 3*2 = 6 noch festzulegenden Messwiederholungsfaktorstufen vorgekennzeichnet.

⇩

Schritt 4	
Handlungen:	1) In dem linken Variablenfeld die Variable *x4* (psychisches Wohlbefinden vorher, Montag) markieren. Dann den *Pfeil* (in der Mitte links neben dem Innersubjektvariablen (FaktorA, FaktorB)-Feld) anklicken, damit die Variable *x4* in das Innersubjektvariablen (FaktorA, FaktorB)-Feld übertragen wird.
	2) Die Variablen *x5* (psychisches Wohlbefinden vorher, Samstag), *x6* (psychisches Wohlbefinden während, Montag), *x7* (psychisches Wohlbefinden während, Samstag), *x8* (psychisches Wohlbefinden nachher, Montag) und *x9* (psychisches Wohlbefinden nachher, Samstag) in dieser Reihenfolge nach der gleichen Prozedur wie unter Punkt 1) in das Innersubjektvariablen (FaktorA, FaktorB)-Feld übertragen.
	3) Den Button *Optionen...*(rechts Mitte) anklicken.
Auswirkungen:	1) & 2) In der Dialogbox *Messwiederholung* sind die Variablen x4, x5, x6, x7, x8 und x9 zur weiteren Bearbeitung ausgewählt.
	3) Öffnung der Dialogbox: *Messwiederholung: Optionen*

⇩

Schritt 5	
Handlungen:	1) Die beiden Kästchen (links oben) für *Deskriptive Statistiken* und für *Schätzer der Effektgröße* anklicken.
	2) Den Button *Weiter* (links unten) anklicken.
	3) Den Button *Geschätzte Randmittel…* (rechts Mitte) anklicken
	4) In dem Feld *Faktoren und Interaktionen zwischen Faktoren* (links oben) die oberste Angabe *(Overall)* markieren. Dann den *Pfeil* (in der Mitte links neben dem *Mittelwerte anzeigen für* – Feld) anklicken.
	5) *FaktorA* und *FaktorB* nach dem gleichen Prinzip wie bei Punkt 4) in das Feld *Mittelwerte anzeigen für* übertragen.
	6) Den Button *Weiter* (links unten) anklicken.
Auswirkungen:	Die Dialogbox *Messwiederholung* ist aktiviert, die Optionen Deskriptive Statistiken und Schätzer der Effektgröße wurden ausgewählt, die Gesamtmittelwerte für die Faktoren A und B und der Overall-gesamtmittelwert werden bestimmt.

⇩

Schritt 6	
Handlungen:	Den *OK-Button* (links unten) anklicken.
Auswirkungen:	Das Ausgabefenster mit den Ergebnissen wird angezeigt.

◘ **Abb. 2.3** *Zweifaktorielle Varianzanalyse mit Messwiederholung auf beiden Faktoren – SPSS-Schema 2*

2.2 · Mehrfaktorielle Varianzanalyse mit abhängigen Stichproben

Tab. 2.4 Deskriptive Statistiken für die zweifaktorielle Varianzanalyse mit Messwiederholungen auf den beiden Faktoren A und B

Deskriptive Statistiken	Psychisches Wohlbefinden				
Faktor A	Faktor B	Variable	N	Mittelwert	Standardabweichung
Vor	Montag	x4	60	36,07	11,21
	Samstag	x5	60	45,80	14,18
	Gesamt	x10	60	40,93	
Während	Montag	x6	60	37,20	13,77
	Samstag	x7	60	46,83	12,35
	Gesamt	x11	60	42,02	
Nach	Montag	x8	60	52,75	13,80
	Samstag	x9	60	62,03	14,53
	Gesamt	x12	60	57,39	
Gesamt	Montag	x13	60	42,01	
	Samstag	x14	60	51,56	
	Gesamt		60	46,78	

Bei den verschiedenen Gesamtgruppenmittelwerten, im SPSS sind das die geschätzten Randmittel für die beiden Faktoren A und B und für den Gesamtmittelwert über alle Messzeitpunkte, werden im SPSS leider nicht die Standardabweichungen angegeben. Da wir diese Werte bei der weiteren Bearbeitung nicht benötigen werden, können wir sie hier einfach weglassen.

Die Werte in der vierten Spalte bedeuten: Es gibt N = 60 Patienten für jeden der Messzeitpunkte. Da es sich hier um Messwiederholungen handelt, sind das immer die gleichen 60 Patienten.

Der Mittelwert auf der Variable psychisches Wohlbefinden für die 60 Patienten am ersten Messzeitpunkt (vor der Therapie am Montag) liegt bei 36,07 und die Standardabweichung dazu beträgt 11,21 (Werte in der dritten Zeile).

Die Werte in der fünften Zeile bedeuten: Es gibt insgesamt N = 60 Patienten, der Mittelwert dieser 60 Personen auf der Variable psychisches Wohlbefinden zum Messzeitpunkt vor der Therapie beträgt 40,93.

Die Werte in der zwölften Zeile bedeuten: Es gibt N = 60 Patienten, die am Montag untersucht wurden, der Mittelwert dieser 60 Personen auf der Variable psychisches Wohlbefinden an einem Montag über alle drei Messzeitpunkte (vor, während und nach der Therapie) gemittelt beträgt 42,01.

Die Werte in der untersten Zeile bedeuten: Es gibt insgesamt N = 60 Patienten, die untersucht wurden, der Mittelwert dieser 60 Personen auf der Variable psychisches Wohlbefinden insgesamt über alle drei Messzeitpunkte (vor, während und nach der Therapie) gemittelt oder über die beiden Wochentage (Montag, Samstag) gemittelt beträgt 46,78.

Stefanie: Die anderen Tabellenwerte sind alle sinngemäß nach der gleichen Logik zu verstehen.

7) Vorbetrachtung und Betrachtung der Voraussetzungen
Es wird geprüft, ob die Bedingungen für die Durchführung der Signifikanztests erfüllt sind.

Vorbetrachtung
Stevie: Punkt a) Bei der zweifaktoriellen Varianzanalyse prüfen wir in der Vorbetrachtung zunächst für alle drei Hypothesengruppen (Faktor A, Faktor B und die Interaktion A*B) jeweils wie gewohnt, ob die Stichprobenergebnisse zumindest in der Tendenz für die Alternativhypothesen sprechen, mit der folgenden Entscheidungsstrategie:
1. Wenn die gefundenen Ergebnisse eher für die Nullhypothese sprechen, wird sofort abgebrochen und die entsprechenden Nullhypothesen werden (vorläufig) beibehalten.
2. Wenn die gefundenen Ergebnisse eher für die Alternativhypothese sprechen, geht es weiter mit dem Punkt b) der Vorbetrachtung.

Punkt b) Für die Hypothesengruppen (Faktor A, Faktor B und die Interaktion A*B), bei denen es nach der Prüfung unter Punkt a) weitergehen kann, wird dann der Mauchly-Test für die Prüfung auf Sphärizität durchgeführt.
Wir verwenden die folgende Entscheidungsstrategie:
1. Wenn der Mauchly-Test nicht signifikant wird ($p > 0{,}20$), dann wird mit dem Punkt c) der Vorbetrachtung fortgefahren, und bei dem dann durchzuführenden F-Test wird in der fünften SPSS-Ergebnistabelle die entsprechende Zeile mit der Angabe *Sphärizität angenommen* verwendet.
2. Wenn der Mauchly-Test signifikant wird ($p < 0{,}20$), dann wird als nächstes ebenfalls der Punkt c) der Vorbetrachtung bearbeitet. Bei dem F-Test wird dann aber in der fünften SPSS-Ergebnistabelle die entsprechende Zeile mit der Angabe (siehe Rasch et al. 2014b, S. 72–73):
   a) Greenhouse-Geisser (wenn der Korrekturwert Epsilon nach Box $\leq 0{,}75$ ist) oder
   b) Huynh-Feldt (wenn der Korrekturwert Epsilon nach Box $> 0{,}75$ ist) verwendet.

Hinweis: Der Epsilon-Korrekturwert nach Box findet sich in der vierten SPSS-Ergebnisausgabe unter der Angabe: Epsilon-Greenhouse-Geisser.

Für die Interaktion werden die beiden folgenden Punkte c) und d) übersprungen.

Punkt c) Für die ersten beiden Hypothesengruppen (Faktor A und Faktor B) mit gerichteten Hypothesen, wie in diesem Beispiel, wird dann (wenn es nach der Prüfung unter Punkt a) weitergehen konnte) vor der eigentlichen Signifikanzprüfung der aufgestellten statistischen Hypothesen eine weitere Vorbetrachtung durchgeführt:

Es wird jeweils kontrolliert, ob der F-Test der Varianzanalyse, der die jeweilige ungerichtete Overall-Nullhypothese testet, auf dem 5 %-Niveau signifikant wird. Die folgende Entscheidungsstrategie ist dabei zu verwenden:
1. Wenn der F-Test nicht signifikant wird ($p > 0{,}05$), dann wird jeweils sofort abgebrochen und die aufgestellten Nullhypothesen werden (vorläufig) beibehalten.
2. Wenn der F-Test signifikant wird ($p < 0{,}05$), dann wird mit dem Punkt d) der Vorbetrachtung fortgefahren.

2.2 · Mehrfaktorielle Varianzanalyse mit abhängigen Stichproben

Punkt d) Für die ersten beiden Hypothesengruppen (Faktor A und Faktor B) mit gerichteten Hypothesen, wie in diesem Beispiel, wird dann (wenn es nach der Prüfung unter Punkt a) und c) weitergehen kann) vor der eigentlichen Signifikanzprüfung der aufgestellten statistischen Hypothesen noch eine weitere Vorbetrachtung durchgeführt:

Es wird geprüft, ob eine signifikante Interaktion zwischen den beiden Faktoren besteht, und wenn ja, welche Art von Interaktion (ordinal, hybrid oder disordinal) dabei vorliegt. Wir verwenden die folgende Entscheidungsstrategie:

1. Wenn der F-Test der Interaktion nicht signifikant ($p \geq 0{,}20$) wird oder es sich um eine ordinale signifikante Interaktion handelt, dann werden die Signifikanzprüfungen für die Faktoren A und B normal mit dem Punkt 8) im Ablaufschema fortgesetzt.
2. Wenn der F-Test der Interaktion signifikant ($p < 0{,}20$) wird und es sich um eine hybride signifikante Interaktion handelt, dann werden die Signifikanzprüfungen nur für den als „ordinal" bewerteten Faktor mit dem Punkt 8) im Ablaufschema fortgesetzt, bei dem als „disordinal" bewerteten Faktor wird die Prüfung sofort abgebrochen und die zu diesem Faktor gehörigen aufgestellten Nullhypothesen werden (vorläufig) beibehalten.
3. Wenn der F-Test der Interaktion signifikant ($p < 0{,}20$) wird und es sich um eine disordinale signifikante Interaktion handelt, dann werden die Signifikanzprüfungen für beide Faktoren A und B sofort abgebrochen und die dazugehörigen aufgestellten Nullhypothesen werden (vorläufig) beibehalten.

Stefanie: Punkt a) Zunächst kommen also wieder die Prüfungen, ob die Stichprobenmittelwerte in der Tendenz mit den jeweiligen Nullhypothesen in Übereinstimmung liegen. Es geht dabei natürlich um das psychische Wohlbefinden.

Faktor A:
Wenn unsere wissenschaftliche Hypothese stimmen würde, dann müsste auch in den Stichproben der Mittelwert für den Messzeitpunkt 1 (vor der Therapie) kleiner sein als der Mittelwert für den Messzeitpunkt 2 (während der Therapie) und der Mittelwert für den Messzeitpunkt 2 (während der Therapie) kleiner sein als der Mittelwert für den Messzeitpunkt 3 (nach der Therapie). Das ist hier offensichtlich der Fall: $40{,}93 < 42{,}02 < 57{,}39$ (siehe ◘ Tab. 2.4). Das Stichprobenergebnis spricht damit in der Tendenz für die Alternativhypothese.

Faktor B:
Wenn unsere wissenschaftliche Hypothese stimmen würde, dann müsste auch in den Stichproben der Mittelwert für den Messzeitpunkt 1 (montags) kleiner sein als der Mittelwert für den Messzeitpunkt 2 (samstags). Das ist hier offensichtlich der Fall: $42{,}01 < 51{,}56$ (siehe ◘ Tab. 2.4). Das Stichprobenergebnis spricht damit in der Tendenz für die Alternativhypothese.

Interaktion A*B:
Wenn die Nullhypothese stimmen würde ($\mu_{1A1B} = \mu_{1A} + \mu_{1B} - \mu$ usw.), dann müsste u. a. in den Stichproben gelten (siehe ◘ Tab. 2.4):
Mittelwert (vor der Therapie am Montag) $= 36{,}07 =$ Mittelwert (vor der Therapie) + Mittelwert (montags) − Mittelwert (gesamt): $40{,}93 + 42{,}01 - 46{,}78 = 36{,}16$

Da $36{,}07 \neq 36{,}16$ ist, spricht das Stichprobenergebnis damit in der Tendenz für die Alternativhypothese.

Somit können und sollten wir für alle drei Hypothesengruppen – Faktor A, Faktor B und die Interaktion A*B – zum Punkt b) weitergehen.

Punkt b) Im vierten Teil der SPSS-Ergebnisausgabe (durch das SPSS-Schema 2 erzeugt) erhalten wir die Informationen zu dem hier durchgeführten Mauchly-Test auf Sphärizität, die wir in der ◘ Tab. 2.5 zusammengestellt haben.

Die Irrtumswahrscheinlichkeiten (fünfte Spalte in ◘ Tab. 2.5) betragen: 0,337, 1,000 und 0,772 und liegen somit alle über dem $\alpha = 0,20$. Der Mauchly-Test wird für die Faktoren A und B und für die Interaktion A*B nicht signifikant. Wir dürfen davon ausgehen, dass die Voraussetzung der Sphärizität nicht verletzt wird. Nur wenn $p < 0,20$ gewesen wäre hätten wir uns auch noch die Epsilon-Werte in den Spalten 6 und 7 ansehen müssen.

Stevie: Ich möchte noch darauf hinweisen, dass es sich bei den chi²-Werten in der ◘ Tab. 2.5 um approximierte Werte handelt und dass in der SPSS-Ergebnisausgabe noch ein weiterer Epsilon-Untergrenzwert angegeben wird, den wir hier aber nicht benötigen und deswegen weggelassen haben.

Für den Faktor B ist in der SPSS-Ergebnisausgabe für die Irrtumswahrscheinlichkeit p nur ein „." angegeben. Da der Faktor B nur zwei Stufen (Montag und Samstag) hat, kann für ihn die Sphärizität gar nicht verletzt werden und der Mauchly-Test kann eigentlich nicht sinnvoll durchgeführt werden. Durch die Irrtumswahrscheinlichkeit von „1,000" in ◘ Tab. 2.5 haben wir versucht, das indirekt auszudrücken.

Punkt c) Im fünften Teil der SPSS-Ergebnisausgabe (durch das SPSS-Schema 2 erzeugt) erhalten wir die Informationen zu den hier durchgeführten Overall-F-Tests.

In der ◘ Tab. 2.6 haben wir die zentralen Ergebnisse zu den Overall-F-Tests zusammengestellt. Dabei haben wir für die Faktoren A und B und für die Interaktion A*B und für die jeweiligen Fehler nur die jeweils obere Zeile (Sphärizität angenommen) berücksichtigt. Die Ergebnisse sind in der üblichen Schreibweise dargestellt.

Die verwendeten Abkürzungen bedeuten:

QS = Quadratsumme, df = Freiheitsgrad, $\hat{\sigma}^2$ = geschätzte Varianz (Bezeichnung im SPSS: Mittel der Quadrate), F_{emp} = empirischer Prüfwert F, p = Irrtumswahrscheinlichkeit (für ungerichtete Hypothesen), eta_p^2 = partielles eta^2 = Stichprobeneffekt.

Für unsere Vorbetrachtung c) benötigen wir dabei aus der ◘ Tab. 2.6 die Irrtumswahrscheinlichkeiten p in der vorletzten Spalte, die hier für beide Faktoren A und B mit 0,000 deutlich kleiner als 0,05 sind.

◘ Tab. 2.5 Ergebnisse zum Mauchly-Test auf Sphärizität für die Faktoren A, B und die Interaktion A*B

Innersubjekteffekt	Psychisches Wohlbefinden					
	Mauchly-W	chi²	df	Signifikanz p	Epsilon Greenhouse-Geisser	Epsilon Huynh-Feldt
Faktor A	0,963	2,176	2	0,337	0,964	0,996
Faktor B	1,000	0,000	0	„1,000"	1,000	1,000
A*B	0,991	0,518	2	0,772	0,991	1,000

2.2 · Mehrfaktorielle Varianzanalyse mit abhängigen Stichproben

Tab. 2.6 Ergebnisse für die zweifaktorielle Varianzanalyse mit den beiden Messwiederholungsfaktoren A und B (Sphärizität angenommen)

Tests der Psychisches-Wohlbefinden-Innersubjekteffekte

Varianzquelle	QS	df	$\hat{\sigma}^2$	F_{emp}	p	eta_p^2
Faktor A	20337,64	2	10168,82	144,62	0,000	0,71
Fehler (von Faktor A)	8297,36	118	70,32			
Faktor B	8208,23	1	8208,23	112,16	0,000	0,66
Fehler (von Faktor B)	4317,94	59	73,19			
A*B	3,35	2	1,68	0,03	0,976	0,00
Fehler (von A*B)	8002,98	118	67,82			

Somit werden die Nullhypothesen für die beiden Faktoren A und B abgelehnt, und wir können sinnvoll mit den nächsten Vorbetrachtungen unter Punkt d) fortfahren.

Punkt d) Es wird geprüft, ob eine signifikante Interaktion zwischen den beiden Faktoren A*B besteht. Dazu benötige ich aus der ◘ Tab. 2.6 nur die Irrtumswahrscheinlichkeit p für die Interaktion A*B (vorletzte Zeile, vorletzte Spalte): p = 0,976.

Damit wird der Signifikanztest der Interaktion nicht signifikant (p ≥ 0,20), und somit sollte es für beide Faktoren A und B im Ablaufschema mit dem (Punkt 8) weitergehen.

▪▪ Betrachtung der Voraussetzungen

Da eine Stichprobengröße von N = 60 vorliegt, können die hier im (Punkt 7c) durchzuführenden F-Tests und die t-Tests für abhängige Stichproben (siehe Punkt 8) *problemlos* ohne die Prüfung der Normalverteilungsvoraussetzung angewendet werden. Begründung: Zentraler Grenzwertsatz für die Normalverteilung.

Die weiteren Analyseschritte der Signifikanztests werden durchgeführt.

▪ 8) Empirische Prüfgrößen und Irrtumswahrscheinlichkeiten p

Faktor A:

Stoffel: Die Prüfungen (t-Tests für abhängige Stichproben) für die Hypothesengruppe vom Faktor A haben wir schon bei Kuhlmei (2018, S. 195) durchgeführt. Ich stelle hier sehr gerne noch mal diese Ergebnisse komprimiert zusammen:

Paarvergleich 1 (vor vs. während): H_0: $\mu_{1A} \geq \mu_{2A}$ Die empirische Prüfgröße war $t_{emp} = -1,065$ und die Irrtumswahrscheinlichkeit lag bei p = 0,291.

Paarvergleich 2 (während vs. nach): H_0: $\mu_{2A} \geq \mu_{3A}$ Die empirische Prüfgröße war $t_{emp} = -13,02$ und die Irrtumswahrscheinlichkeit lag bei p = 0,000.

Faktor B:

Stefanie: Für die Prüfung der Nullhypothese H_0: $\mu_{1B} \geq \mu_{2B}$ vom Faktor B benötigen wir keinen zusätzlichen t-Test, weil bei nur zwei Gruppen (Montag vs. Samstag) der bereits durchgeführte F-Test (siehe oben „Vorbetrachtung", Punkt c) und ◘ Tab. 2.6) mit: $F_{emp} = 112,16$ und p = 0,000 zu einer eindeutigen Entscheidung führt.

Interaktion A*B:
Stevie: Für die Prüfung der Interaktions-Nullhypothese können wir (siehe auch oben „Vorbetrachtung", Punkt c) aus der ◘ Tab. 2.6 die folgenden Werte entnehmen: $F_{emp} = 0{,}03$ und $p = 0{,}976$.

- **9) Entscheidungen**

Faktor A:
Stoffel: Weil für den Paarvergleich 1 (vor vs. während) $p > \alpha$ (0,291 > 0,05), wird die Nullhypothese H_0: $\mu_{1A} \geq \mu_{2A}$ (vorläufig) beibehalten.
Weil für den Paarvergleich 2 (während vs. nach) $p < \alpha$ (0,000 < 0,05), wird die Nullhypothese H_0: $\mu_{2A} \geq \mu_{3A}$ abgelehnt.

Faktor B:
Stefanie: Weil $p < \alpha$ (0,000 < 0,05) ist, wird die Nullhypothese $\mu_{1B} \geq \mu_{2B}$ vom Faktor B abgelehnt.

Interaktion A*B:
Stevie: Weil $p > \alpha$ (0,976 > 0,20) ist, wird die Interaktions-Nullhypothese (vorläufig) beibehalten.

- **10) Ergebnisdarstellungen, Interpretation und Diskussion**

Faktor A:
Stefanie: Die Interpretation unseres Befundes lautet:
Die zur Prüfung unserer Vermutungen durchgeführten Signifikanztests wurden nur teilweise signifikant. Der Overall-F-Test ($F_{emp} = 144{,}62$, $p = 0{,}000$) mit einer Stichprobeneffektgröße von 71 % (eta$_p^2 = 0{,}71$) und der t-Test für abhängige Stichproben für die Nullhypothese H_0: $\mu_{2A} \geq \mu_{3A}$ ($t_{emp} = -13{,}02$, $p = 0{,}000$) wurden signifikant. Aber der t-Test für abhängige Stichproben für die Nullhypothese H_0: $\mu_{1A} \geq \mu_{2A}$ ($t_{emp} = -1{,}065$, $p = 0{,}291$) wurde nicht signifikant.
Für die mögliche Bestimmung der Stichprobeneffektgrößen der einzelnen t-Tests verweisen wir auf unsere entsprechenden Darstellungen bei Kuhlmei (2018, S. 156).
Damit hat sich unsere Vermutung, während der Therapie verfügen die Patienten über ein besseres psychisches Wohlbefinden als zu Beginn (vor) der Therapie **und (nicht oder)** am Ende (nach) der Therapie verfügen die Patienten über ein besseres psychisches Wohlbefinden als während der Therapie, (vorläufig) nicht bewährt.
In folgenden Untersuchungen würden wir eventuell eine weniger strenge Verknüpfung unserer beiden Teilvermutungen mit „und (oder)" prüfen.
Stevie: Es könnte aber auch sein, dass uns eine kritische theoretische und empirische Reflexion von Therapieverläufen zu der Vermutung führt, dass im Verlauf von Psychotherapien (Messzeitpunkt „während") beim psychischen Wohlbefinden Schwankungen auftreten können und dass es auch besonders schwierige Problembearbeitungsphasen geben kann, in denen sich die Patienten zwischenzeitlich psychisch eher besonders schlecht fühlen.
Auf die einzelnen Ergebnisdarstellungen und auf die Diskussion werden wir hier nicht weiter eingehen.

Faktor B:
Stefanie: Der zur Prüfung unserer Vermutung durchgeführte F-Test ($F_{emp} = 112{,}16$, $p = 0{,}000$) mit einer Stichprobeneffektgröße von 66 % (eta$_p^2 = 0{,}66$) wurde signifikant.

Damit hat sich unsere Vermutung, am Samstag fühlen sich die Patienten im Vergleich zum Montag psychisch besser, (vorläufig) bewährt.

Auf die einzelnen Ergebnisdarstellungen und auf die Diskussion werden wir hier nicht weiter eingehen.

Interaktion A*B:
Die Interpretation unseres Befundes lautet:

Der zur Prüfung unserer Vermutung durchgeführte F-Signifikanztest ($F_{emp} = 0{,}03$, $p = 0{,}976$) wurde nicht signifikant.

Damit hat sich unsere Vermutung, es gibt keine Interaktion zwischen dem Therapieverlaufszeitpunkt und dem Wochentag auf das psychische Wohlbefinden, (vorläufig) bewährt.

Auf die einzelnen Ergebnisdarstellungen und auf die Diskussion werden wir hier nicht weiter eingehen.

2.2.2 Basisablauf: Zweifaktorielle Varianzanalyse mit Messwiederholung auf einem der beiden Faktoren

- **1) Fragestellung**

Stevie: Kommen wir zu unserer Fragestellung: Es soll untersucht werden, ob das psychische Wohlbefinden der depressiven Patienten sich im Verlauf der Therapie (vor, während und nach) verändert und ob es dabei einen Einfluss der Progressiven Muskelentspannung (PM) gibt.

Der Einfluss der einzelnen Faktoren, Faktor A = Messzeitpunkt (vor, während, nach) und Faktor B = PM (Nein vs. Ja) und der Einfluss der Interaktion der beiden Faktoren (A*B) auf das psychische Wohlbefinden bei depressiven Patienten soll untersucht werden.

Wir werden erneut gleichzeitig drei Gruppen von Hypothesen zum Faktor A, zum Faktor B und zur Interaktion A*B zu bearbeiten haben. Im Prinzip werden wir diese drei Gruppen von Hypothesen parallel und getrennt voneinander bearbeiten. Wie wir aber noch sehen werden, können sich die Resultate zu der Interaktion A*B massiv auf die Interpretationen der Faktoren A und B auswirken.

- **2) Wissenschaftliche Hypothese (WH)**

Wissenschaftliche Hypothese
Stefanie: Unsere Vermutung besteht aus den folgenden Komponenten:
Faktor A: a) Während der Therapie verfügen die Patienten über ein besseres psychisches Wohlbefinden als zu Beginn (vor) der Therapie.
und (nicht oder)
b) Am Ende (nach) der Therapie verfügen die Patienten über ein besseres psychisches Wohlbefinden als während der Therapie.
Faktor B: Mit Progressiver Muskelentspannung fühlen sich die Patienten im Vergleich zu keiner Progressiven Muskelentspannung psychisch besser.
Interaktion A*B: Es gibt keine Interaktion zwischen dem Therapieverlaufszeitpunkt (vor, während, nach) und der Anwendung der Progressiven Muskelentspannung (nein vs. ja) auf das psychische Wohlbefinden.

> Hinweis: Unsere Vermutungen basieren zum einen auf lernpsychologischen und kognitiven Erklärungsansätzen und zum anderen auf dem psychologischen Konzept der Selbstwirksamkeit.

Stevie: Ausgezeichnet. Bei der Interaktion vertreten wir hier zunächst wieder das denkbar einfachste Konzept, das von einem rein additiven Zusammenwirken (= keine Interaktion) der beiden Faktoren ausgeht.

- **3) Statistische Hypothesen (SH)**

Stefanie: Ich möchte zunächst die folgenden Bezeichnungen erläutern:
- μ ist der Gesamtpopulationsmittelwert über alle betrachteten Gruppen.
- μ_{1A} ist der Populationsmittelwert auf der abhängigen Variable psychisches Wohlbefinden für die Patienten auf der ersten (Messzeit-)Stufe des Faktors A (= vor der Therapie).
- μ_{1B} ist der Populationsmittelwert auf der abhängigen Variable psychisches Wohlbefinden für die Patienten aus der ersten Gruppe des Faktors B (= keine PM).
- μ_{1A1B} ist der Populationsmittelwert auf der abhängigen Variable psychisches Wohlbefinden für die Patienten auf der Kombination der ersten (Messzeit-) Stufe des Faktors A (= vor der Therapie) und der ersten Gruppe des Faktors B (= kein PM).

Die weiteren Populationsmittelwerte μ_{2A}, μ_{3A} usw. sind alle sinngemäß in der gleichen Logik zu verstehen.

> **Statistische Hypothesen**
> Aus unserer wissenschaftlichen Hypothese werden für den Faktor A und den Faktor B gerichtete Alternativhypothesen H_1 abgeleitet, und für die Interaktion wird eine ungerichtete Nullhypothese abgeleitet:
> **Faktor A:**
> a) $H_1: \mu_{1A} < \mu_{2A}$ mit der dazu komplementären Nullhypothese $H_0: \mu_{1A} \geq \mu_{2A}$.
> **und (nicht oder)**
> b) $H_1: \mu_{2A} < \mu_{3A}$ mit der dazu komplementären Nullhypothese $H_0: \mu_{2A} \geq \mu_{3A}$.
> **Faktor B:**
> $H_1: \mu_{1B} < \mu_{2B}$ mit der dazu komplementären Nullhypothese $H_0: \mu_{1B} \geq \mu_{2B}$.
> **Interaktion A*B:**
> Nullhypothese H_0:
> $\mu_{1A1B} = \mu_{1A} + \mu_{1B} - \mu$ und (nicht oder) $\mu_{1A2B} = \mu_{1A} + \mu_{2B} - \mu$ und (nicht oder)
> $\mu_{2A1B} = \mu_{2A} + \mu_{1B} - \mu$ und (nicht oder) $\mu_{2A2B} = \mu_{2A} + \mu_{2B} - \mu$ und (nicht oder)
> $\mu_{3A1B} = \mu_{3A} + \mu_{1B} - \mu$ und (nicht oder) $\mu_{3A2B} = \mu_{3A} + \mu_{2B} - \mu$.
> mit der dazu gehörigen komplementären Alternativhypothese H_1:
> $\mu_{1A1B} \neq \mu_{1A} + \mu_{1B} - \mu$ oder (und) $\mu_{1A2B} \neq \mu_{1A} + \mu_{2B} - \mu$ oder (und)
> $\mu_{2A1B} \neq \mu_{2A} + \mu_{1B} - \mu$ oder (und) $\mu_{2A2B} \neq \mu_{2A} + \mu_{2B} - \mu$ oder (und)
> $\mu_{3A1B} \neq \mu_{3A} + \mu_{1B} - \mu$ oder (und) $\mu_{3A2B} = \mu_{3A} + \mu_{2B} - \mu$.

Stoffel: Ihr braucht mir nicht noch mal erklären, warum die so formulierte Nullhypothese ausdrückt, dass es keine Interaktion gibt, weil wir das bereits im ▶ Abschn. 2.1.1 unter den statistischen Hypothesen (Punkt 3) besprochen haben.

- **4) Versuchsplanung**

Stefanie: Aus der wissenschaftlichen Hypothese für die Gruppe Faktor A folgen zwei gerichtete Alternativhypothesen, die mit einem „und (nicht oder)" verbunden sind. Wenn wir beide Hypothesen einzeln prüfen, kann es in diesem Fall zu keiner Akkumulierung des Fehlers erster Art kommen. Dementsprechend können wir jede dieser beiden Hypothesen auf dem Signifikanzniveau von α = 5 % = 0,05 testen. Hinweis: Wären die beiden Alternativhypothesen mit einem „und (oder)" verbunden, müssten wir eine Fehleradjustierung vornehmen auf α = 2,5 % = 0,025.

Für den Faktor B liegt eine gerichtete Alternativhypothese vor, die wir ebenfalls auf dem Signifikanzniveau von α = 5 % = 0,05 testen.

Bei der Interaktion A*B vertreten wir eine ungerichtete Nullhypothese, die wir für eine strenge Prüfung auf dem Signifikanzniveau von α = 20 % = 0,20 testen (Begründung siehe ▶ Abschn. 2.1.1, bei der Versuchsplanung Punkt 4).

Es wurden N = 60 fiktive Depressionspatienten untersucht.

ⓘ Sprungmöglichkeit →

Die folgenden verwendeten Formeln für die Bestimmung der Freiheitsgrade finden sich im Bortz (2005, S. 339, Tab. 9.9). Hinweis: Dabei sind die Faktoren A und B in unserem Beispiel vergleichsweise zu dem Beispiel im Bortz vertauscht.

■■ **Teststärkeanalyse für den Overall-F-Test für Faktor A (s. u. Punkt 7c) bei der Vorbetrachtung):**

Stevie: Von Cohen (1988, S. 274) wird der Fall der Tabellenanwendung (für Haupteffekte bei mehrfaktorieller Varianzanalyse) im ▶ Kap. 8 als *case 2* bezeichnet.

Für die Bestimmung der Teststärke muss eine Anpassung der Stichprobengröße nach der Formel 8.3.4 Cohen (1988, S. 365) erfolgen:

$$n' = \frac{\text{Nennerfreiheitsgrad}}{\text{Zählerfreiheitsgrad} + 1} + 1 = \frac{116}{2+1} + 1 = 39,67$$

Hinweis: Bei Cohen (1988) wird der Zählerfreiheitsgrad für gewöhnlich mit „u" bezeichnet.

Der Zählerfreiheitsgrad = 2 (= p − 1 = 3 − 1) findet sich in der ◘ Tab. 2.9 in der Zeile für den Faktor A und der Nennerfreiheitsgrad = 116 (= q * (p − 1) * (n − 1) = 2 * 2 * 29) in der Zeile für den Fehler (von Faktor A). Hinweis: n = 30 ist Anzahl der Versuchspersonen pro Stufe vom Faktor B.

Wenn wir nach der Konvention von Cohen (1988, S. 287) von einer großen Effektgröße f = 0,4 (Signifikanzniveau 5 %, Zählerfreiheitsgrad = p − 1 = 3 − 1 = 2, n' = 39,67) ausgehen, dann liegt die interpolierte Teststärke bei 0,98 (Cohen, 1988, S. 313–314, Tab. 8.3.13).

Für die Teststärkeanalysen zu den einzelnen Hypothesen (Einzelvergleiche) verweisen wir auf unsere entsprechenden Darstellungen bei den t-Tests in dem Buch von Kuhlmei (2018, S. 153–154).

■■ **Teststärkeanalyse für den Overall-F-Test für Faktor B (s. u. Punkt 7c) bei der Vorbetrachtung):**

Von Cohen (1988, S. 274) wird der Fall der Tabellenanwendung (für Haupteffekte bei mehrfaktorieller Varianzanalyse) im ► Kap. 8 als *case 2* bezeichnet.

Für die Bestimmung der Teststärke muss eine Anpassung der Stichprobengröße nach der Formel 8.3.4 Cohen (1988, S. 365) erfolgen:

$$n' = \frac{\text{Nennerfreiheitsgrad}}{\text{Zählerfreiheitsgrad} + 1} + 1 = \frac{58}{1+1} + 1 = 30$$

Hinweis: Bei Cohen (1988) wird der Zählerfreiheitsgrad für gewöhnlich mit „u" bezeichnet.

Der Zählerfreiheitsgrad = 1 (= q − 1 = 2 − 1) findet sich in der ◘ Tab. 2.9 in der Zeile für den Faktor B und der Nennerfreiheitsgrad = 58 (= q * (n − 1) = 2 * 29) in der Zeile für den Fehler (von Faktor B). Hinweis: n = 30 ist Anzahl der Versuchspersonen pro Stufe vom Faktor B.

Wenn wir nach der Konvention von Cohen (1988, S. 287) von einer großen Effektgröße f = 0,4 (Signifikanzniveau 5 %, Zählerfreiheitsgrad = q − 1 = 2 − 1 = 1, n' = 30) ausgehen, dann liegt die Teststärke bei 0,87 (Cohen 1988, S. 311, Tab. 8.3.12).

Teststärkeanalysen zu den einzelnen Hypothesen (Einzelvergleiche) werden beim F-Test mit zwei Gruppen nicht benötigt, weil hier bereits durch den F-Test eine eindeutige Entscheidung zu den Gruppenunterschieden gefällt wird.

■■ **Teststärkeanalyse für den Overall-F-Test für die Interaktion A*B:**

Von Cohen (1988, S. 274) wird der Fall der Tabellenanwendung (für Interaktionen bei mehrfaktorieller Varianzanalyse) im ► Kap. 8 als *case 3* bezeichnet.

Für die Bestimmung der Teststärke muss auch hier eine Bestimmung der Stichprobengröße nach der Formel 8.3.4 Cohen (1988, S. 365) erfolgen:

$$n' = \frac{\text{Nennerfreiheitsgrad}}{\text{Zählerfreiheitsgrad} + 1} + 1 = \frac{116}{2+1} + 1 = 39{,}67$$

Hinweise: Bei Cohen (1988) wird der Zählerfreiheitsgrad für gewöhnlich mit „u" bezeichnet.

Der Zählerfreiheitsgrad = 2 (= (p − 1)*(q − 1) = (3 − 1)*(2 − 1)) findet sich in der ◘ Tab. 2.9 in der Zeile für die Interaktion A*B und der Nennerfreiheitsgrad = 116 (= q * (p − 1) * (n − 1) = 2 * 2 * 29) in der Zeile für den Fehler (von der Interaktion). Hinweis: n = 30 ist Anzahl der Versuchspersonen pro Stufe vom Faktor B.

Wenn wir nach der Konvention von Cohen (1988, S. 287) von einer großen Effektgröße f = 0,4 (Zählerfreiheitsgrad = 2, n' = 39,67) ausgehen, dann liegt die interpolierte Teststärke für ein Signifikanzniveau von 10 % bei 0,99 (Cohen 1988, S. 335–336, Tab. 8.3.24). Für die gesuchte Teststärke für das hier verwendete Signifikanzniveau von 20 % gibt es bei Cohen (1988) leider keine Tabellenwerte, aber die Teststärke liegt sicher über dem Wert von 0,99.

Für die möglichen Teststärkeanalysen zu den einzelnen Hypothesen (Einzelvergleiche) verweisen wir auf unsere entsprechenden Darstellungen zu den t-Tests bei Kuhlmei (2018, Kap. 11).

🛈 ← Sprungmöglichkeit

- **5) Datenerhebung und Datentabelle**
▶ Siehe Kap. 1 für die Erstellung der Datentabelle.

- **6) Stichprobenergebnisse bzw. SPSS-Ergebnisse**

Stefanie: Mit dem SPSS-Schema 3 wird nun die Durchführung der zweifaktoriellen Varianzanalyse mit Messwiederholung auf einem der beiden Faktoren mit SPSS vorgestellt (◘ Abb. 2.4).

Stoffel: Speichern und Drucken der SPSS-Ergebnisse bitte nicht vergessen.

Stevie: Kommen wir zu den Ergebnissen.

Im vorderen Teil der SPSS-Ergebnisausgabe und im hintersten Teil erhalten wir Tabellen mit den Informationen zu der Anzahl der verarbeiteten Fälle, den Mittelwerten und den Standardabweichungen für alle sechs Gruppenkombinationen und auch für die verschiedenen Gesamtgruppen. Angaben zu den Konfidenzintervallen lassen wir weg, da wir sie hier nicht benötigen.

Bei den Gesamtgruppenmittelwerten (die letzten drei Zeilen in der ◘ Tab. 2.7), im SPSS sind das die geschätzten Randmittel für PM und über alle Gruppen, werden im SPSS leider nicht die Standardabweichungen angegeben. Da wir diese Werte bei der weiteren Bearbeitung nicht benötigen werden, können wir sie hier einfach weglassen.

Die Werte in der dritten Zeile bedeuten: Es gibt N = 30 Patienten die keine PM absolviert haben, der Mittelwert dieser 30 Personen auf der Variable psychisches Wohlbefinden zum Messzeitpunkt vor der Therapie beträgt 41,00 und die Standardabweichung liegt bei 12,33.

Die Werte in der fünften Zeile bedeuten: Es gibt insgesamt N = 60 Patienten, der Mittelwert dieser 60 Personen auf der Variable psychisches Wohlbefinden zum Messzeitpunkt vor der Therapie beträgt 40,93 und die Standardabweichung liegt bei 11,99.

Die Werte in der zwölften Zeile bedeuten: Es gibt N = 30 Patienten die keine PM absolviert haben, der Mittelwert dieser 30 Personen auf der Variable psychisches Wohlbefinden über alle drei Messzeitpunkte (vor, während und nach der Therapie) gemittelt beträgt 46,37.

Die Werte in der untersten Zeile bedeuten: Es gibt insgesamt N = 60 Patienten, der Mittelwert dieser 60 Personen auf der Variable psychisches Wohlbefinden über alle drei Messzeitpunkte (vor, während und nach der Therapie) gemittelt beträgt 46,78.

Die anderen Tabellenwerte sind alle sinngemäß nach der gleichen Logik zu verstehen.

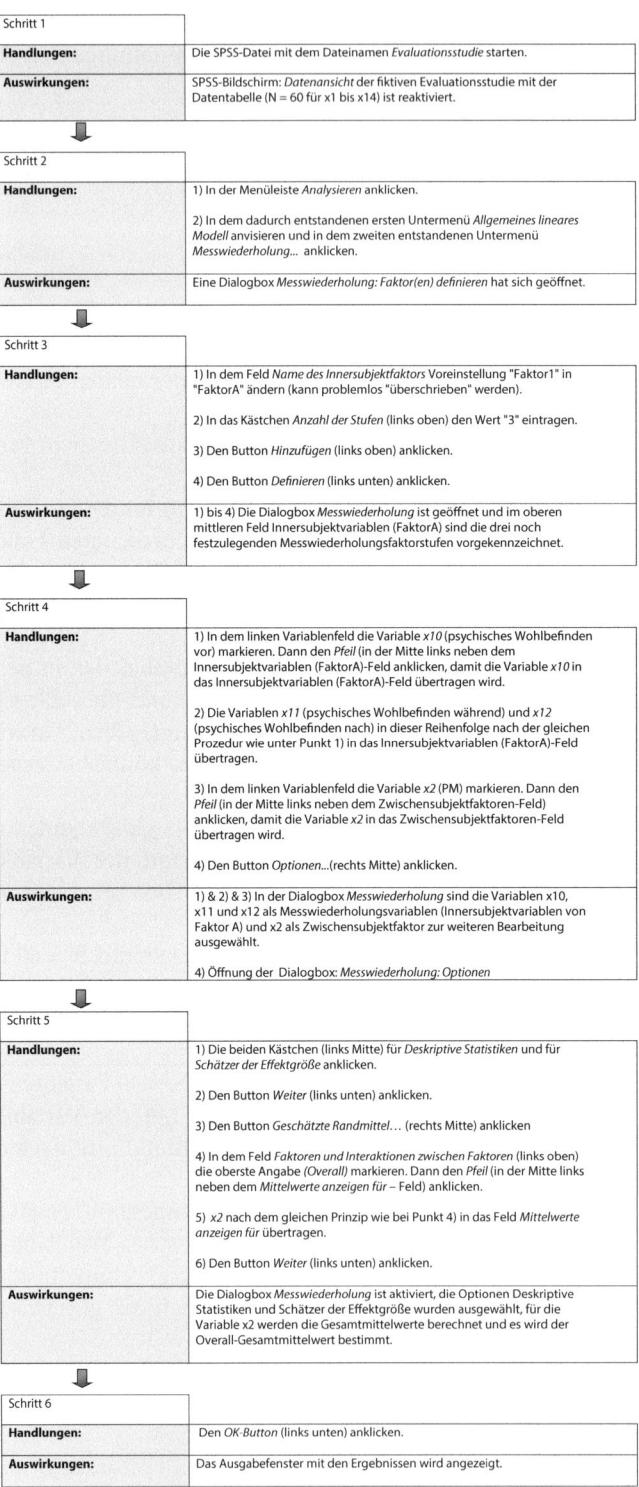

◘ **Abb. 2.4** Zweifaktorielle Varianzanalyse mit Messwiederholung auf einem der beiden Faktoren – SPSS-Schema 3

2.2 · Mehrfaktorielle Varianzanalyse mit abhängigen Stichproben

◘ Tab. 2.7 Deskriptive Statistiken für die zweifaktorielle Varianzanalyse mit Messwiederholungen auf einem der beiden Faktoren

Deskriptive Statistiken	Psychisches Wohlbefinden			
Faktor A	x2 = PM	N	Mittelwert	Standardabweichung
1 = vor	1 = keine PM	30	41,00	12,33
	2 = PM	30	40,87	11,85
	Gesamt	60	40,93	11,99
2 = während	1 = keine PM	30	40,78	11,26
	2 = PM	30	43,25	12,06
	Gesamt	60	42,02	11,63
3 = nach	1 = keine PM	30	57,32	13,12
	2 = PM	30	57,47	11,68
	Gesamt	60	57,39	12,31
Gesamt	1 = keine PM	30	46,37	
	2 = PM	30	47,19	
	Gesamt	60	46,78	

- **7) Vorbetrachtung und Betrachtung der Voraussetzungen**

Es wird geprüft, ob die Bedingungen für die Durchführung der Signifikanztests erfüllt sind.

■ ■ Vorbetrachtung

Punkt a) Bei der zweifaktoriellen Varianzanalyse mit Messwiederholung auf einem der beiden Faktoren (= Faktor A) prüfen wir in der Vorbetrachtung zunächst für alle drei Hypothesengruppen (Faktor A, Faktor B und die Interaktion A*B) jeweils wie gewohnt, ob die Stichprobenergebnisse zumindest in der Tendenz für die Alternativhypothesen sprechen, mit der folgenden Entscheidungsstrategie:

1. Wenn die gefundenen Ergebnisse eher für die Nullhypothese sprechen, wird sofort abgebrochen und die entsprechenden Nullhypothesen werden (vorläufig) beibehalten.
2. Wenn die gefundenen Ergebnisse eher für die Alternativhypothese sprechen, geht es weiter mit dem Punkt b) der Vorbetrachtung.

Punkt b) Für den Messwiederholungsfaktor (Faktor A) wird anschließend, wenn es nach der Prüfung unter Punkt a) weitergehen kann, der Mauchly-Test für die Prüfung auf Sphärizität durchgeführt.

Wir verwenden die folgende Entscheidungsstrategie:
1. Wenn der Mauchly-Test nicht signifikant wird ($p > 0{,}20$), dann wird mit dem Punkt c) der Vorbetrachtung fortgefahren und bei dem dann durchzuführenden F-Test wird in der fünften SPSS-Ergebnistabelle die entsprechende Zeile mit der Angabe *Sphärizität angenommen* verwendet.

2. Wenn der Mauchly-Test signifikant wird (p<0,20), dann wird als nächstes ebenfalls der Punkt c) der Vorbetrachtung bearbeitet. Bei dem F-Test wird dann aber in der fünften SPSS-Ergebnistabelle die entsprechende Zeile mit der Angabe (siehe Rasch et al. 2014b, S. 72–73):
   a) Greenhouse-Geisser (wenn der Korrekturwert Epsilon nach Box $\leq 0,75$ ist) oder
   b) Huynh-Feldt (wenn der Korrekturwert Epsilon nach Box $> 0,75$ ist) verwendet.

Hinweis: Der Epsilon-Korrekturwert nach Box findet sich in der fünften Tabelle der SPSS-Ergebnisausgabe unter der Angabe: Epsilon-Greenhouse-Geisser.

Für die Interaktion werden die beiden folgenden Punkte c) und d) übersprungen.

Punkt c) Für die ersten beiden Hypothesengruppen (Faktor A und Faktor B) mit gerichteten Hypothesen, wie in diesem Beispiel, wird dann (wenn es nach der Prüfung unter Punkt a) weitergehen konnte) vor der eigentlichen Signifikanzprüfung der aufgestellten statistischen Hypothesen eine weitere Vorbetrachtung durchgeführt:

Es wird jeweils kontrolliert, ob der F-Test der Varianzanalyse, der die jeweilige ungerichtete Overall-Nullhypothese testet, auf dem 5 %-Niveau signifikant wird. Die folgende Entscheidungsstrategie ist dabei zu verwenden:
1. Wenn der F-Test nicht signifikant wird (p>0,05), dann wird jeweils sofort abgebrochen und die dazu aufgestellten Nullhypothesen werden (vorläufig) beibehalten.
2. Wenn der F-Test signifikant wird (p<0,05), dann wird mit dem Punkt d) der Vorbetrachtung fortgefahren.

Punkt d) Für die ersten beiden Hypothesengruppen (Faktor A und Faktor B) mit gerichteten Hypothesen, wie in diesem Beispiel, wird dann (wenn es nach der Prüfung unter Punkt a) und c) weitergehen kann) vor der eigentlichen Signifikanzprüfung der aufgestellten statistischen Hypothesen noch eine weitere Vorbetrachtung durchgeführt:

Es wird geprüft, ob eine signifikante Interaktion zwischen den beiden Faktoren besteht und wenn ja, welche Art von Interaktion (ordinal, hybrid oder disordinal) dabei vorliegt. Wir verwenden die folgende Entscheidungsstrategie:
1. Wenn der F-Test der Interaktion nicht signifikant (p≥0,20) wird oder es sich um eine ordinale signifikante Interaktion handelt, dann werden die Signifikanzprüfungen für die Faktoren A und B normal mit dem Punkt 8) im Ablaufschema fortgesetzt.
2. Wenn der F-Test der Interaktion signifikant (p<0,20) wird und es sich um eine hybride signifikante Interaktion handelt, dann werden die Signifikanzprüfungen nur für den als „ordinal" bewerteten Faktor mit dem Punkt 8) im Ablaufschema fortgesetzt, bei dem als „disordinal" bewerteten Faktor wird die Prüfung sofort abgebrochen und die zu diesem Faktor gehörigen aufgestellten Nullhypothesen werden (vorläufig) beibehalten.
3. Wenn der F-Test der Interaktion signifikant (p<0,20) wird und es sich um eine disordinale signifikante Interaktion handelt, dann werden die Signifikanzprüfungen für beide Faktoren A und B sofort abgebrochen und die dazugehörigen aufgestellten Nullhypothesen werden (vorläufig) beibehalten.

2.2 · Mehrfaktorielle Varianzanalyse mit abhängigen Stichproben

Stefanie:
Punkt a) Zunächst kommen also wieder die Prüfungen, ob die Stichprobenmittelwerte in der Tendenz mit den jeweiligen Nullhypothesen in Übereinstimmung liegen. Es geht dabei natürlich jeweils um das psychische Wohlbefinden.

Faktor A:
Wenn unsere wissenschaftliche Hypothese stimmen würde, dann müsste auch in den Stichproben der Mittelwert für den Messzeitpunkt 1 (vor der Therapie) kleiner sein als der Mittelwert für den Messzeitpunkt 2 (während der Therapie) und der Mittelwert für den Messzeitpunkt 2 (während der Therapie) kleiner sein als der Mittelwert für den Messzeitpunkt 3 (nach der Therapie). Das ist hier offensichtlich der Fall: 40,93 < 42,02 < 57,39 (siehe ◘ Tab. 2.7). Das Stichprobenergebnis spricht damit in der Tendenz für die Alternativhypothese.

Faktor B:
Wenn unsere wissenschaftliche Hypothese stimmen würde, dann müsste auch in den Stichproben der Mittelwert für die Gruppe 1 (keine PM) kleiner sein als der Mittelwert für die Gruppe 2 (mit PM) Das ist hier offensichtlich der Fall: 46,37 < 47,19 (siehe ◘ Tab. 2.7). Das Stichprobenergebnis spricht damit in der Tendenz für die Alternativhypothese.

Interaktion A*B:
Wenn die Nullhypothese stimmen würde ($\mu_{1A1B} = \mu_{1A} + \mu_{1B} - \mu$ usw.), dann müsste u. a. in den Stichproben gelten (siehe ◘ Tab. 2.7):

Mittelwert (vor der Therapie, keine PM) = 41,00 = Mittelwert (vor der Therapie) + Mittelwert (keine PM) − Mittelwert (gesamt): 40,93 + 46,37 − 46,78 = 40,52

Da 41,00 ≠ 40,52 ist, spricht das Stichprobenergebnis damit in der Tendenz für die Alternativhypothese.

Punkt b) Im fünften Tabellenteil der SPSS-Ergebnisausgabe (durch das SPSS-Schema 3 erzeugt) erhalten wir die Informationen zu dem hier durchgeführten Mauchly-Test auf Sphärizität für den Messwiederholungsfaktor A, die wir in der ◘ Tab. 2.8 zusammengestellt haben.

Stoffel: Die Irrtumswahrscheinlichkeit (fünfte Spalte in ◘ Tab. 2.8) beträgt 0,341 und liegt somit über dem $\alpha = 0{,}20$. Der Mauchly-Test wird für den Faktor A nicht signifikant. Wir dürfen davon ausgehen, dass die Voraussetzung der Sphärizität nicht verletzt wird. Nur wenn $p < 0{,}20$ gewesen wäre, hätten wir uns auch noch die Epsilon-Werte in den Spalten 6 und 7 ansehen müssen.

Stevie: Ich möchte noch darauf hinweisen, dass es sich bei dem χ^2-Wert in der ◘ Tab. 2.8 um einen approximierten Wert handelt, und dass in der SPSS-Ergebnisausgabe noch ein weiterer Epsilon-Untergrenzwert angegeben wird, den wir hier aber nicht benötigen und deswegen weggelassen haben.

◘ **Tab. 2.8** Ergebnisse zum Mauchly-Test auf Sphärizität für den Faktor A

Innersubjekteffekt	Psychisches Wohlbefinden					
Faktor A	Mauchly-W	χ^2	df	Signifikanz p	Epsilon Greenhouse-Geisser	Epsilon Huynh-Feldt
	0,963	2,153	2	0,341	0,964	1,000

Tab. 2.9 Ergebnisse für die zweifaktorielle Varianzanalyse mit dem Messwiederholungsfaktor A (Sphärizität angenommen)

Psychisches Wohlbefinden

	Varianzquelle	QS	df	$\hat{\sigma}^2$	F_{emp}	p	eta_p^2
Tests der Innersubjekteffekte	Faktor A	10168,82	2	5084,41	144,29	0,000	0,71
	A*B	61,04	2	30,52	0,87	0,423	0,02
	Fehler (von Faktor A & A*B)	4087,64	116	35,24			
Tests der Zwischensubjekteffekte	Faktor B	30,84	1	30,84	0,084	0,773	0,001
	Fehler (von Faktor B)	21236,25	58	366,14			

Punkt c) Im sechsten (Tests der Innersubjekteffekte) und im achten (Tests der Zwischensubjekteffekte) Tabellenteil der SPSS-Ergebnisausgabe (durch das SPSS-Schema 3 erzeugt) erhalten wir die Informationen zu den hier durchgeführten Overall-F-Tests.

In der ◘ Tab. 2.9 haben wir die zentralen Ergebnisse zu den Overall F-Tests zusammengestellt. Dabei haben wir für den Faktor A, für die Interaktion A*B und für die Fehlerwerte nur die jeweils obere Zeile (Sphärizität angenommen) berücksichtigt. Die Ergebnisse sind in der üblichen Schreibweise dargestellt.

Die verwendeten Abkürzungen bedeuten:
QS = Quadratsumme, df = Freiheitsgrad, $\hat{\sigma}^2$ = geschätzte Varianz (Bezeichnung im SPSS: Mittel der Quadrate), F_{emp} = empirischer Prüfwert F, p = Irrtumswahrscheinlichkeit (für ungerichtete Hypothesen), eta_p^2 = partielles eta^2 = Stichprobeneffekt.

Für unsere Vorbetrachtung c) benötigen wir dabei aus der ◘ Tab. 2.9 die Irrtumswahrscheinlichkeiten p in der vorletzten Spalte, die hier für den Faktor A mit 0,000 deutlich kleiner als 0,05 ist. Für den Faktor B liegt die Irrtumswahrscheinlichkeit mit 0,773 deutlich über 0,05.

Somit wird die Nullhypothese für den Faktor A abgelehnt und wir können sinnvoll mit den nächsten Vorbetrachtungen Punkt d) fortfahren. Die Nullhypothese für den Faktor B wird dagegen (vorläufig) beibehalten und für den Faktor B werden deswegen keine weiteren Analysen mehr durchgeführt.

Punkt d) Es wird geprüft, ob eine signifikante Interaktion A*B zwischen den beiden Faktoren besteht. Dazu benötigen wir aus der ◘ Tab. 2.9 nur die Irrtumswahrscheinlichkeit p für die Interaktion A*B (fünfte Zeile, vorletzte Spalte): p = 0,423.

Damit wird der Signifikanztest der Interaktion nicht signifikant (p > 0,20) und somit sollte es für den Faktor A im Ablaufschema mit dem Punkt 8) weitergehen.

2.2 · Mehrfaktorielle Varianzanalyse mit abhängigen Stichproben

- **Betrachtung der Voraussetzungen**

Da hier eine Stichprobengröße von N = 60 für den Messwiederholungsfaktor A vorliegt, können die dazu im Punkt 7c) durchzuführenden Tests (F-Test und die t-Tests für abhängige Stichproben, siehe Punkt 8) *problemlos* ohne die Prüfung der Normalverteilungsvoraussetzung angewendet werden. Begründung: zentraler Grenzwertsatz für die Normalverteilung.

Für den Faktor B (ohne Messwiederholung) liegen gleichgroße Stichproben ($N_1 = N_2 = 30$) vor, deswegen kann auch hier *problemlos* auf die Prüfungen der Voraussetzungen (Varianzhomogenität und Normalverteilung) verzichtet werden. Begründung: Robustheit des Signifikanztests und zentraler Grenzwertsatz für die Normalverteilung.

Die weiteren Analyseschritte der Signifikanztests werden absolviert.

- **8) Empirische Prüfgrößen und Irrtumswahrscheinlichkeiten p**

Faktor A:

Die Prüfungen (t-Tests für abhängige Stichproben) für die Hypothesengruppe vom Faktor A haben wir schon bei Kuhlmei (2018, S. 195) durchgeführt. Ich stelle hier sehr gerne noch mal diese Ergebnisse komprimiert zusammen:

Paarvergleich 1 (vor vs. während): H_0: $\mu_{1A} \geq \mu_{2A}$ Die empirische Prüfgröße war $t_{emp} = -1{,}065$ und die Irrtumswahrscheinlichkeit lag bei $p = 0{,}291$.

Paarvergleich 2 (während vs. nach): H_0: $\mu_{2A} \geq \mu_{3A}$ Die empirische Prüfgröße war $t_{emp} = -13{,}02$ und die Irrtumswahrscheinlichkeit lag bei $p = 0{,}000$.

Faktor B:

Stefanie: Keine weitere Analyse siehe oben „Vorbetrachtung", Punkt c).

Interaktion A*B:

Stevie: Für die Prüfung der Interaktions-Nullhypothese können wir (siehe auch oben „Vorbetrachtung", Punkt c)) aus der ◘ Tab. 2.9 die folgenden Werte entnehmen: $F_{emp} = 0{,}87$ und $p = 0{,}432$.

- **9) Entscheidungen**

Faktor A:

Stefanie: Weil für den Paarvergleich 1 (vor vs. während) $p > \alpha$ (0,291 > 0,05) ist, wird die Nullhypothese H_0: $\mu_{1A} \geq \mu_{2A}$ (vorläufig) beibehalten.

Weil für den Paarvergleich 2 (während vs. nach) $p < \alpha$ (0,000 < 0,05) ist, wird die Nullhypothese H_0: $\mu_{2A} \geq \mu_{3A}$ abgelehnt.

Faktor B:

Stoffel: Was für ein Glück! Es werden hierzu keine weiteren Analysen (siehe oben „Vorbetrachtung", Punkt c): Nullhypothese wird (vorläufig) beibehalten) benötigt.

Interaktion A*B:

Stevie: Weil $p > \alpha$ (0,423 > 0,20) ist, wird die Interaktions-Nullhypothese (vorläufig) beibehalten.

- **10) Ergebnisdarstellungen, Interpretation und Diskussion**

Faktor A:

Stefanie: Die Interpretation unseres Befundes lautet:

Die zur Prüfung unserer Vermutungen durchgeführten Signifikanztests wurden nur teilweise signifikant. Der Overall F-Test ($F_{emp} = 144{,}29$, $p = 0{,}000$) mit einer Stichprobeneffektgröße von 71 % ($eta_p^2 = 0{,}71$) und der t-Test für abhängige Stichproben für die Nullhypothese H_0: $\mu_{2A} \geq \mu_{3A}$ ($t_{emp} = -13{,}02$, $p = 0{,}000$) wurden signifikant. Aber der t-Test für abhängige Stichproben für die Nullhypothese H_0: $\mu_{1A} \geq \mu_{2A}$ ($t_{emp} = -1{,}065$, $p = 0{,}291$) wurde nicht signifikant.

Für die mögliche Bestimmung der Stichprobeneffektgrößen der einzelnen t-Tests verweisen wir auf unsere entsprechenden Darstellungen bei Kuhlmei (2018, S. 156).

Damit hat sich unsere Vermutung, während der Therapie verfügen die Patienten über ein besseres psychisches Wohlbefinden als zu Beginn (vor) der Therapie **und (nicht oder)** am Ende (nach) der Therapie verfügen die Patienten über ein besseres psychisches Wohlbefinden als während der Therapie, (vorläufig) nicht bewährt.

In folgenden Untersuchungen würden wir eventuell eine weniger strenge Verknüpfung unserer beiden Teilvermutungen mit „und(oder)" prüfen.

Stevie: Es könnte aber auch sein, dass uns eine kritische theoretische und empirische Reflexion von Therapieverläufen zu der Vermutung führt, dass im Verlauf von Psychotherapien (Messzeitpunkt „während") beim psychischen Wohlbefinden Schwankungen auftreten können und dass es auch besonders schwierige Problembearbeitungsphasen geben kann, in denen sich die Patienten zwischenzeitlich psychisch eher besonders schlecht fühlen.

Auf die einzelnen Ergebnisdarstellungen und auf die Diskussion werden wir hier nicht weiter eingehen.

Faktor B:

Der zur Prüfung unserer Vermutung durchgeführte F-Test ($F_{emp} = 0{,}084$, $p = 0{,}773$) mit einer Stichprobeneffektgröße von 0,1 % ($eta_p^2 = 0{,}001$) wurde nicht signifikant.

Damit hat sich unsere Vermutung, Patienten mit Progressiver Muskelentspannung (PM) fühlen sich im Vergleich zu Patienten ohne PM psychisch besser, (vorläufig) nicht bewährt.

Auf die einzelnen Ergebnisdarstellungen und auf die Diskussion werden wir hier nicht weiter eingehen.

Interaktion A*B:

Die Interpretation unseres Befundes lautet:

Der zur Prüfung unserer Vermutung durchgeführte F-Signifikanztest ($F_{emp} = 0{,}87$, $p = 0{,}423$, $eta_p^2 = 0{,}02$) wurde nicht signifikant.

Damit hat sich unsere Vermutung, es gibt keine Interaktion zwischen dem Therapieverlaufszeitpunkt und der Progressiven Muskelentspannung auf das psychische Wohlbefinden, (vorläufig) bewährt.

Auf die einzelnen Ergebnisdarstellungen und auf die Diskussion werden wir hier nicht weiter eingehen.

Einstieg in die Partialkorrelationen, Regressionsanalysen und Diskriminanzanalysen

Inhaltsverzeichnis

3.1 Realer Datensatz – 58

3.2 Übersicht – 62

© Springer-Verlag GmbH Deutschland, ein Teil von Springer Nature 2020
E. Kuhlmei, *Lerne mit uns komplexe Statistik!*,
https://doi.org/10.1007/978-3-662-61751-9_3

3.1 Realer Datensatz

Stefanie: Für die statistischen Analysen in den ▶ Kap. 4, 5, 6, 8 und 9 verwenden wir überwiegend den gleichen realen Datensatz, den wir schon bei Kuhlmei (2018, S. 33–40 und S. 59–64) verwendet und dort ausführlich beschrieben haben. Für 66 Psychologiestudierende in Fribourg wurden die Messwerte auf den folgenden Variablen ermittelt:

Teil 1 der Variablen:

$x1$ = Alter, $x2$ = Geschlecht, $x3$ = Nationalität, $x4$ = Religionszugehörigkeit, $x5$ = Anzahl der Geschwister, $x6$ = körperliche Entspannung (vor dem Treatment), $x7$ = psychische Entspannung (vor dem Treatment), $x8$ = Entspannung (vor dem Treatment), $x9$ = Entspannungsfähigkeit, $x10$ = Geselligkeit, $x11$ = Zurückhaltend.

Teil 2 der Variablen:

$x12$ = körperliche Entspannung (nach dem Treatment), $x13$ = psychische Entspannung (nach dem Treatment), $x14$ = Entspannung (nach dem Treatment), $x15$ = Sitzposition, $x16$ = Studiumzufriedenheit, $x17$ = Leistungszufriedenheit, $x18$ = Berufseinschätzung, $x19$ = Psychologiestudium, $x20$ = Abgabe-Rangwert, $x21$ = Gesamtentspannung (vor dem Treatment), $x22$ = Zweistufige Gesamtentspannung (vor dem Treatment).

Stoffel: Ich habe diesen Datensatz (mit beiden Teilen) unter dem Dateinamen *Fragebogen* abgespeichert (◘ Tab. 3.1, 3.2).

3.1 · Realer Datensatz

Tab. 3.1 Der verwendete Datensatz (Teil 1)

Person	x1	x2	x3	x4	x5	x6	x7	x8	x9	x10	x11
1		2	1	1		70	65	1	1	75	70
2		1	1	2		80	60	1	1	80	30
3		1	2	2		90	80	2	1	70	30
4		1	2	2		60	60	1	2	50	50
5		1	1	1		90	70	1		50	50
6		1	2	1		60	40	1	1	70	40
7		1	1	3		20	30	2	2	50	50
8		1	1	1		45	45	1	1	80	35
9		1	1	3		85	75	1	1	90	60
10		1	1	3		80	40	1	1	95	10
11		1	2	1		70	60	1	1		
12		1	1	2		10	80	1	1	70	50
13		1	1	3		70	70	1	1	70	45
14		1	1	3		65	55	1	1	65	75
15		1	1	2		60	40	2	2	70	30
16		1	2	1		80	50	2	1	50	50
17		1	1	2		50	50	2		90	20
18		1	2	3		86	97	1	1		
19		1	2	1		65	70	1	1	75	25
20		1	1	2		90	100	1	1	50	50
21		1	2	1		40	50		1	80	20
22		1	2	2		80	70	1	1		
23		1	1	3		40	50	2	1	60	40
24		1	1	2		70	70	1	2	60	40
25		2	1	1		70	65	1	2		
26		2	2	3		85	80	1	1	78	22
27		1	1	2		90	50	1	1	75	40
28		1	1	1		80	70	1	1	80	20
29		2	1	3		70	50	2	1	70	60
30		1	2	3		40	40	2	2	80	40
31		1	2	1		80	70	1	2	80	40
32		1	2	2		90	70	1	2	100	0
33		1	2	1		30	40	2	2	70	30
34		1	2	1		20	20	2	1	45	55
35		2	2	1		50	70	1	2	50	70
36		1	2	1		70	60	1	1	90	20

(Fortsetzung)

Tab. 3.1 (Fortsetzung)

Person	x1	x2	x3	x4	x5	x6	x7	x8	x9	x10	x11
37		1	2	1		60	50	1	1	70	30
38		1	1	2		100	100	1	1	95	8
39		1	1	1		80	70	1	1	90	70
40		1	1	1		80	90	1	1	90	40
41		1	1	2		90	60	1	1	40	40
42		1	2	1		50	40	1	1	90	10
43		1	1	1		80	50	1	1	80	80
44		1	1	3		40	25	2	1	75	25
45		2	2	3		45	50	1	1	65	50
46		1	1	1		90	80	1	1	85	60
47		1	1	1		50	40	2	1	80	20
48		1	1	1		60	80	1	1	80	60
49		1	1	3		70	70	1	1	50	50
50		1	2	3		70	50	1	1	80	30
51		1	1	2		90	40	1	1	98	2
52		1	2	2		70	40	1	1	65	35
53		1	1	3		80	80	1	1	75	25
54		1	1	1		95	70	1	1	80	20
55		1	1	1		80	70	1	1	80	20
56		2	1	3		50	40	2	2	75	25
57		1	2	3		87	55	1	1	44	6
58		1	1	1		60	70	1	1	80	20
59		1	2	2		80	80	1	1	50	50
60		1	1	1		40	90	1	2	80	20
61		1	1	1		80	90	1	1	90	10
62		1	1	1		90	80	1	1	85	15
63		1	1	1		50	40	2	1	90	10
64		2	2	2		30	30	2	2	90	70
65		2	1	3		63	71	1	1	64	27
66		2	1	3		80	65	1	1	50	50

Hinweis zum Datenschutz: Alter = x1 und Anzahl der Geschwister = x5 werden nicht individuell sichtbar gemacht

3.1 · Realer Datensatz

Tab. 3.2 Der verwendete Datensatz (Teil 2)

Person	x12	x13	x14	x15	x16	x17	x18	x19	x20	x21	x22
1	80	70	1	1	85	80	85	1	1	67,5	2
2	90	80	1	2	100	100	100	1	2	70,0	2
3	95	85	1	1	98	85	100	1	3	85,0	2
4	70	80	1	2	80	80	80	1	4	60,0	1
5	90	70	1	2	60		50	2	5	80,0	2
6	100	60	1	2	100	90	90	1	6	50,0	1
7	30	40	2	2	70	80	70	1	7	25,0	1
8	60	65	1	1	85	90	90	1	8	45,0	1
9	100	100	1	1	95	100	85	1	9	80,0	2
10	80	40	1	2	20	20	20	3	10	60,0	1
11	80	80	1	2	100	100	70	1	11	65,0	1
12	10	85	1	1	100	80	80	1	12	45,0	1
13	100	90	1	1	80	60	50	1	13	70,0	2
14	75	60	1	2	65	80	50	1	14	60,0	1
15	70	40	1	1	30		50	3	15	50,0	1
16	100	70	1	1				1	16	65,0	1
17	60	60	2	1	30			3	17	50,0	1
18	100	100	1	1	95	80	100	1	18	91,5	2
19	65	70	1	2	77	50	50	1	19	67,5	2
20	100	100	1	2	100			2	20	95,0	2
21	99	90	1	2	100	90	50	1	21	45,0	1
22	90	85	1	1	90	75	85	3	22	75,0	2
23	80	80	1	2	80	60	40	1	23	45,0	1
24	80	80	1	2	70	70	50	1	24	70,0	2
25	90	85	1	2	85	60	85	1	25	67,5	2
26	70	77	1	2	80	78	54	1	26	82,5	2
27	90	65	1	2	60	30	60	2	27	70,0	2
28	90	80	1	1	100	90	100	3	28	75,0	2
29	50	50	1	1	80	60	100	1	29	60,0	1
30	40	40	2	2	50	90	50	1	30	40,0	1
31	90	80	1	2	90	70	80	1	31	75,0	2
32	90	90	1	2	100	50	60	1	32	80,0	2
33	50	50	1	1	90	80	70	1	33	35,0	1
34	97	98	1	1	100	55	20	1	34	20,0	1
35	50	60	1	1	80	60	70	1	35	60,0	1
36	90	80	1	1	40	40	50	1	36	65,0	1

(Fortsetzung)

◘ Tab. 3.2 (Fortsetzung)

Person	x12	x13	x14	x15	x16	x17	x18	x19	x20	x21	x22
37	90	80	1	1	100	80	80	1	37	55,0	1
38	100	100	1	2	50	75	50	1	38	100,0	2
39	80	80	1	2	80	80	80	1	39	75,0	2
40	100	95	1	2	95	85	75	1	40	85,0	2
41	60	60	1	2	40	50	40	2	41	75,0	2
42	60	50	1	2	90	90	80	1	42	45,0	1
43	80	80	1	2	90	70	60	1	43	65,0	1
44	45	22	2	2	80	75	75	3	44	32,5	1
45	55	65	1	1	70	67	80	1	45	47,5	1
46	90	90	1	1	60	70	90	2	46	85,0	2
47	70	60	1	1	60	30	80	1	47	45,0	1
48	80	90	1	1	50	70	75	3	48	70,0	2
49	100	80	1	1	90	90	90	1	49	70,0	2
50	90	80	1	1	80	80	80	1	50	60,0	1
51	80	60	1	1	95	90	90	1	51	65,0	1
52	80	50	1	1	90	98	100	1	52	55,0	1
53	85	85	1	1	80	65	75	2	53	80,0	2
54	98	95	1	1	80	65	80	2	54	82,5	2
55	75	75	1	2	70	50	60	1	55	75,0	2
56	60	70	1	2	80	60	80	1	56	45,0	1
57	89	75	1	1	87	60	100	1	57	71,0	2
58	85	70	1	1	90	70	70	2	58	65,0	1
59	80	80	1	1	80	60	80	1	59	80,0	2
60	50	92	1	2	100	50		1	60	65,0	1
61	80	85	1	2	80	70	75	1	61	85,0	2
62	90	80	1	1	95	80	80	1	62	85,0	2
63	80	70	1	1	100	70	90	1	63	45,0	1
64	40	50	2	2	60	30	50	1	64	30,0	1
65	49	53	2	2	80	75	90	1	65	67,0	2
66	80	80	1	2	95	85	60	1	66	72,5	2

3.2 Übersicht

Stevie: Die hier verwendeten komplexen statistischen Verfahren kommen bei Fragestellungen zur Anwendung, bei denen jeweils mindestens drei Variablen vorliegen. Für eine möglichst einfache und anschauliche Darstellung wird in den Kapiteln 4 bis 6 die Anzahl der verwendeten Variablen möglichst auf diese Mindestanzahl beschränkt.

3.2 · Übersicht

Bei den Partialkorrelationen (▶ Kap. 4) sind die verwendeten Variablen normalerweise (mindestens) *intervallskaliert,* einzelne oder alle der verwendeten Variablen dürfen aber auch zweistufige nominalskalierte Variablen sein. Es wird untersucht, wie hoch der stochastische Zusammenhang zwischen zwei Variablen ist, wenn der Einfluss einer oder mehrerer anderer Variablen dabei (künstlich) konstant gehalten wird. Im ▶ Abschn. 4.1 prüfen wir wie hoch der Zusammenhang zwischen den beiden Variablen x16 *(Studiumzufriedenheit)* und x18 *(Berufseinschätzung)* ist, wenn die Variable x17 *(Leistungszufriedenheit)* konstant gehalten wird. Die Stichproben sollten, wie bei der Produkt-Moment-Korrelation, jeweils mindestens 41 Personen enthalten (N > 40).

Bei der multiplen linearen Regressionsanalyse (▶ Kap. 5) sind die verwendeten Variablen normalerweise (mindestens) *intervallskaliert,* einzelne oder alle der Prädiktorvariablen dürfen aber auch zweistufige nominalskalierte Variablen sein, das Kriterium dagegen muss intervallskaliert sein. Es wird geprüft, ob es zwischen dem Kriterium und den Prädiktoren einen stochastischen Zusammenhang gibt und wie hoch dieser Zusammenhang ist. Zusätzlich wird eine Vorhersagegleichung für das Kriterium mithilfe der Prädiktoren erstellt. Im Kontext dieser Analysen kann geprüft werden, ob einzelne Prädiktoren im Zusammenspiel mit den anderen Prädiktoren ganz normal oder auf besondere Art und Weise (als Suppressor, Moderator oder Mediator) einen Zusammenhang mit dem Kriterium aufweisen.

Im ▶ Abschn. 5.1 wird geprüft, ob die Prädiktorenvariablen x7 *(psychische Entspannung (vor))* und x12 *(körperliche Entspannung (nach))* ganz normal gemeinsam und jeweils einzeln (über den anderen Prädiktor hinaus) einen signifikanten Beitrag zur Vorhersage des Kriteriums x13 *(psychische Entspannung (nach))* leisten können. Es wird dabei die Standardmethode der multiplen Regressionsanalyse verwendet, bei der die Aufnahmereihenfolge der Prädiktoren keine Rolle spielt.

Im ▶ Abschn. 5.2 wird untersucht, ob die Prädiktorvariable x13 *(psychische Entspannung (nach))* eine Wirkung als (traditionelle) Suppressorvariable auf die Prädiktorvariable x16 *(Studiumzufriedenheit)* bei der Vorhersage des Kriteriums x18 *(Berufseinschätzung)* ausübt. Es wird dabei die Hierarchische Methode der multiplen Regressionsanalyse verwendet, sodass zunächst der Prädiktor x16 und dann erst der Prädiktor x13 Aufnahme in die Vorhersagegleichung finden können.

In den nächsten drei ▶ Abschn. 5.3, 5.4 und 5.5 wird jeweils die *Standardmethode* der multiplen Regressionsanalyse verwendet.

Im ▶ Abschn. 5.3 wird analysiert, ob die zweistufige (dichotomisierte) Prädiktorvariable x4d *(Religionszugehörigkeit:* katholisch vs. nicht katholisch) als Moderatorvariable auf die Prädiktorvariable x16 *(Studiumzufriedenheit)* bei der Vorhersage des Kriteriums x18 *(Berufseinschätzung)* wirkt.

Im ▶ Abschn. 5.4 wird getestet, ob die Prädiktorvariable x6 *(körperliche Entspannung (vor))* als Mediatorvariable auf die Prädiktorvariable x12 *(körperliche Entspannung (nach))* bei der Vorhersage des Kriteriums x13 *(psychische Entspannung (nach))* wirkt.

Im Rahmen der multiplen Regressionsanalyse kann darüber hinaus auch geprüft werden, ob und wie gut eine mehrstufige nominalskalierte Variable zur Vorhersage eines intervallskalierten Kriteriums geeignet ist. Dabei muss allerdings vorher die nominalskalierte Variable durch mehrere zweistufige Prädiktorvariablen ersetzt werden.

Im ▶ Abschn. 5.5 kann der statistische Zusammenhang zwischen der dreistufigen Variable x4 *(Religionszugehörigkeit:* katholisch, evangelisch, Restkategorie) und der Kriteriumsvariable x10 *(Geselligkeit)* erfasst werden, in dem die Variable x4 durch zwei geeignete zweistufige Prädiktorvariablen x4D1 und x4D2 ersetzt wird.

Stoffel: Mir ist aufgefallen, dass wir in unseren Beispielen die *Standardmethode* und die Hierarchische Methode, aber nicht die *Statistische Methode* der multiplen Regressionsanalyse verwendet haben.

Stefanie: Da wir in dieser Arbeit in erster Linie das Vorgehen beim Hypothesentesten demonstrieren wollen, haben wir ganz bewusst die explorative (Hypothesen erzeugende) *Statistische Methode* der multiplen Regressionsanalyse weggelassen.

Stevie: Gemäß Bortz (2005, S. 450) sollten die Stichproben bei der multiplen Regressionsanalyse mindestens 41 Personen ($N > 40$) enthalten (wobei nicht mehr als 9 Prädiktoren verwendet werden sollten).

Bei der Diskriminanzanalyse (▶ Kap. 6) ist das Kriterium lediglich nominalskaliert. Die Prädiktorvariablen sind normalerweise (mindestens) *intervallskaliert,* einzelne oder alle der Prädiktoren dürfen aber auch zweistufige nominalskalierte Variablen sein. Es wird geprüft, ob es zwischen dem Kriterium und den Prädiktoren einen stochastischen Zusammenhang gibt, wie hoch dieser Zusammenhang ist und wie gut mithilfe der dazu erstellten Diskriminanzfunktion (oder der Diskriminanzfunktionen) eine Zuordnung der Personen zu den Gruppen des nominalskalierten Kriteriums erreicht werden kann.

Im ▶ Abschn. 6.1 wird geprüft, ob die Prädiktorenvariablen x10 *(Geselligkeit)* und x18 *(Berufseinschätzung)* gemeinsam einen signifikanten Beitrag für die Zuordnung des zweistufigen Kriteriums x15 (*Sitzposition:* vorne vs. hinten) leisten können. Es wird dabei die Standardmethode der Diskriminanzanalyse verwendet, bei der die Aufnahmereihenfolge der Prädiktoren keine Rolle spielt.

Im ▶ Abschn. 6.2 wird im Kontext eines fiktiven Beispiels (mit neuen weiteren Variablen) untersucht, ob die Prädiktorvariable x2 *(Verdreckungsgrad)* eine Wirkung als (traditionelle) Suppressorvariable auf die Prädiktorvariable x1 *(Einschätzung des Verkaufspreises)* bei der Zuordnung des zweistufigen nominalskalierten Kriteriums x3 (*Verkaufspreisniveau:* niedrig vs. hoch) ausübt. Aus rein praktisch-technischen Gründen verwenden wir die *Schrittweise Methode = Statistische Methode,* die bei unserer Fragestellung mit diesen beiden Prädiktoren wie die (im SPSS bei der Diskriminanzanalyse leider nicht optionale) *Hierarchische Methode* funktioniert.

Stefanie: Auch bei der Diskriminanzanalyse demonstrieren wir somit nur das Vorgehen beim Hypothesentesten und verzichten auf die explorative (Hypothesen erzeugende) Anwendung der *Statistischen Methode* der Diskriminanzanalyse.

Stevie: Im ▶ Abschn. 6.3 wird auf die Gemeinsamkeiten und auf die Unterschiede hingewiesen, die zwischen der Diskriminanzanalyse und den mit ihr verwandten Verfahren des multivariaten t-Tests, der multivariaten Varianzanalyse und der logistischen Regressionsanalyse bestehen.

Nach Stevens (2002, Kap. 7.4), siehe Bortz (2005, S. 610), sollten die Stichproben bei der Diskriminanzanalyse mindestens 20-mal so groß sein wie die Anzahl der untersuchten Gruppen des Kriteriums. Dementsprechend sollten bereits bei $p = 2$ Gruppen mindestens $N = 40$ Personen untersucht werden.

Für die multiple Regressionsanalyse und die Diskriminanzanalyse wird abschließend im ▶ Kap. 7 auf die Problematik der Interpretierbarkeit und auf die Prüfbarkeit (Kreuzvalidierung) der einzelnen Regressions- bzw. Diskriminanzfunktionskoeffizienten eingegangen.

Stefanie: Im Folgenden geben wir eine Übersicht zu den Prüfungen der Voraussetzungen bzw. zu der Robustheit der statistischen Verfahren in den Kapiteln 4 bis 6.

Prüfungen der Voraussetzungen

Partialkorrelationen (▶ Kap. 4)
Bei den Partialkorrelationen sollten die verschiedenen Variablen paarweise bivariate Normalverteilungen besitzen. Da in dem von uns verwendeten Beispiel die Stichprobengröße bei N = 60 liegt, verweisen wir erneut auf die Robustheit der Signifikanztests und auf die Prüfungsproblematik der bivariaten Normalverteilung (siehe Kuhlmei, 2018, S. 200), und verzichten auf die Prüfung dieser Voraussetzung.

Multiple Regressionsanalysen (▶ Kap. 5)
Bei den multiplen Regressionsanalysen vergrößert sich die Liste der Voraussetzungen: keine Autokorrelation, Linearität, keine Multikollinearität, multivariate Normalverteilung und Varianzhomogenität.

Urban und Mayerl (2011, ▶ Kap. 4, S. 177–273) demonstrieren ausführlich und diskutieren kritisch die Vorgehensweisen für die Prüfungen dieser Voraussetzungen und die Korrekturmöglichkeiten bei Verletzungen dieser Annahmen. Diese Prozeduren weisen leider einige erhebliche Schwachpunkte auf. Zum einen können die Voraussetzungen häufig nur indirekt geprüft werden und zum anderen fehlen, insbesondere bei den visuell-grafischen Analysen der verschiedenen Fehlerwerte (die relativ einfach mit SPSS erstellt werden können), eindeutige Entscheidungsrichtlinien dazu, wie die Verteilung der Fehlerwerte genau aussehen muss, damit die entsprechende Voraussetzung eben noch als gültig oder bereits als verletzt einzustufen ist. Außerdem sind einige der gängigen Korrekturmöglichkeiten, wie zum Beispiel die logarithmischen (oder andere) Transformationen von nicht normalverteilten Variablen recht problematisch, weil die inhaltliche Interpretierbarkeit der Ergebnisse dadurch schwierig bewertbar wird. Der von Urban und Mayerl (2011, S. 190–191) an sich gut und kritisch diskutierte Vorschlag, sogenannte *Ausreißermesswerte* unter bestimmten genau festgelegten Bedingungen einfach zu eliminieren, lässt sich dagegen aus meiner Sicht überhaupt nicht mit einer sauberen naturwissenschaftlichen Arbeitsweise vereinbaren. Mein Dogma dazu lautet: „Was gemessen wurde, das wurde tatsächlich gemessen und sollte nicht durch das Entfernen von problematischen Messwerten geschönt werden." Damit keine Missverständnisse entstehen: Menschliche oder maschinelle Übertragungsfehler von Messwerten habe ich damit natürlich nicht gemeint, solche oder vergleichbare Mängel sollten selbstverständlich nach Möglichkeit korrigiert werden. Erlaubt und auch erwünscht kann es sein, neue Experimente oder Studien mit möglicherweise verbesserten Messinstrumenten und angemesseneren Rahmenbedingungen durchzuführen. Besonders hervorheben möchte ich zum Schluss noch den folgenden Punkt: Bei der einfachen linearen Regressionsanalyse im Buch von Kuhlmei (2018, S. 200) haben wir bereits auf die Prüfungsproblematik bei nicht sehr großen Stichproben für die bivariate Normalverteilungsannahme hingewiesen, bei der multivariaten Normalverteilungsannahme verschärft sich diese Problematik noch drastisch.

Für die Voraussetzungsprüfungen empfehlen wir:
1. Bei einfachen Bachelor- und Masterarbeiten sollten Stichprobengrößen mit N > 40 verwendet werden, und es sollte jeweils die Voraussetzung geprüft werden, ob tatsächlich *keine Multikollinearität* vorliegt. Die mit SPSS leicht zu bestimmende Toleranz $T = 1 - R^2$ sollte dabei für jeden Prädiktor größer als 0,2 sein (siehe Urban und Mayerl (2011, S. 232)). Mit den Hinweisen auf die Robustheit der Signifikanztests und die mit den Voraussetzungsprüfungen verbundenen teilweise massiven Probleme sollte auf die Prüfung der weiteren Voraussetzungen verzichtet werden.

2. Wenn im Rahmen größerer Forschungsprojekte Vorhersagegleichungen entwickelt werden sollen, mit denen zum Beispiel später basierend auf der Anwendung von dazu konstruierten Testbatterien in berufsdiagnostischen Bereichen Personalselektionen stattfinden sollen, dann ist es unvermeidbar, deutlich größere Stichproben (N > 500 oder sogar N > 1000) zu verwenden, und dann können und sollten auch sinnvollerweise die oben genannten Voraussetzungen so gut wie möglich geprüft werden.

Diskriminanzanalyse (▶ Kap. 6)

Zentrale Voraussetzungen bei der Diskriminanzanalyse sind die multivariate Normalverteilung, die Varianzhomogenität und die Bedingung keine Multikollinearität.

Es sollten möglichst Stichprobengrößen von N > 40 verwendet werden. Außerdem sollte auf die Prüfung der multivariaten Normalverteilungsannahme, mit den Hinweisen auf die Robustheit der Signifikanztests und auf die im Vergleich zur bivariaten Normalverteilungsannahme noch verschärfte Prüfungsproblematik, verzichtet werden. Wir prüfen aber jeweils die Varianzhomogenitätsannahme mit dem Box'sche M-Test (der problemlos mit SPSS durchgeführt werden kann) und über Korrelationsanalysen (und/oder Regressionsanalysen) kontrollieren wir, dass keine Multikollinearität vorliegt.

In der ◘ Abb. 3.1 sehen wir, wie Stoffel versucht, sich für ein komplexes statistisches Verfahren (PK = Partialkorrelation, MR = Multiple Regressionsanalyse, DA = Diskriminanzanalyse) zu entscheiden.

◘ Abb. 3.1   Stoffel und die komplexen statistischen Verfahren.

Partialkorrelationen

Inhaltsverzeichnis

4.1 Basisablauf: Prüfung auf „Scheinkorrelation" – 69

4.2 Ergänzungen: Weitere Partialkorrelationen – 75

© Springer-Verlag GmbH Deutschland, ein Teil von Springer Nature 2020
E. Kuhlmei, *Lerne mit uns komplexe Statistik!*,
https://doi.org/10.1007/978-3-662-61751-9_4

Stevie: Bei der Partialkorrelation gibt es im einfachsten Fall drei (mindestens) intervallskalierte oder dichotome Variablen: Variable 1, Variable 2 und Variable 3.

🛈 Sprungmöglichkeit →

> **Generelle ungerichtete statistische Hypothesen für die einfache Partialkorrelation**
> In der Nullhypothese H_0 wird davon ausgegangen, dass die Populations-Partialkorrelation (p) für die Variable 1 und die Variable 2 gleich 0 ist, wenn die Variable 3 konstant gehalten wird: $p((\text{Variable 1, Variable 2}).\text{Variable3}) = 0$.
> Die Alternativhypothese H_1 behauptet dagegen, dass die Populations-Partialkorrelation (p) für die Variable 1 und Variable 2 ungleich 0 ist, wenn die Variable 3 konstant gehalten wird: $p((\text{Variable 1, Variable 2}).\text{Variable 3}) \neq 0$.

🛈 ← Sprungmöglichkeit

Es können hier auch problemlos gerichtete Hypothesen untersucht werden (siehe ▶ Abschn. 4.1).

Stefanie: Natürlich könnten statt nur der einen Variable 3 auch mehrere weitere (mindestens) intervallskalierte oder dichotome Variablen (4, 5 usw.) gleichzeitig konstant gehalten werden.

Stevie: Worauf wir in unseren folgenden Präsentationen aber nicht weiter eingehen werden.

- **Hinweise zur Notation**

Stoffel: Bitte erläutert die in diesem Kapitel verwendete Schreibweise der Parameter und Kennwerte noch etwas genauer.

Stevie: Natürlich.

Für die Populationskorrelation verwenden wir – in Annäherung an den kleingeschriebenen, griechischen Buchstaben (rho): „ρ" – den kleingeschriebenen, lateinischen, kursiv gedruckten Buchstaben (p): „p".

Mit $p(\text{Variable 1, Variable 2})$ wird die Populationskorrelation zwischen den beiden Variablen 1 und 2 bezeichnet.

$p((\text{Variable 1, Variable 2}).\text{Variable 3})$ ist die Populations-Partialkorrelation. Es geht dabei um den Zusammenhang zwischen den beiden Variablen 1 und 2, wenn die Variable 3 (künstlich) konstant gehalten wird. Der hier verwendete Punkt „." vor Variable 3 drückt aus, dass der Einfluss dieser Variable 3 (bei der Analyse des Zusammenhangs von Variable 1 und Variable 2) eliminiert wird. Die Variable 3 kann auch als Kontrollvariable bezeichnet werden.

Hinweis: Im Kontext der multiplen Regressionsanalyse (siehe ▶ Kap. 5) wird der „." teilweise eine etwas andere Bedeutung haben.

Für die Stichprobenkorrelation verwenden wir den kleingeschriebenen, lateinischen Buchstaben „r".

Mit „r^2" wird die Stichprobeneffektgröße ausgedrückt. Diese kann auch in Prozentwerten angegeben werden. Sie gibt an, wie viel Prozent gemeinsame Varianz die beiden Variablen 1 und 2 haben.

4.1 Basisablauf: Prüfung auf „Scheinkorrelation"

- **1) Fragestellung**

Stoffel: Ich vermute, dass es einen positiven Zusammenhang zwischen der *Studiumzufriedenheit* (x16) und der *Berufseinschätzung* (x18) bei den Psychologiestudierenden gibt.

Stefanie: Ach was! Ich denke, dass es sich bei diesem möglichen Zusammenhang zwischen der *Studiumzufriedenheit* und der *Berufseinschätzung* nur um eine Scheinkorrelation handelt, die durch eine dritte Variable, die *Leistungszufriedenheit* (x17), hervorgerufen wird.

Stoffel: Darauf wollte ich eigentlich auch hinaus, wenn du mich nur in Ruhe hättest ausreden lassen.

Stefanie: Stevie, während ich mich noch mit Stoffel streite, kannst du bitte schon mal die Hypothesen aufstellen.

- **2) Wissenschaftliche Hypothese (WH)**

Wissenschaftliche Hypothese
Stevie: Ich vermute, dass es bei den Studierenden einen positiven Zusammenhang zwischen der *Studiumzufriedenheit* und der *Berufseinschätzung* gibt, der aber durch die *Leistungszufriedenheit* hervorgerufen wird. Wenn die Leistungszufriedenheit konstant gehalten wird, dann gibt es keinen Zusammenhang zwischen der *Studiumzufriedenheit* und der *Berufseinschätzung* mehr.
Ich stütze meine Vermutung auf eine Reihe von (unveröffentlichten) empirischen Befunden bei früheren Studienjahrgängen der Psychologie in Fribourg.

Damit haben wir eine gerichtete Alternativhypothese für die Produkt-Moment-Korrelation zwischen den Variablen x16 und x18 und eine ungerichtete Nullhypothese für die Partialkorrelation zwischen x16 und x18 mit Konstanthaltung von x17 vorliegen.

- **3) Statistische Hypothesen (SH)**

Statistische Hypothesen
Stefanie: Aus dem ersten (gerichteten) Teil unserer wissenschaftlichen Hypothese wird die gerichtete Alternativhypothese H_1 abgeleitet: $p(x16, x18) > 0$
($p(x16, x18)$ = Populationskorrelation für die beiden Variablen x16 und x18).
Komplementär zu dieser H_1 lautet die Nullhypothese H_0: $p(x16, x18) \leq 0$.
und (nicht oder)

Aus dem zweiten (ungerichteten) Teil unserer wissenschaftlichen Hypothese wird die ungerichtete Nullhypothese H_0 abgeleitet: $p((x16, x18).x17) = 0$
($p((x16, x18).x17)$ = Populations-Partialkorrelation für die beiden Variablen x16 und x18 mit Konstanthaltung der Variable x17).
Komplementär zu dieser H_0 lautet die Alternativhypothese H_1: $p((x16, x18).x17) \neq 0$.

Stevie: Durch die **„und (nicht oder)"** Verknüpfung der beiden Komponenten gilt wieder Folgendes: Die Vermutung wird nur dann als bewährt betrachtet, wenn sich tatsächlich beide Teilkomponenten in der Studie bestätigen lassen.

- **4) Versuchsplanung**

Stoffel: Aus den wissenschaftlichen Hypothesen folgen eine Alternativhypothese, für die wir ein Signifikanzniveau von $\alpha = 5\% = 0{,}05$ wählen, und eine Nullhypothese, für die wir ein Signifikanzniveau von $\alpha = 20\% = 0{,}20$ festlegen (Begründung siehe ▶ Abschn. 2.1.1 bei der Versuchsplanung Punkt 4). Da wir beide Hypothesen einzeln prüfen werden und beide Hypothesen angenommen werden müssen, damit wir eine Gesamthypothesenbestätigung akzeptieren, kann es hier zu keiner Fehlerakkumulierung erster Art kommen.

Es wurden $N = 66$ Psychologiestudierende (zweites Semester in Fribourg) untersucht. Für die drei hier betrachteten Variablen, x16, x17 und x18 liegen aber nur die Messwerte von insgesamt $N = 60$ Personen vor.

🛈 Sprungmöglichkeit →

- **Teststärkeanalyse für die Produkt-Moment-Korrelation p(x16, x18)**

Stevie: Wenn wir nach der Konvention von Cohen (1988, S. 80) von einer großen Effektgröße $r = 0{,}5$ ausgehen, dann resultiert bei $N = 60$ und einem gerichteten Signifikanzniveau von 5 % eine Teststärke, die bei 0,99 liegt (Cohen 1988, S. 87, Tab. 3.3.2).

- ■ **Teststärkeanalyse für die Partialkorrelation p((x16, x18).x17)**

Die Bestimmung der Teststärke für Partialkorrelationen gehört bei Cohen (1988, S. 409) in ▶ Kap. 9 als spezielle Variante zu dem *case 1* (quadrierte semipartielle Korrelationen).

Es muss zunächst zwischen dem Kriterium und dem oder den Prädiktoren unterschieden werden. In unserem Beispiel können wir problemlos x18 als Kriterium und x16 als Prädiktor einstufen.

Dann müssen die folgenden fünf Komponenten bestimmt werden:
— *Zählerfreiheitsgrad = u = Anzahl der Prädiktoren*
— *w = Anzahl der Kontrollvariablen*
— *Nennerfreiheitsgrad = v = N − u − w − 1*
— *Effektgröße f^2*
— *Nichtzentralitätsparameter = $\lambda = f^2 * (u + v + 1)$*

4.1 · Basisablauf: Prüfung auf „Scheinkorrelation"

Wenn wir nach der Konvention von Cohen (1988, S. 414) von einer großen Effektgröße $f^2 = 0{,}35$ ausgehen, erhalten wir für unser Beispiel die folgenden Werte:

$$u = 1(x16), w = 1(x17), v = 60-1-1-1 = 57, \lambda = 0{,}35 * (1 + 57 + 1) = 20{,}65$$

Bei einem ungerichteten Signifikanzniveau von 5 % liegt dann die interpolierte Teststärke bereits bei einem Wert von über 0,99 (Cohen 1988, S. 420, Tab. 9.3.2). Für das von uns verwendete ungerichtete Signifikanzniveau von 20 % gibt es im ▶ Kap. 9 von Cohen (1988) keine Tabellenwerte, aber die Teststärke würde noch höher ausfallen, weil ein höheres Signifikanzniveau (unter sonst gleichen Bedingungen) zu einer höheren Teststärke führt.

❶ ← Sprungmöglichkeit

- **5) Datenerhebung und Datentabelle**
▶ Siehe Kap. 3 für die Erstellung der Datentabelle.

- **6) Stichprobenergebnisse bzw. SPSS-Ergebnisse**
Stefanie: Mit dem SPSS-Schema 4 wird nun die Durchführung der Partialkorrelation mit SPSS vorgestellt (◘ Abb. 4.1).

Stevie: Durch das SPSS-Schema 4 könnten mithilfe der *Optionen* problemlos auch noch die Mittelwerte und die Standardabweichungen für die Variablen x16, x17 und x18 erzeugt werden. Da wir die Ergebnisse dazu für unsere Hypothesenprüfungen nicht benötigen, haben wir das hier ganz bewusst nicht verwendet.

Stoffel: Speichern und Drucken der SPSS-Ergebnisse bitte nicht vergessen.

Stevie: In der SPSS-Ergebnisausgabe erhalten wir eine zweiteilige Ergebnistabelle zu den verschiedenen Korrelationen. Im oberen Tabellenteil werden die normalen Produkt-Moment-Korrelationen zwischen den drei hier betrachteten Variablen x16, x17 und x18 mit den ungerichteten (im SPSS: zweiseitigen) Irrtumswahrscheinlichkeiten und den Freiheitsgraden angegeben. In der ◘ Tab. 4.1 beschränken wir uns auf die hier relevante Korrelation zwischen x16 und x18. Im unteren SPSS-Ergebnisteil wird dann die Partialkorrelation zwischen x16 und x18 mit der Kontrollvariable x17 aufgelistet, ebenfalls mit der ungerichteten (im SPSS: zweiseitigen) Irrtumswahrscheinlichkeit und dem Freiheitsgrad. In der ◘ Tab. 4.2 findet sich das Resultat dazu.

Stoffel: Kann mir bitte jemand nochmals die Bestimmung von den Freiheitsgraden erläutern?

Stevie: Es gibt hier nur $N = 60$ Messwertpaare für x16 und x18, bei denen die Messwerte für x16, x17 und x18 vorliegen. Der Freiheitsgrad ist dann $N - 2 = 58$.

Hätten wir nur die einfache Produkt-Moment-Korrelation zwischen x16 und x18 berechnet (vgl. Kuhlmei 2018, S. 201–205), dann hätten wir $N = 62$ Messwertpaare (die fehlenden Messwerte für x17 hätten dann keine Rolle gespielt) gehabt, und der Freiheitsgrad läge bei $N - 2 = 60$. Die Produkt-Moment-Korrelation würde dann übrigens etwas höher bei 0,526 liegen.

Kapitel 4 · Partialkorrelationen

Schritt 1	
Handlungen:	Die SPSS-Datei mit dem Dateinamen *Fragebogen* starten.
Auswirkungen:	SPSS-Bildschirm: *Datenansicht* mit der Datentabelle (N = 66 für x1 bis x22) ist reaktiviert.

Schritt 2	
Handlungen:	1) In der Menüleiste *Analysieren* anklicken. 2) In dem dadurch entstandenen ersten Untermenü *Korrelation* anvisieren und in dem zweiten entstandenen Untermenü *Partiell...* anklicken.
Auswirkungen:	Eine Dialogbox *Partielle Korrelationen* hat sich geöffnet.

Schritt 3	
Handlungen:	1) In dem linken Variablenfeld die Variable *x16* (Studiumzufriedenheit) markieren. Dann den *Pfeil* (links neben dem mittleren Variablenfeld) anklicken, damit die Variable x16 in das Feld *Variablen* übertragen wird. In dem linken Variablenfeld die Variable *x18* (Berufseinschätzung) markieren. Dann den *Pfeil* (links neben dem mittleren Variablenfeld) anklicken, damit die Variable x18 in das Feld *Variablen* übertragen wird. 2) In dem linken Variablenfeld die Variable *x17* (Leistungszufriedenheit) markieren. Dann den *Pfeil* (links neben dem mittleren Kontrollvariablenfeld) anklicken, damit die Variable x17 in das Feld *Kontrollvariablen* übertragen wird. 3) Den Button *Optionen* (rechts oben) anklicken.
Auswirkungen:	1) Die Variablen x16 und x18 sind zur weiteren Bearbeitung als Variablen ausgewählt. 2) Die Variable x17 ist als Kontrollvariable festgelegt worden. 3) Eine Dialogbox Partielle Korrelationen: Optionen hat sich geöffnet.

Schritt 4	
Handlungen:	1) Unter Statistiken das Kästchen (links neben) Korrelationen nullter Ordnung anklicken. 2) Den Button *Weiter* (links unten) anklicken.
Auswirkungen:	1) Die einfachen Produkt-Moment-Korrelationen zwischen den ausgewählten Variablen werden berechnet. 2) Die Dialogbox *Partielle Korrelationen* ist wieder geöffnet.

Schritt 5	
Handlungen:	Den *OK*-Button (links unten) anklicken.
Auswirkungen:	Das Ausgabefenster mit den Ergebnissen wird angezeigt.

□ **Abb. 4.1** *Partialkorrelation* – SPSS-Schema 4

4.1 · Basisablauf: Prüfung auf „Scheinkorrelation"

◻ Tab. 4.1 Produkt-Moment-Korrelation zwischen x16 und x18

Produkt-Moment-Korrelation	x18 = Berufseinschätzung	
x16 = Studiumzufriedenheit	Korrelation nach Pearson	0,501
	Signifikanz für ungerichtete Hypothesen	0,000
	Freiheitsgrad	58

◻ Tab. 4.2 Partialkorrelation zwischen x16 und x18 mit der Kontrollvariable x17

Partialkorrelation mit x17 als Kontrollvariable	x18 = Berufseinschätzung	
x16 = Studiumzufriedenheit	Partialkorrelation	0,292
	Signifikanz für ungerichtete Hypothesen	0,025
	Freiheitsgrad	57

🛈 Sprungmöglichkeit →

Der (Nenner-)Freiheitsgrad für die Partialkorrelation liegt bei $v = N - u - w - 1 = 60 - 1 - 1 - 1 = 57$ (siehe vorne).

🛈 ← Sprungmöglichkeit

▪ 7) Vorbetrachtung und Betrachtung der Voraussetzungen

Es wird geprüft, ob die Bedingungen für die Durchführung der Signifikanztests erfüllt sind.

▪▪ Vorbetrachtung

Stefanie: Wenn meine wissenschaftliche Hypothese stimmen würde, dann müsste zum einen in dieser Stichprobe die Korrelation zwischen x16 und x18 größer als 0 sein. Das ist hier offensichtlich der Fall: $r(x16, x18) = 0,501 > 0$. Dieses Stichprobenergebnis spricht damit in der Tendenz für die Alternativhypothese.

Zum anderen vermuten wir, dass die Partialkorrelation zwischen x16 und x18 mit der Kontrollvariable x17 bei 0 liegt. Das ist hier offensichtlich nicht der Fall $r((x16, x18) \cdot x17) = 0,292$. Auch dieses Stichprobenergebnis spricht damit in der Tendenz für die Alternativhypothese.

Für die beiden Teilhypothesen wird daher mit den weiteren Prüfungen im Ablaufschema fortgefahren.

▪ Betrachtung der Voraussetzungen

Stevie: Da die Stichprobengröße bei $N = 60$ ($N > 40$) liegt, verweisen wir auf die Robustheit des Signifikanztests und auf die Prüfungsproblematik der bivariaten Normalverteilung (siehe den Absatz *Prüfungen der Voraussetzungen bei den einfachen Korrelations- und Regressionsanalysen* im Buch von Kuhlmei, 2018, S. 200) und wir verzichten auf die Prüfung dieser Voraussetzung.

Die weiteren Analyseschritte der Signifikanztests werden durchgeführt.

- **8) Empirische Prüfgröße und Irrtumswahrscheinlichkeit p**

Für die Korrelation zwischen x16 und x18 vertreten wir hier die gerichtete Alternativhypothese, deswegen muss für die Bestimmung der Irrtumswahrscheinlichkeit p der Wert 0,000 (◘ Tab. 4.1) noch halbiert werden: $p = \frac{0{,}000}{2} = 0{,}000$.

Da wir für die Partialkorrelation zwischen x16 und x18 mit x17 als Kontrollvariable hier die ungerichtete Nullhypothese vertreten, kann die Irrtumswahrscheinlichkeit p = 0,025 direkt aus der ◘ Tab. 4.2 entnommen werden.

Zu den verwendeten empirischen Prüfgrößen liefert uns das SPSS in diesem Kontext leider jeweils keine Resultate.

- **9) Entscheidung**

Für die Korrelation zwischen x16 und x18 wird (entsprechend unserer Vermutung) die Nullhypothese abgelehnt, weil $p < \alpha$ (0,000 < 0,05) ist.

Für die Partialkorrelation zwischen x16 und x18 mit der Kontrollvariable x17 wird (entgegen unserer Vermutung) die Nullhypothese abgelehnt, weil $p < \alpha$ (0,025 < 0,20) ist.

- **10) Ergebnisdarstellungen, Interpretation und Diskussion**

Stoffel: Die Interpretation unseres Befundes lautet:

Die durchgeführten Signifikanztests wurden beide signifikant (p = 0,000 und p = 0,025) und es traten dabei ein großer und ein mittelgroßer Stichprobeneffekt ($r^2 = 0{,}25$ und $r^2 = 0{,}09$) auf. Damit hat sich unsere Vermutung, dass es bei den Studierenden einen durch die *Leistungszufriedenheit* hervorgerufen positiven Zusammenhang zwischen der *Studiumzufriedenheit* und der *Berufseinschätzung* gibt, (vorläufig) nicht bewährt.

Auf die einzelnen Ergebnisdarstellungen und auf die Diskussion werden wir hier nicht weiter eingehen.

Stevie: Ich bin sehr zufrieden mit dir, lieber Stoffel.

Stefanie: Ich bin mit diesem Ergebnis bzw. mit dieser Interpretation nicht ganz so glücklich. Immerhin hat das Herauspartialisieren der Variable x17 den Zusammenhang der Korrelation deutlich kleiner werden lassen: von r(x16, x18) = 0,501 auf r((x16, x18). x17) = 0,292. Sollte das nicht noch weitere Analysen nach sich ziehen und in der Interpretation Berücksichtigung finden?

Stoffel: Weitere Analysen zu den Korrelationsdifferenzen? Danach hatten wir aber bei den in diesem Abschnitt von uns aufgestellten Hypothesen gar nicht gefragt. Vermutlich ist Stefanie schon als Kind nie richtig satt geworden.

Stevie: Diese Annahme über Stefanie wollen wir lieber ungeprüft lassen. Aber Stoffel hat eigentlich recht, für die von uns aufgestellten Hypothesen ist das im Prinzip vollkommen belanglos.

Allerdings wäre es hier trotzdem sinnvoll, im Sinne von Stefanie zusätzlich einen Signifikanztest zu der Differenz der beiden Korrelationen r(x16, x18) = 0,501 und r((x16, x18). x17) = 0,292 durchzuführen. Im Bortz (2005, S. 447) wird das dazu benötigte Verfahren gut beschrieben. Ich darf verraten, dass die entsprechenden Berechnungen hier zu einem signifikanten Ergebnis führen. Da wir aber zuvor keine Hypothese zu der Fragestellung der Korrelationsdifferenzen aufgestellt haben, dürfte dieses Ergebnis hier lediglich zur Hypothesenerzeugung (und zu keiner Hypothesenbestätigung) verwendet werden.

Stefanie: Dann stelle ich darauf basierend nun eine vergleichsweise etwas schwächere Vermutung als zu Beginn (siehe oben WH, Ablaufpunkt 2) auf: Es gibt bei den Studierenden einen positiven Zusammenhang zwischen der *Studiumzufriedenheit* und der *Berufseinschätzung*, der zumindest teilweise durch die *Leistungszufriedenheit* hervorgerufen wird. Wenn die Leistungszufriedenheit konstant gehalten wird, dann wird der Zusammenhang zwischen der *Studiumzufriedenheit* und der *Berufseinschätzung* kleiner.

Stevie: Diese Vermutung darf dann aber erst im Kontext eines neu erhobenen Datensatzes geprüft werden.

Stoffel: Warum das denn?

Stevie: Weil die zu prüfenden Hypothesen vor der Datenerhebung erstellt werden müssen. Ich erkläre es dir mit einer kleinen Analogie. Wenn du deine Wurftreffsicherheit beweisen willst und dazu einen Stein in den Wald wirfst *(Datenerhebung)*, dann musst du mir vorher den Baum bezeichnen (die *Hypothese aufstellen*) den du treffen willst.

Stefanie: Ganz genau. Wenn man einfach einen Stein in den Wald wirft, wird man ziemlich sicher irgendeinen Baum treffen. Wer dann hinterher (ohne Vorankündigung) behauptet: „Genau diesen Baum wollte ich treffen", macht sich doch nur lächerlich.

4.2 Ergänzungen: Weitere Partialkorrelationen

Stoffel: Ich habe auch noch etwas. Wenn ich mich recht erinnere, dann kann man doch noch viel „Komplizierteres" und anderes mit den Partialkorrelationen anstellen.

Stevie: Das stimmt. Wir haben hier nur den einfachsten Fall einer Partialkorrelation erster Ordnung (Konstanthaltung einer Kontrollvariablen) betrachtet. Mit den Partialkorrelationen höherer Ordnung können ohne weiteres auch mehrere Kontrollvariablen gleichzeitig konstant gehalten (herauspartialisiert) werden.

Stoffel: Gibt es dann nicht auch noch so eine merkwürdige Variante, bei der der Einfluss der Kontrollvariable bzw. der Kontrollvariablen nur aus einer der beiden interessierenden Variablen eliminiert wird?

Stevie: Genau, damit kommen wir zu den sogenannten Semipartialkorrelationen. Wenn es zum Beispiel um die Frage geht: „Was kann eine Prädiktorvariable x1 über eine andere Prädiktorvariable x2 (mit anderen Worten: x2 soll nur für x1 konstant gehalten werden) für die Vorhersage des Kriteriums y beitragen?", dann kann das mit der Semipartialkorrelation beantwortet werden. Es wird dann der Einfluss von x2 nur aus der Variable x1 herauspartialisiert.

Für den Fall, dass mehrere Kontrollvariablen konstant gehalten werden sollen, gibt es dann natürlich auch Semipartialkorrelationen höherer Ordnung.

Stefanie: Sollten wir in diesem Kap. 4 nicht wenigstens noch ein Beispiel für eine Semipartialkorrelation präsentieren?

Stoffel: Ach nein. Das muss doch nicht unbedingt sein.

◘ Abb. 4.2 Stoffel, Stevie, Stefanie veranschaulichen eine hohe Scheinkorrelation und eine Partialkorrelation von „0".

Stevie: Stoffel, da kann ich dir ausnahmsweise einmal recht geben, weil in dem nächsten ▶ Kap. 5 die zentralen Analysen der multiplen Regressionsanalyse grundsätzlich immer auch auf Semipartialkorrelationen bzw. den damit eng verbundenen semipartiellen Regressionskoeffizienten basieren.

Stefanie: Damit gebe ich mich mal vorläufig zufrieden.

In der ◘ Abb. 4.2 besteht zwischen Stoffel und Stefanie eine hohe Scheinkorrelation (sie gehen beide in die gleiche Richtung), die durch Stevie verursacht wird. Wenn Stevie verschwindet (Konstanthalten von Stevie), dann besteht keine Korrelation mehr zwischen Stoffel und Stefanie (sie gehen beide getrennte Wege).

Multiple Regressionsanalyse

Inhaltsverzeichnis

5.1 Basisablauf: Zwei *normal geeignete* Prädiktoren – 79

5.2 Basisablauf: Traditioneller Suppressoreffekt – 89

5.3 Moderatorvariablen – 101
5.3.1 Basisablauf: Dichotome Moderatorvariable als Interaktionseffekt – 102
5.3.2 Basisablauf: Dichotome Moderatorvariable im Gruppenvergleich – 110

5.4 Mediatorvariablen – 117
5.4.1 Basisablauf: Totale Mediatorvariable – 119
5.4.2 Partielle Mediatorvariable – 126

5.5 Nominalskalierte Prädiktorvariablen – 127
5.5.1 Basisablauf: Dreistufige nominalskalierte Prädiktorvariable – 128
5.5.2 Hinweis auf das allgemeine lineare Modell – 134

5.6 Zwei Anwendungsbereiche der multiplen Regressionsanalyse mit typischerweise mehr als 2 Prädiktoren – 134
5.6.1 Diagnostik – 135
5.6.2 Polynome höheren Grades – 135

© Springer-Verlag GmbH Deutschland, ein Teil von Springer Nature 2020
E. Kuhlmei, *Lerne mit uns komplexe Statistik!*,
https://doi.org/10.1007/978-3-662-61751-9_5

Stoffel: Ich habe schon mal ein wenig in das ▶ Kap. 5 hineingeschnuppert. Einiges habe ich ganz gut verstanden. Bei den multiplen Regressionsanalysen gibt es ein (mindestens) intervallskaliertes Kriterium, das möglichst gut mithilfe von zwei (oder mehr) Prädiktoren vorhergesagt werden soll. Die Prädiktoren sind (mindestens) intervallskaliert, sie dürfen aber auch dichotom sein. Außerdem gibt es verschiedene Prädiktorarten (mit jeweils speziellen Effekten), die als Suppressorvariablen, Moderatorvariablen und Mediatorvariablen bezeichnet werden.

Aber ich bin auch etwas verwirrt. Bitte erläutert vorweg die dort verwendete Schreibweise der Parameter und der Kennwerte etwas genauer.

- **Hinweise zur Notation**

Stevie: Sehr gerne.

Für die Populationskorrelation verwenden wir – in Annäherung an den kleingeschriebenen, griechischen Buchstaben (rho): „ρ" – den kleingeschriebenen, lateinischen, kursiv gedruckten Buchstaben (p): „p".

Mit p(Variable 1, Variable 2) wird die Populationskorrelation zwischen den beiden Variablen 1 und 2 bezeichnet.

Für den Populationsregressionskoeffizienten verwenden wir den kleingeschriebenen, griechischen Buchstaben (beta): „β".

Bei einer multiplen Regressionsanalyse mit zwei Prädiktoren:

β (Kriterium (Prädiktor 1. Prädiktor 2)) ist der sogenannte semipartielle Populations-Regressionskoeffizient für den Prädiktor 1. Durch den Punkt „." zwischen Prädiktor 1 und Prädiktor 2 wird ausgedrückt, dass der Einfluss von Prädiktor 2 aus dem Prädiktor 1 eliminiert (künstlich konstant gehalten) wird. Die Klammern vor Prädiktor 1 und nach Prädiktor 2 zeigen an, dass diese Eliminierung (Konstanthaltung) semipartiell (nur auf den Prädiktor 1 und nicht auf das Kriterium) wirksam ist. Somit wird durch „β" angezeigt, welchen „eigenen" (über den Prädiktor 2 hinaus) Beitrag der Prädiktor 1 bei der Vorhersage des Kriteriums leistet.

Bei einer multiplen Regressionsanalyse mit drei Prädiktoren:

β (Kriterium (Prädiktor 1. Prädiktor 2, Prädiktor 3)) ist der sogenannte semipartielle Populations-Regressionskoeffizient für den Prädiktor 1. Durch den Punkt „." zwischen Prädiktor 1 und Prädiktor 2 und 3 wird ausgedrückt, dass die Einflüsse von Prädiktor 2 und 3 aus dem Prädiktor 1 eliminiert (künstlich konstant gehalten) werden. Die Klammern vor Prädiktor 1 und nach Prädiktor 2 und 3 zeigen an, dass diese Eliminierung (Konstanthaltung) semipartiell (nur auf den Prädiktor 1 und nicht auf das Kriterium) wirksam ist. Somit wird durch „β" angezeigt, welchen „eigenen" (über die Prädiktoren 2 und 3 hinaus) Beitrag der Prädiktor 1 bei der Vorhersage des Kriteriums leistet.

Für die quadrierte multiple Populationskorrelation verwenden wir den quadrierten, großgeschriebenen, lateinischen, kursiv gedruckten Buchstaben (R): „R^2".

Durch die quadrierte multiple Korrelation R^2(Kriterium. Prädiktor 1, Prädiktor 2) wird für die Population angegeben, wie viel Varianz des Kriteriums durch die beiden Prädiktoren 1 und 2 gemeinsam aufgeklärt wird. Der „." zwischen dem Kriterium und den Prädiktoren 1 und 2 zeigt hier an, dass die beiden Prädiktoren zur Vorhersage vom Kriterium verwendet werden. R ist die multiple Populationskorrelation.

Für die quadrierte multiple Stichprobenkorrelation verwenden wir den quadrierten, großgeschriebenen, lateinischen Buchstaben (R): „R^2".

Mit dem kleingeschriebenen, lateinischen Buchstaben „b" wird der Stichprobenregressionskoeffizient ausgedrückt.

Hinweis: Für die begrenzte Interpretierbarkeit des Stichprobenregressionskoeffizienten b siehe bitte unsere Ausführungen im ▶ Abschn. 7.1.

5.1 Basisablauf: Zwei *normal geeignete* Prädiktoren

Stoffel: Ich möchte gerne die Kriteriumsvariable x13 *(psychische Entspannung (nach))* möglichst gut vorhersagen. Wäre es da nicht besonders schlau von mir, wenn ich ganz einfach möglichst viele intervallskalierte (oder dichotome) Variablen als Prädiktoren heranziehe? Da komme ich zu einer schönen langen Liste von 13 Prädiktoren: das Alter, das Geschlecht, die Nationalität, die Anzahl der Geschwister, die körperliche Entspannung (vor), die psychische Entspannung (vor), die Geselligkeit, die Zurückhaltung, die körperliche Entspannung (nach), die Sitzposition, die Studiumzufriedenheit, die Leistungszufriedenheit und die Berufseinschätzung.

Ich vermute, damit sollte es mir doch gelingen, die *psychische Entspannung (nach)* sehr gut vorherzusagen.

> **Begründung für die Verwendung von möglichst wenigen Prädiktoren in der multiplen Regressionsanalyse**
> **Stevie:** Da bist du aber schön in eine potenzielle Falle der multiplen Regressionsanalyse getapst. Es stimmt zwar, dass man mit sehr vielen Prädiktoren innerhalb einer Stichprobe normalerweise das Kriterium sehr gut vorhersagen und für die Gesamtheit der Prädiktoren auch ein signifikantes Ergebnis erhalten kann (das ist eine spezifische verführerische Verlockung dieses statistischen Verfahrens), trotzdem wird diese Analyse nicht sehr wertvoll sein.
> **Stoffel:** Warum denn nicht? Die Zahl „13" ist schließlich meine Glückszahl. Was könnte da noch besser sein und mich glücklicher machen, als die Variable x13 mit 13 Prädiktoren vorherzusagen?
> **Stevie:** Wenn viele Prädiktoren (mehr als zwei bis vier) verwendet werden, dann wird es zunehmend schwieriger, den Einfluss der einzelnen Prädiktoren abzuschätzen, weil die Wirkung der einzelnen Prädiktoren in der multiplen Regressionsanalyse sehr stark von der zufällig gewählten Stichprobe und der dann auch zumindest teilweise zunehmend zufälligen Auswahl der weiteren Prädiktoren abhängt (vgl. Bortz 2005, S. 452).
> Außerdem geht es uns nicht um die Befriedigung persönlicher Glücksgefühle, sondern darum, in erster Linie Hypothesen aufzustellen und zu überprüfen, damit wir einen möglichst großen Erkenntnisgewinn erreichen können.
> Es sollten daher besser nur einige wenige *geeignete* Prädiktoren verwendet werden.

Stoffel: Wann können wir denn Prädiktoren als *geeignet* bezeichnen?

Stevie: Ideal *geeignete* Prädiktoren wirken kausal und möglichst unabhängig voneinander auf das Kriterium ein, und wir können jeweils den Zusammenhang mit dem Kriterium theoretisch (und/oder empirisch) gut begründen (vgl. Urban und Mayerl 2011, S. 80–83; Röhr et al. 1983, S. 238–243, Band 2).

Wie wir bei Kuhlmei (2018, S. 219–221) gesehen haben, ist es aber im Rahmen von korrelationsanalytischen Verfahren nicht möglich, kausale Zusammenhänge endgültig nachzuweisen. Es kann bestenfalls eine indirekte Prüfung erfolgen, indem zumindest die notwendigen korrelativen Zusammenhänge für die vermuteten zugrunde liegenden kausalen Zusammenhänge überprüft werden.

Wenn wir den einfachsten Fall in der multiplen Regressionsanalyse mit nur zwei Prädiktoren verwenden, können wir Folgendes (für die *geeigneten* Prädiktoren) fordern:

> Jeder Prädiktor soll für sich einen Zusammenhang mit dem Kriterium besitzen. Die beiden Prädiktoren sollen gemeinsam mit dem Kriterium korrelieren, und jeder Prädiktor soll über den anderen Prädiktor hinaus Kriteriumsvarianz aufklären.

ⓘ Sprungmöglichkeit →

Daraus ergeben sich die folgenden fünf generellen ungerichteten statistischen Alternativhypothesen für das Vorliegen von zwei *geeigneten* Prädiktoren. Die jeweiligen zugehörigen Nullhypothesen lassen wir hier aus Platzgründen weg.

> **Streng: Fünf generelle ungerichtete statistische Alternativhypothesen für zwei *geeignete* Prädiktoren in der multiplen Regressionsanalyse**
> a) Die Populationskorrelation zwischen dem Prädiktor 1 und dem Kriterium ist ungleich 0: $p(\text{Prädiktor 1, Kriterium}) \neq 0$
> **und (nicht oder)**
> b) Die Populationskorrelation zwischen dem Prädiktor 2 und dem Kriterium ist ungleich 0: $p(\text{Prädiktor 2, Kriterium}) \neq 0$
> **und (nicht oder)**
> c) Die quadrierte multiple Populationskorrelation der beiden Prädiktoren gemeinsam mit dem Kriterium ist größer als 0: $R^2(\text{Kriterium. Prädiktor 1, Prädiktor 2}) \neq 0$
> **und (nicht oder)**
> d) Bei der Vorhersage des Kriteriums mit den beiden Prädiktoren ist der Populationsregressionskoeffizient für den Prädiktor 1 ungleich 0: $\beta(\text{Kriterium (Prädiktor 1. Prädiktor 2)}) \neq 0$
> **und (nicht oder)**
> e) Bei der Vorhersage des Kriteriums mit den beiden Prädiktoren ist der Populationsregressionskoeffizient für den Prädiktor 2 ungleich 0: $\beta(\text{Kriterium (Prädiktor 2. Prädiktor 1)}) \neq 0$
>
> Hinweis: Für die vier Alternativhypothesen a), b), d) und e) wird normalerweise für die geforderten Zusammenhänge an Stelle von „$\neq$" die erwartete Richtung „<" oder „>" angegeben werden können.

5.1 · Basisablauf: Zwei *normal geeignete* Prädiktoren

ⓘ ← Sprungmöglichkeit

Stoffel: Ist das nicht ein wenig übertrieben? Ich würde das Ganze sehr gerne deutlich entschärfen und mich auf die wirklich wichtige Hypothese c) beschränken:

Entschärfung: Die generelle ungerichtete statistische Alternativhypothese für zwei Prädiktoren in der multiplen Regressionsanalyse
Die quadrierte multiple Populationskorrelation der beiden Prädiktoren gemeinsam mit dem Kriterium ist größer als 0: R^2(Kriterium. Prädiktor 1, Prädiktor 2) $\neq 0$

Wenn diese Bedingung erfüllt ist, dann taugen die beiden Prädiktoren doch bereits sehr gut zur Vorhersage.

Stevie: Das stimmt prinzipiell, und ich denke, man wird und darf sich in der Forschungspraxis damit oft begnügen. Aber wenn möglich, sollte man versuchen, darüber hinaus auch die Einflüsse der einzelnen Prädiktoren hypothesenorientiert zu prüfen. Und das werden wir im Folgenden auch so praktizieren.

- **1) Fragestellung**

Stoffel: Aus meiner Liste von 13 Variablen bleiben mir eigentlich nur die beiden Variablen $x7 = $ *psychische Entspannung (vor)* und $x12 = $ *körperliche Entspannung (nach)* als sinnvolle Prädiktoren für das Kriterium $x13 = $ *psychische Entspannung (nach)* übrig. Ich denke, hier dürfte sich ein Zusammenhang theoretisch und logisch gut begründen lassen.

Stefanie: Dann sollten wir die Vermutung prüfen, dass die beiden Variablen $x7$ und $x12$ in diesem Sinne *geeignete* Prädiktoren für das Kriterium $x13$ sind. Stevie, kannst du uns dafür bitte die sinnvoll aufzustellenden prüfbaren Zusammenhänge zwischen den Variablen angeben.

- **2) Wissenschaftliche Hypothese (WH)**

Wissenschaftliche Hypothese
Stevie: Es wird jetzt ein wenig komplizierter, meine wissenschaftliche Hypothese beinhaltet fünf verschiedene Teilkomponenten:
Ich vermute, dass es bei den Studierenden
a) einen einzelnen positiven Zusammenhang zwischen der *psychischen Entspannung (vor)* und der *psychischen Entspannung (nach)* gibt.
und (nicht oder)
b) einen einzelnen positiven Zusammenhang zwischen der *körperlichen Entspannung (nach)* und der *psychischen Entspannung (nach)* gibt.

und (nicht oder)
c) einen gemeinsamen Zusammenhang von den beiden Einflussgrößen *psychische Entspannung (vor) und körperliche Entspannung (nach)* mit der *psychischen Entspannung (nach)* gibt.
und (nicht oder)
d) einen positiven Zusammenhang von der Einflussgröße *psychische Entspannung (vor)* über die *körperliche Entspannung (nach)* hinaus (unter Konstanthaltung der *körperlichen Entspannung (nach)*) mit der *psychischen Entspannung (nach)* gibt.
und (nicht oder)
e) ven Zusammenhang von der Einflussgröße *körperliche Entspannung (nach)* über die *psychische Entspannung (vor)* hinaus (unter Konstanthaltung der *psychischen Entspannung (vor)*) mit der *psychischen Entspannung (nach)* gibt.

Ich stütze meine Vermutungen auf eine Reihe von (unveröffentlichten) empirischen Befunden bei anderen Studienjahrgängen der Psychologie in Fribourg.

Stoffel: Den vermuteten Zusammenhang zwischen den körperlichen und den psychischen Entspannungsempfindungen könnten wir doch viel besser auf die der Körperpsychotherapie des Psychoanalytikers Wilhelm Reich zugrunde liegenden theoretischen Konzepte stützen.

Stefanie: Bei aller Sympathie, da würden wir uns dann aber wissenschaftlich sehr schnell auf sehr dünnem Eis bewegen, weil diese Ansätze – von der „normalen" wissenschaftlichen Gemeinschaft dem Bereich der Parapsychologie zugeordnet – massiv kritisiert wurden und insgesamt wenig Anerkennung gefunden haben. Ich würde dir empfehlen zu versuchen, dich eher auf theoretische Ansätze und empirische Befunde zu beziehen, wie sie zum Beispiel in dem Handbuch der Entspannungsverfahren von den wissenschaftlich hoch anerkannten Forschern Vaitl und Petermann (2000) zu finden sind.

- **3) Statistische Hypothesen (SH)**

Statistische Hypothesen
Stevie: Aus unserer fünfteiligen wissenschaftlichen Hypothese leiten wir die folgenden fünf statistischen Hypothesen ab:
a) Aus dem ersten (gerichteten) Teil unserer wissenschaftlichen Hypothese wird die gerichtete Alternativhypothese H_1 abgeleitet: $p(x7, x13) > 0$
($p(x7, x13)$ = Populationskorrelation für die beiden Variablen x7 und x13)
Komplementär zu dieser H_1 lautet die Nullhypothese H_0: $p(x7, x13) \leq 0$

und (nicht oder)
b) Aus dem zweiten (gerichteten) Teil unserer wissenschaftlichen Hypothese wird die gerichtete Alternativhypothese H_1 abgeleitet: $p(x12, x13) > 0$
($p(x12, x13)$ = Populationskorrelation für die beiden Variablen x12 und x13).
Komplementär zu dieser H_1 lautet die Nullhypothese H_0: $p(x12, x13) \leq 0$.

5.1 · Basisablauf: Zwei *normal geeignete* Prädiktoren

und (nicht oder)

c) Aus dem dritten (ungerichteten) Teil unserer wissenschaftlichen Hypothese wird die ungerichtete Alternativhypothese H_1 abgeleitet: $R^2(x13 . x7, x12) \neq 0$
($R^2(x13 . x7, x12)$ = quadrierte multiple Populationskorrelation für die Kriteriumsvariable x13 mit den beiden Prädiktorvariablen x7 und x12).
Komplementär zu dieser H_1 lautet die Nullhypothese H_0: $R^2(x13 . x7, x12) = 0$.

und (nicht oder)

d) Aus dem vierten (gerichteten) Teil unserer wissenschaftlichen Hypothese wird die gerichtete Alternativhypothese H_1 abgeleitet: $\beta(x13 (x7 . x12)) > 0$
($\beta(x13 (x7 . x12))$ = semipartieller Populationsregressionskoeffizient für die Kriteriumsvariable x13 mit den beiden Prädiktorvariablen x7 und x12, wobei der Einfluss der Variable x12 nur aus x7 herauspartialisiert wird).
Komplementär zu dieser H_1 lautet die Nullhypothese H_0: $\beta(x13 (x7 . x12)) \leq 0$.

und (nicht oder)

e) Aus dem fünften (gerichteten) Teil unserer wissenschaftlichen Hypothese wird die gerichtete Alternativhypothese H_1 abgeleitet: $\beta(x13 (x12 . x7)) > 0$
($\beta(x13 (x12 . x7))$ = semipartieller Populationsregressionskoeffizient für die Kriteriumsvariable x13 mit den beiden Prädiktorvariablen x7 und x12, wobei der Einfluss der Variable x7 nur aus x12 herauspartialisiert wird).
Komplementär zu dieser H_1 lautet die Nullhypothese H_0: $\beta(x13 (x7 . x12)) \leq 0$.

Stefanie: Durch die „**und (nicht oder)**"-Verknüpfung der fünf Komponenten gilt wieder Folgendes: Die Vermutung wird nur dann als bewährt betrachtet, wenn sich tatsächlich alle fünf Teilkomponenten in der Studie bestätigen lassen.

- **4) Versuchsplanung**

Stoffel: Aus den wissenschaftlichen Hypothesen folgen fünf (gerichtete und ungerichtete) Alternativhypothesen, für die wir jeweils ein Signifikanzniveau von $\alpha = 5\% = 0{,}05$ wählen. Da wir diese fünf Hypothesen einzeln prüfen werden und alle fünf Hypothesen angenommen werden müssen, damit wir eine Gesamthypothesenbestätigung akzeptieren, kann es hier zu keiner Fehlerakkumulierung erster Art kommen.

Es wurden N = 66 Psychologiestudierende (zweites Semester in Fribourg) untersucht.

ⓘ Sprungmöglichkeit →

- **Teststärkeanalysen für die Produkt-Moment-Korrelationen p(x7, x13) und p(x12, x13)**

Stevie: Wenn wir nach der Konvention von Cohen (1988, S. 80) von einer großen Effektgröße $r = 0{,}5$ ausgehen, dann resultiert bei N = 66 und einem gerichteten Signifikanzniveau von 5 % für beide Korrelationen eine interpolierte Teststärke, die bei über 0,995 liegt (Cohen 1988, S. 87, Tab. 3.3.2).

■■ Teststärkeanalyse für die quadrierte multiple Korrelation R²(x13 . x7, x12)

Die Bestimmung der Teststärke für die quadrierte multiple Korrelation gehört bei Cohen (1988, S. 409) im ▶ Kap. 9 zu dem *case 0*.

Es muss zunächst zwischen dem Kriterium und den Prädiktoren unterschieden werden. In unserem Beispiel können wir problemlos x13 als Kriterium und x7 und x12 als Prädiktoren einstufen.

Dann müssen die folgenden vier Komponenten bestimmt werden:
- *Zählerfreiheitsgrad = u = Anzahl der Prädiktoren*
- *Nennerfreiheitsgrad = v = N – u – 1*
- *Effektgröße f^2*
- *Nichtzentralitätsparameter = $\lambda = f^2 * (u+v+1) = f^2 * N$*

Wenn wir nach der Konvention von Cohen (1988, S. 414) von einer großen Effektgröße $f^2 = 0{,}35$ ausgehen, erhalten wir für unser Beispiel die folgenden Werte:

$$u = 2, \ v = 66-2-1 = 63, \ \lambda = 0{,}35 * (2 + 63 + 1) = 23{,}1$$

Bei einem ungerichteten Signifikanzniveau von 5 % liegt dann die interpolierte Teststärke bei einem Wert von über 0,99 (Cohen 1988, S. 420, Tab. 9.3.2).

■■ Teststärkeanalysen für die semipartiellen Regressionskoeffizienten β(x13 (x7 . x12)) und β(x13 (x12 . x7))

Die Bestimmung der Teststärke für die semipartiellen Regressionskoeffizienten gehört bei Cohen (1988, 409) im ▶ Kap. 9 zu dem *case 1* (quadrierte semipartielle Korrelationen).

Es muss zunächst zwischen dem Kriterium und dem oder den Prädiktoren unterschieden werden. In unserem Beispiel können wir problemlos x13 als Kriterium und x7 (oder x12) als Prädiktor einstufen.

Dann müssen die folgenden fünf Komponenten bestimmt werden:
- *Zählerfreiheitsgrad = u = Anzahl der Prädiktoren*
- *w = Anzahl der Kontrollvariablen*
- *Nennerfreiheitsgrad = v = N – u – w – 1*
- *Effektgröße f^2*
- *Nichtzentralitätsparameter = $\lambda = f^2 * (u+v+1)$*

Wenn wir nach der Konvention von Cohen (1988, S. 414) von einer großen Effektgröße $f^2 = 0{,}35$ ausgehen, erhalten wir für unser Beispiel die folgenden Werte:

$$u = 1 (\text{x7 oder x12}), \ w = 1 (\text{x12 oder x7}), \ v = 66-1-1-1 = 63,$$
$$\lambda = 0{,}35 * (1 + 63 + 1) = 22{,}75$$

Bei einem ungerichteten Signifikanzniveau von 5 % liegt dann die interpolierte Teststärke für beide semipartielle Regressionskoeffizienten bei einem Wert von über 0,99 (Cohen 1988, S. 420, Tab. 9.3.2).

🛈 ← Sprungmöglichkeit

■ 5) Datenerhebung und Datentabelle
▶ Siehe Kap. 3 für die Erstellung der Datentabelle.

5.1 · Basisablauf: Zwei *normal geeignete* Prädiktoren

- **6) Stichprobenergebnisse bzw. SPSS-Ergebnisse**

Stefanie: Mit dem SPSS-Schema 5 wird nun die Durchführung mit SPSS vorgestellt (◘ Abb. 5.1). Wir verwenden dabei die *Standardmethode* der multiplen Regressionsanalyse, bei der die Reihenfolge, in der die Prädiktoren zur Vorhersage des Kriteriums in die Analyse aufgenommen werden, keine Rolle spielt.

Stoffel: Speichern und Drucken der SPSS-Ergebnisse bitte nicht vergessen.

Stevie: In der SPSS-Ergebnisausgabe erhalten wir eine mehrteilige Ergebnistabelle.

Die im ersten Teil dargestellten Mittelwerte und Standardabweichungen benötigen wir hier nicht.

Im zweiten Teil der SPSS-Ausgabe werden die Ergebnisse für die Produkt-Moment-Korrelationen zwischen x7, x12 und x13 aufgelistet. Davon benötigen wir für unsere Hypothesen nur paarweise die Korrelationen zwischen x13 mit x7 und x12, die wir in der ◘ Tab. 5.1 zusammenstellen. Die Irrtumswahrscheinlichkeiten für gerichtete Hypothesen (im SPSS-Ausdruck als *Einseitig* bezeichnet) und die Stichprobengrößen N dürfen natürlich nicht fehlen.

Die Information im dritten SPSS-Tabellenteil, dass die beiden Variablen x7 und x12 als Prädiktoren im Vorhersagemodell (im SPSS mit der Ziffer „1" gekennzeichnet) für das Kriterium x13 auch tatsächlich verwendet werden (im SPSS: aufgenommen), nehmen wir beruhigt zur Kenntnis.

Im vierten SPSS-Tabellenteil folgen dann die Angaben zu der quadrierten multiplen Stichprobenkorrelation, die bei $R^2(x13 . x7, x12) = 0{,}653$ liegt. Die zusätzlichen Angaben im SPSS, die multiple Stichprobenkorrelation $R(x13 . x7, x12)$, die geschätzte quadrierte multiple Populationskorrelation und der Standardfehler, werden hier nicht benötigt.

Zu diesem R^2-Wert werden dann im fünften SPSS-Tabellenteil die Ergebnisse des dazu durchgeführten varianzanalytischen F-Signifikanztests angegeben, die wir in der folgenden ◘ Tab. 5.2 in der üblichen Schreibweise (siehe ▶ Kap. 2) darstellen.

Im sechsten SPSS-Tabellenteil werden die Resultate für die beiden (semipartiellen) Stichprobenregressionskoeffizienten $b_1 = b(x13 (x7 . x12))$, $b_2 = b(x13 (x12 . x7))$ und für die Konstante b_0 angeführt. In der ◘ Tab. 5.3 geben wir die nicht standardisierten Regressionskoeffizienten und die Ergebnisse für die jeweils dazu durchgeführten t-Signifikanztests mit den empirischen t-Werten t_{emp} und den Irrtumswahrscheinlichkeiten p an. Zusätzlich tragen wir für jeden Prädiktor die Toleranzwerte in die Tabelle ein. Auf die darüber hinaus im SPSS angegebenen standardisierten Regressionskoeffizienten, die Standardfehler und die VIF-Werte (= Kehrwert von der Toleranz T) können wir hier verzichten.

Stoffel: Wunderbar. Die Regressionsgleichung für die Stichprobe lautet somit:
$x13' = 0{,}516 * x7 + 0{,}378 * x12 + 12{,}582$ ($x13'$ = vorhergesagte Werte für x13 mithilfe der Variablen x7 und x12).

b_1 (0,516) ist größer als b_2 (0,378). Kann ich daraus ableiten, dass x7 für die Vorhersage von x13 wichtiger ist als x12?

Stevie: Das ist so nicht interpretierbar, weil die Ausprägungen der nichtstandardisierten Koeffizienten stark von der Höhe der Varianzen der entsprechenden Variablen abhängig sind. Wir werden dieses Thema im ▶ Abschn. 7.1 noch weiter vertiefen.

Schritt 1	
Handlungen:	Die SPSS-Datei mit dem Dateinamen *Fragebogen* starten.
Auswirkungen:	SPSS-Bildschirm: *Datenansicht* mit der Datentabelle (N = 66 für x1 bis x22) ist reaktiviert.

⬇

Schritt 2	
Handlungen:	1) In der Menüleiste *Analysieren* anklicken. 2) In dem dadurch entstandenen ersten Untermenü *Regression* anvisieren und in dem zweiten entstandenen Untermenü *Linear...* anklicken.
Auswirkungen:	Eine Dialogbox *Lineare Regression* hat sich geöffnet.

⬇

Schritt 3	
Handlungen:	1) In dem linken Variablenfeld die Variable *x7* (psychische Entspannung (vor)) markieren. Dann den *Pfeil* (links neben dem mittleren Feld: *Unabhängige Variable(n):*) anklicken. In dem linken Variablenfeld die Variable *x12* (körperliche Entspannung (nach)) markieren. Dann den *Pfeil* (links neben dem mittleren Feld: *Unabhängige Variable(n):*) anklicken. 2) In dem linken Variablenfeld die Variable *x13* (psychische Entspannung (nach)) markieren. Dann den *Pfeil* (links neben dem oberen mittleren Feld *Abhängige Variable:*) anklicken. 3) Den Button *Statistiken...* (rechts oben) anklicken.
Auswirkungen:	1) Die Variablen x7 und x12 sind zur weiteren Bearbeitung als Prädiktoren ausgewählt. 2) Die Variable x13 ist als Kriterium festgelegt worden. 3) Eine Dialogbox *Lineare Regression: Statistiken* hat sich geöffnet.

⬇

Schritt 4	
Handlungen:	1) Rechts oben das Kästchen (links neben) Deskriptive Statistik anklicken. 2) Rechts oben das Kästchen (links neben) Kollinearitätsdiagnose anklicken. 3) Den Button Weiter (links unten) anklicken.
Auswirkungen:	1) Die Mittelwerte, die Standardabweichungen und die einfachen Produkt-Moment-Korrelationen für die ausgewählten Variablen werden berechnet. 2) Für die Prädiktoren werden die Toleranzen berechnet. 3) Die Dialogbox *Lineare Regression* ist wieder geöffnet.

⬇

Schritt 5	
Handlungen:	Den OK-Button (links unten) anklicken.
Auswirkungen:	Das Ausgabefenster mit den Ergebnissen wird angezeigt.

◘ **Abb. 5.1** *Multiple Regressionsanalyse: zwei normale Prädiktoren* – SPSS-Schema 5

5.1 · Basisablauf: Zwei *normal geeignete* Prädiktoren

Tab. 5.1 Paarweise Produkt-Moment-Korrelationen zwischen x13 mit x7 und 12

Korrelationen		x7 = psychische Entspannung (vor)	x12 = körperliche Entspannung (nach)
x13 = psychische Entspannung (nach)	Korrelation nach Pearson	0,697	0,615
	Signifikanz für gerichtete Hypothesen	0,000	0,000
	N	66	66

Tab. 5.2 Ergebnisse der Varianzanalyse für $R^2(x13 . x7, x12)$ im Kontext der multiplen Regressionsanalyse

ANOVA	$R^2(x13 . x7, x12)$: x13 = Kriterium, x7 und x12 = Prädiktoren				
	Varianzquelle	QS	df	$\hat{\sigma}^2$	F_{emp}	p
	Regression (Treatment)	12688,843	2	6344,421	59,367	0,000
	Residuen (Fehler)	6732,688	63	106,868		
	Gesamt	19421,530	65			

Die verwendeten Abkürzungen bedeuten: QS = Quadratsumme, df = Freiheitsgrad, $\hat{\sigma}^2$ = geschätzte Varianz (Bezeichnung im SPSS: Mittel der Quadrate), F_{emp} = empirischer Prüfwert F, p = Irrtumswahrscheinlichkeit (für ungerichtete Hypothesen)

Tab. 5.3 Ergebnisse der multiplen Regressionsanalyse für die einzelnen Prädiktoren x7 und x12 mit dem Kriterium x13

Regressionskoeffizienten	x13 = Kriterium			
Prädiktoren:	Nicht standardisierte Regressionskoeffizienten	t_{emp}	p	Toleranz T
Konstante: b_0 =	12,582	2,155	0,035	---
x7: $b_1 = b(x13 (x7 . x12))$ =	0,516	7,075	0,000	0,892
x12: $b_2 = b(x13 (x12 . x7))$ =	0,378	5,509	0,000	0,892

Stoffel: Was hat es denn mit den Toleranzwerten auf sich?

Stevie: Bitte abwarten, das erläutern wir gleich bei der Besprechung der Voraussetzungen.

Stefanie: Den siebten SPSS-Tabellenteil mit den Ergebnissen einer umfangreichen Kollinearitätsdiagnose benötigen wir nicht.

- **7) Vorbetrachtung und Betrachtung der Voraussetzungen**

Es wird geprüft, ob die Bedingungen für die Durchführung der Signifikanztests erfüllt sind.

- **Vorbetrachtung**

Stoffel: Wenn meine wissenschaftliche Hypothese stimmen würde, dann müssten in der untersuchten Stichprobe die Produkt-Moment-Korrelationen r(x7, x13) und r(x12, x13), die quadrierte multiple Korrelation R^2(x13 . x7, x12) und die beiden semipartiellen Regressionskoeffizienten b(x13 (x7 . x12)) und b(x13 (x12 . x7)) alle größer als 0 sein.

Das trifft hier zu:
a) r(x7, x13) = 0,697 (siehe ◘ Tab. 5.1)
b) r(x12, x13) = 0,615 (siehe ◘ Tab. 5.1)
c) R^2(x13 . x7, x12) = 0,653 (siehe vorne)
d) b(x13 (x7 . x12)) = 0,516 (siehe ◘ Tab. 5.3)
e) b(x13 (x12 . x7)) = 0,378 (siehe ◘ Tab. 5.3)

Das spricht jeweils für die Alternativhypothesen. Für alle fünf Teilhypothesen ist daher mit den weiteren Prüfungen im Ablaufschema fortzufahren.

▪▪ Betrachtung der Voraussetzungen

Die Toleranzwerte (siehe ◘ Tab. 5.3) liegen für beide Prädiktoren bei T = 0,892 > 0,2, damit ist die Voraussetzung *keine Multikollinearität* nicht verletzt.

Stevie: Da unsere Stichprobengrößen bei N = 66 (N > 40) liegen, verzichten wir mit den Verweisen auf die Robustheit der Signifikanztests und den mit den Voraussetzungsprüfungen behafteten Problemen, auf die Prüfung der weiteren Voraussetzungen.

Die weiteren Analyseschritte der Signifikanztests werden durchgeführt.

▪ 8) Empirische Prüfgrößen und Irrtumswahrscheinlichkeiten p

Stefanie: Für die beiden Korrelationen zwischen x13 mit x7 und mit x12 liegen die Irrtumswahrscheinlichkeiten p jeweils bei 0,000 (siehe ◘ Tab. 5.1). Zu den verwendeten empirischen Prüfgrößen liefert uns das SPSS in diesem Kontext leider jeweils keine Resultate.

Für die quadrierte multiple Korrelation R^2(x13. x7, x12) finden sich in der ◘ Tab. 5.2 der empirische F-Wert von 59,367 und die Irrtumswahrscheinlichkeit p = 0,000.

Für die beiden (semipartiellen) Stichprobenregressionskoeffizienten b_1 = b(x13 (x7 . x12)), b_2 = b(x13 (x12 . x7)) liegen die empirischen T-Werte bei 7,075 und 5,509, und die Irrtumswahrscheinlichkeiten betragen jeweils 0,000 (siehe ◘ Tab. 5.3).

▪ 9) Entscheidungen

Stoffel: Alle fünf statistischen Nullhypothesen werden abgelehnt, weil jeweils p < α (0,000 < 0,05) ist.

▪ 10) Ergebnisdarstellungen, Interpretation und Diskussion

Stefanie: Die Signifikanztests für die beiden Einzelkorrelationen r(x7, x13) (p = 0,000) und r(x12, x13) (p = 0,000) wurden signifikant und es traten dabei große Stichprobeneffekte (r^2 = 0,49 und r^2 = 0,38) auf. Die quadrierte multiple Korrelation R^2(x13 . x7, x12) wurde signifikant (F_{emp} = 59,367, p = 0,000) und es trat ein großer Stichprobeneffekt (R^2 = 0,653) auf. Die beiden (semipartiellen) Stichprobenregressionskoeffizienten b(x13 (x7 . x12)) (t_{emp} = 7,075, p = 0,000) und b(x13 (x12 . x7)) (t_{emp} = 5,509, p = 0,000) wurden beide signifikant.

Wir können festhalten, dass sich unsere Vermutung (vorläufig) bewährt hat: Die beiden Variablen x7 = *psychische Entspannung (vor)* und x12 = *körperliche Entspannung (nach)* erweisen sich als *geeignete* Prädiktoren für das Kriterium x13 = *psychische Entspannung (nach)*.

Auf die einzelnen Ergebnisdarstellungen und auf die Diskussion werden wir hier nicht weiter eingehen.

Stoffel: Ich finde, dass $R^2 = 0{,}653$ sehr hoch ist. Ab wann dürfen wir denn bei den multiplen quadrierten Korrelationen von großen Effekten sprechen?

Stevie: Nach Cohen (1988, S. 412–414) liegt ein kleiner Stichprobeneffekt vor, wenn $R^2 = 0{,}0196$ beträgt, ab $R^2 = 0{,}13$ ist der Effekt mittelgroß und ein $R^2 = 0{,}26$ wird bereits als groß eingestuft.

5.2 Basisablauf: Traditioneller Suppressoreffekt

Stevie: Damit unsere Darstellungen weiterhin möglichst einfach und anschaulich bleiben, werden wir uns auch hier auf zwei Prädiktoren beschränken.

Im Folgenden werden wir die Frage nach der Kausalität von Zusammenhängen zwischen den betrachteten Variablen nicht stellen, weil im Rahmen der multiplen Regressionsanalyse dazu keine eindeutigen Belege gefunden werden können.

Die Prädiktoren können auf verschiedene Art und Weise bei der Vorhersage des Kriteriums zusammenwirken. Den Standardfall, beide Prädiktoren haben eigene Varianzanteile mit dem Kriterium gemeinsam, haben wir im ▶ Abschn. 5.1 betrachtet. Jetzt kommen wir zu einer besonderen Art des Zusammenwirkens, dem *traditionellen Suppressoreffekt*. Dabei sind die folgenden fünf Bedingungen zu erfüllen:

Zwischen dem Prädiktor 1 und dem Kriterium gibt es einen Zusammenhang. Der Prädiktor 2 (die Suppressorvariable) verfügt über einen statistischen Zusammenhang mit dem Prädiktor 1, aber über keinen statistischen Zusammenhang mit dem Kriterium. Die beiden Prädiktoren korrelieren gemeinsam mit dem Kriterium. Indem der Prädiktor 2 (die Suppressorvariable) zur Vorhersage des Kriteriums unwichtige Varianz des Prädiktors 1 unterdrückt, kann durch ihn die Vorhersage des Kriteriums deutlich verbessert werden, obwohl er selber über keine gemeinsame Varianz mit dem Kriterium verfügt.

Bildlich gesprochen *filtert* die Suppressorvariable die für die Kriteriumsvorhersage unwichtige Varianz (Information) aus dem Prädiktor 1 heraus.

Stoffel: Ich kann mir das mit der Unterdrückung oder dem Herausfiltern von unwichtiger Varianz durch die Suppressorvariable nicht recht vorstellen. Könnt ihr mir bitte den Suppressoreffekt an einem möglichst plausiblen Beispiel erläutern?

- **Beispiel für eine Suppressorvariable (Entfernung von Dreck)**

Stevie: Ich werde das versuchen.

Stellen wir uns einen noch relativ jungen, unerfahrenen Gebrauchtwagenhändler vor, der sich aber bereits im Besitz von einer größeren Anzahl von verschiedenen, unterschiedlich stark verschmutzten Gebrauchtwagen befindet, die er alle verkaufen möchte.

Ein befreundeter Experte begutachtet (Probefahrten usw.) vorher die Autos und erstellt ihm dann eine Liste mit den *geschätzten Verkaufspreisen*. Das ist der Prädiktor 1 in unserem Beispiel.

Er selber schätzt am gleichen Tag, vollkommen unabhängig von seinem Expertenfreund, ein, wie stark der *Verdreckungsgrad* von jedem der Autos ist. Das ist der Prädiktor 2, der hier als Suppressorvariable wirksam wird.

Bevor er die Autos dann zum Verkauf anbietet, werden sie von ihm cleverer Weise alle in der gleichen Waschanlage gründlich gesäubert. Der später erzielte *tatsächliche Verkaufspreis* ist das Kriterium.

Bei der *Einschätzung des Verkaufspreises* werden sicherlich die folgenden Aspekte Automarke, Jahrgang, gefahrene Kilometeranzahl, Abnutzungen, Beschädigungen usw. in das Urteil des Experten einfließen. Zusätzlich wird der Experte aber ziemlich sicher in seiner Beurteilung (vermutlich unbewusst) durch den *Verdreckungsgrad* des jeweiligen Autos beeinflusst: Prädiktor 1 und die Suppressorvariable korrelieren beträchtlich miteinander.

Da unser junger geschickter Händler alle Autos vor dem Verkauf gesäubert hat, wird der *tatsächliche Verkaufspreis* unabhängig von dem früheren *Verdreckungsgrad* sein: Kriterium und Suppressorvariable korrelieren nicht miteinander.

Der *tatsächliche Verkaufspreis* wird sehr stark von den gleichen Aspekten (Automarke, Jahrgang, gefahrene Kilometeranzahl, Abnutzungen, Beschädigungen usw.) bestimmt werden, die auch der Experte bei seiner *Einschätzung des Verkaufspreises* verwendet hat. In diese Experteneinschätzung ist aber zusätzlich der *Verdreckungsgrad* eingeflossen, der bei dem *tatsächlichen Verkaufspreis* keine Rolle mehr spielt: Die Korrelation zwischen dem Kriterium und dem Prädiktor 1 wird relativ hoch sein, kann aber den maximalen Wert von „1" ganz sicher nicht erreichen.

Wenn man nur mit der *Einschätzung des Verkaufspreises* (Prädiktor 1) den *tatsächlichen Verkaufspreis* (Kriterium) vorhersagt, dann wird das Kriterium gut, aber nicht perfekt aufgeklärt werden.

Wird zusätzlich bei der Vorhersage des *tatsächlichen Verkaufspreises* (Kriterium) zu der *Einschätzung des Verkaufspreises* (Prädiktor 1) auch noch der *Verdreckungsgrad* (Suppressorvariable = Prädiktor 2) hinzugezogen, so wird die Vorhersage insgesamt deutlich verbessert, indem die Varianz der Variable *Verdreckungsgrad* im Prädiktor 1 unterdrückt wird.

Stoffel: Ich habe es verstanden: Die Suppressorvariable (Prädiktor 2) entfernt sozusagen bei der Vorhersage des Kriteriums den *Dreck* aus dem Prädiktor 1.

Stevie: Genau. Betrachte nochmals die Einflusskomponenten, die auf unsere drei Variablen einwirken, und stelle dir vor, dass durch die Berücksichtigung der Suppressorvariable beim Prädiktor 1 der Verdreckungsgrad entfernt wird. Prädiktor 1 und das Kriterium haben dadurch eine noch deutlich stärkere Übereinstimmung an gemeinsamen Einflussgrößen und werden daher noch stärker miteinander korrelieren (◘ Tab. 5.4).

Stoffel: Wie kann ich mir das berechnungstechnisch im Rahmen der multiplen Regressionsanalyse vorstellen?

Stevie: In der Regressionsgleichung erhält die Suppressorvariable einen Regressionskoeffizienten, der sich in etwa folgendermaßen korrigierend auf die *Einschätzung des Verkaufspreises* durch den Experten auswirken wird: Für sehr stark *verdreckte*

5.2 · Basisablauf: Traditioneller Suppressoreffekt

Tab. 5.4 Die drei Variablen Kriterium, Prädiktor 1 und die Suppressorvariable (Prädiktor 2) mit ihren jeweiligen spezifischen Varianzanteilen

Kriterium: *Tatsächlicher Verkaufspreis*	**Prädiktor 1:** *Einschätzung des Verkaufspreises*	**Suppressorvariable:** *Verdreckungsgrad*
Automarke Jahrgang Kilometeranzahl Abnutzungen Beschädigungen u. a	Automarke Jahrgang Kilometeranzahl Abnutzungen Beschädigungen u. a + Verdreckungsgrad	Verdreckungsgrad

Autos wird die neue (Gesamt-)*Einschätzung des Verkaufspreises* vergleichsweise deutlich erhöht, für mittelmäßig *verdreckte* Autos nur gering erhöht und für wenig oder gar nicht *verdreckte* Autos so gut wie unverändert gelassen.

Stefanie: Ich bin sehr skeptisch, ob wir den Suppressoreffekt hier sinnvoll untersuchen können, weil im Bortz (2005, S. 457–461) und auch in anderen Statistikbüchern die Beschreibung dieses Effektes ohne Hypothesenbildung (deskriptiv) erfolgt und explizit auf die fehlende Existenz eines Signifikanztests hingewiesen wird.

Stevie: Das stimmt. Wir können aber im Folgenden die oben angegebenen Bedingungen auf Populationen beziehen und darauf basierend dazu generelle statistische Hypothesen aufstellen. Damit wird die Prüfung, liegt ein Suppressoreffekt vor oder nicht, im Vergleich zur rein deskriptiven Betrachtung strenger: Das Risiko, einen tatsächlich nicht vorhandenen Suppressoreffekt fälschlich als bewährt einzustufen, wird dabei eher verkleinert als vergrößert.

🛈 Sprungmöglichkeit →

Wir geben hier aus Platzgründen jeweils nur die geforderte Alternativhypothese oder die geforderte Nullhypothese an.

Generelle ungerichtete statistische Hypothesen für eine traditionelle Suppressorvariable (Prädiktor 2)

a) Die Populationskorrelation zwischen dem Prädiktor 1 und dem Kriterium ist ungleich 0: p(Prädiktor 1, Kriterium) $\neq 0$.
   und (nicht oder)
b) Die Populationskorrelation zwischen der Suppressorvariable (Prädiktor 2) und dem Kriterium ist gleich 0: p(Suppressorvariable, Kriterium) $= 0$.
   und (nicht oder)
c) Die Populationskorrelation zwischen den beiden Prädiktoren ist ungleich 0: p(Prädiktor 1, Suppressorvariable) $\neq 0$.
   und (nicht oder)
d) Die quadrierte multiple Populationskorrelation der beiden Prädiktoren gemeinsam mit dem Kriterium ist größer als 0: R^2(Kriterium. Prädiktor 1, Suppressorvariable) $\neq 0$.

und (nicht oder)
e) Wenn das *Kriterium* mit dem Prädiktor 1 vorhergesagt wird, dann wird die aufgeklärte Populationsvarianz des Kriteriums (R^2) noch erhöht, wenn zusätzlich die Suppressorvariable als weiterer Prädiktor verwendet wird:

R^2(Kriterium. Prädiktor 1, Suppressorvariable) − R^2(Kriterium. Prädiktor 1) ≠ 0.

Hinweis: Für die zwei Alternativhypothesen a) und c) wird normalerweise für die geforderten Zusammenhänge an Stelle von „≠" die erwartete Richtung „<" oder „>" angegeben werden können.
Stefanie: Es gibt eine Redundanz zwischen den Hypothesen d) und e). Wenn e) erfüllt ist, dann muss auch d) gelten. Bedingung d) könnten wir daher weglassen.
Stevie: Das stimmt. Andererseits könnte es auch zeitsparend sein, diese Bedingung nicht zu streichen:
Wenn die Bedingung d) nicht erfüllt ist, kann die Analyse bereits abgebrochen werden, denn dann liegt keine traditionelle Suppressorvariable vor.

🛈 ← Sprungmöglichkeit

Am besten wir erläutern nun endlich den Vorgang der Prüfung, wie gewohnt, an einem konkreten Beispiel im Basisablauf.

- **1) Fragestellung**

Stoffel: Ich könnte mir vorstellen, dass die Variable *psychische Anspannung* als traditionelle Suppressorvariable auf den Prädiktor x16 = Studiumzufriedenheit bei der Vorhersage des Kriteriums x18 = Berufseinschätzung einwirkt.
Stefanie: Da wir die psychische Anspannung in unserem Fragebogen nicht direkt erfasst haben, behelfen wir uns damit, die dazu entgegengesetzt gepolte Prädiktorvariable x13 = psychische Entspannung (nach) als potenzielle traditionelle Suppressorvariable zu verwenden. Das ist problemlos möglich, wenn wir bei den zu bildenden Hypothesen die entsprechenden Richtungen der vermuteten Korrelationen entsprechend umkehren.

- **2) Wissenschaftliche Hypothese (WH)**

Wissenschaftliche Hypothese
Stevie: Meine wissenschaftliche Hypothese besteht aus fünf verschiedenen Teilkomponenten:
Ich vermute, dass es bei den Studierenden
a) einen positiven Zusammenhang zwischen der *Studiumzufriedenheit* und der *Berufseinschätzung* gibt.
   und (nicht oder)
b) keinen Zusammenhang zwischen der *psychischen Entspannung (nach)* und der *Berufseinschätzung* gibt.

und (nicht oder)
c) einen positiven Zusammenhang zwischen der *psychischen Entspannung (nach)* und der *Studiumzufriedenheit* gibt.
und (nicht oder)
d) einen gemeinsamen Zusammenhang von den beiden Einflussgrößen *psychische Entspannung (nach) und Studiumzufriedenheit* mit der *Berufseinschätzung* gibt.
und (nicht oder)
e) einen positiven Zusammenhang von der Einflussgröße *psychische Entspannung (nach)* über die *Studiumzufriedenheit* hinaus (unter Konstanthaltung der *Studiumzufriedenheit*) mit der *Berufseinschätzung* gibt. Alternativ können wir es auch so ausdrücken: Wenn die *Berufseinschätzung* mit der Studiumzufriedenheit vorhergesagt wird, dann wird die Vorhersage des Kriteriums noch verbessert, wenn zusätzlich die psychische Entspannung (nach) als weiterer Prädiktor verwendet wird.

Stefanie: Sind diese Vermutungen inhaltlich theoretisch gut begründet?
Stevie: Ich muss zugeben, dass ich dieses Beispiel recht leichtfertig ohne theoretische (und oder empirische) Herleitungen, nur zu Demonstrationszwecken für die Prüfung von Suppressoreffekten, entworfen habe. Eventuell könnte es gelingen zur Erklärung der hier aufgestellten Vermutungen psychologische Theorien zur Einstellungsmessung heranzuziehen.

- **3) Statistische Hypothesen (SH)**

Statistische Hypothesen
Stefanie: Aus unserer fünfteiligen wissenschaftlichen Hypothese leiten wir die folgenden fünf statistischen Hypothesen ab:
a) Aus dem ersten (gerichteten) Teil unserer wissenschaftlichen Hypothese wird die gerichtete Alternativhypothese H_1 abgeleitet: $p(x16, x18) > 0$
($p(x16, x18)$ = Populationskorrelation für die beiden Variablen x16 und x18). Komplementär zu dieser H_1 lautet die Nullhypothese H_0: $p(x16, x18) \leq 0$.
und (nicht oder)
b) Aus dem zweiten (ungerichteten) Teil unserer wissenschaftlichen Hypothese wird die ungerichtete Nullhypothese H_0 abgeleitet: $p(x13, x18) = 0$
($p(x13, x18)$ = Populationskorrelation für die beiden Variablen x13 und x18). Komplementär zu dieser H_0 lautet die Alternativhypothese H_1: $p(x12, x13) \neq 0$.
und (nicht oder)
c) Aus dem dritten (gerichteten) Teil unserer wissenschaftlichen Hypothese wird die gerichtete Alternativhypothese H_1 abgeleitet: $p(x13, x16) > 0$
($p(x13, x16)$ = Populationskorrelation für die beiden Variablen x13 und x16). Komplementär zu dieser H_1 lautet die Nullhypothese H_0: $p(x13, x16) \leq 0$.
und (nicht oder)
d) Aus dem vierten (ungerichteten) Teil unserer wissenschaftlichen Hypothese wird die ungerichtete Alternativhypothese H_1 abgeleitet: $R^2(x18 \cdot x13, x16) \neq 0$
($R^2(x18 \cdot x13, x16)$ = quadrierte multiple Populationskorrelation für die Kriteriumsvariable x18 mit den beiden Prädiktorvariablen x13 und x16).

Komplementär zu dieser H_1 lautet die Nullhypothese H_0: R^2(x18 . x13, x16) = 0.
und (nicht oder)

e) Aus dem fünften (gerichteten) Teil unserer wissenschaftlichen Hypothese könnten wir für dieses Beispiel (wie im vorangegangenen ▶ Abschn. 5.1) sinnvoll eine Alternativhypothese für den semipartiellen Populations-Regressionskoeffizient β(x18 (x13 . x16)) aufstellen.

Wir orientieren uns an dieser Stelle aber lieber an der alternativen Formulierung des fünften Teils der wissenschaftlichen Hypothese, weil diese Art der Darstellung leichter und plausibler auch auf Beispiele mit mehr als zwei Prädiktoren übertragbar ist. Die ungerichtete Alternativhypothese H_1 lautet dann: R^2(x18 . x13, x16) − R^2(x18 . x16) ≠ 0 (R^2(x18 . x13, x16) = quadrierte multiple Populationskorrelation für die Kriteriumsvariable x18 mit den beiden Prädiktorvariablen x13 und x16. (R^2(x18 . x16) = quadrierte multiple Populationskorrelation für die Kriteriumsvariable x18 mit der Prädiktorvariable x16.
Komplementär zu dieser H_1 lautet die Nullhypothese H_0: R^2(x18 . x13, x16) − R^2(x18 . x16) = 0.

Stevie: Durch die **„und (nicht oder)"**-Verknüpfung der fünf Komponenten gilt wieder Folgendes: Die Vermutung wird nur dann als bewährt betrachtet, wenn sich tatsächlich alle fünf Teilkomponenten in der Studie bestätigen lassen.

- **4) Versuchsplanung**

Stoffel: Für die vier Alternativhypothesen (Punkte a), c), d) und e)), wählen wir jeweils ein Signifikanzniveau von α = 5 % = 0,05. Für die Nullhypothese (Punkt b)) verwenden wir ein Signifikanzniveau von α = 20 % = 0,20 (Begründung siehe ▶ Abschn. 2.1.1, bei der Versuchsplanung Punkt 4).

Da wir diese fünf Hypothesen einzeln prüfen werden und alle fünf Hypothesen angenommen werden müssen, damit wir eine Gesamthypothesenbestätigung akzeptieren, kann es hier zu keiner Fehlerakkumulierung erster Art kommen.
Es wurden N = 66 Psychologiestudierende (zweites Semester in Fribourg) untersucht. Für die Variablen x18, x16 und x13 liegen die Messwerte für insgesamt N = 62 Personen vor.

🛈 Sprungmöglichkeit →

- ■ ■ **Teststärkeanalysen für die Produkt-Moment-Korrelationen p(x16, x18) und p(x13, x16)**

Stevie: Wenn wir nach der Konvention von Cohen (1988, S. 80) von einer großen Effektgröße r = 0,5 ausgehen, dann resultiert bei N = 62 und einem gerichteten Signifikanzniveau von 5 % für beide Korrelationen eine interpolierte Teststärke, die über 0,99 liegt (Cohen 1988, S. 87, Tab. 3.3.2).

- ■ ■ **Teststärkeanalyse für die Produkt-Moment-Korrelation p(x13, x18)**

Wenn wir nach der Konvention von Cohen (1988, S. 80) von einer großen Effektgröße r = 0,5 ausgehen, dann resultiert bei N = 62 und einem ungerichteten Signifikanzniveau von 10 % für die Korrelation eine interpolierte Teststärke, die über

0,99 liegt (Cohen 1988, S. 95, Tab. 3.3.6). Für das von uns verwendete ungerichtete Signifikanzniveau von 20 % fällt die Teststärke noch höher aus.

▪▪ Teststärkeanalyse für die quadrierte multiple Korrelation R^2(x18. x13, x16)

Die Bestimmung der Teststärke für die quadrierte multiple Korrelation gehört bei Cohen (1988, S. 409) im ▶ Kap. 9 zu dem *case 0*.

Es muss zunächst zwischen dem Kriterium und den Prädiktoren unterschieden werden. In unserem Beispiel können wir problemlos x18 als Kriterium und x13 und x16 als Prädiktoren einstufen.

Dann müssen die folgenden vier Komponenten bestimmt werden:
- *Zählerfreiheitsgrad = u = Anzahl der Prädiktoren*
- *Nennerfreiheitsgrad = v = N – u – 1*
- *Effektgröße f^2*
- *Nichtzentralitätsparameter = $\lambda = f^2 * (u + v + 1) = f^2 * N$*

Wenn wir nach der Konvention von Cohen (1988, S. 414) von einer großen Effektgröße $f^2 = 0{,}35$ ausgehen, erhalten wir für unser Beispiel die folgenden Werte:

$$u = 2, \quad v = 62 - 2 - 1 = 59, \quad \lambda = 0{,}35 * (2 + 59 + 1) = 21{,}7$$

Bei einem ungerichteten Signifikanzniveau von 5 % liegt dann die interpolierte Teststärke bei einem Wert von über 0,98 (Cohen 1988, S. 420, Tab. 9.3.2).

▪▪ Teststärkeanalyse für die quadrierte semipartielle Korrelation R^2(x18 (x13 . x16)) = R^2(x18 . x13, x16) – R^2(x18 . x16) bzw. für den semipartiellen Regressionskoeffizienten β(x18 (x13 . x16))

Die Bestimmung der Teststärke für die quadrierte semipartielle Korrelation bzw. den semipartiellen Regressionskoeffizienten gehört bei Cohen (1988, S. 409) im ▶ Kap. 9 zu dem *case 1* (quadrierte semipartielle Korrelationen).

Es muss zunächst zwischen dem Kriterium und dem oder den Prädiktoren unterschieden werden. In unserem Beispiel können wir problemlos x18 als Kriterium und x13 (oder x16) als Prädiktor einstufen.

Dann müssen die folgenden fünf Komponenten bestimmt werden:
- *Zählerfreiheitsgrad = u = Anzahl der Prädiktoren*
- *w = Anzahl der Kontrollvariablen*
- *Nennerfreiheitsgrad = v = N – u – w – 1*
- *Effektgröße f^2*
- *Nichtzentralitätsparameter = $\lambda = f^2 * (u + v + 1)$*

Wenn wir nach der Konvention von Cohen (1988, S. 414) von einer großen Effektgröße $f^2 = 0{,}35$ ausgehen, erhalten wir für unser Beispiel die folgenden Werte:

$$u = 1 (x13 \text{ oder } x16), \quad w = 1 (x16 \text{ oder } x13), \quad v = 62 - 1 - 1 - 1 = 59,$$
$$\lambda = 0{,}35 * (1 + 59 + 1) = 21{,}35$$

Bei einem ungerichteten Signifikanzniveau von 5 % liegt dann die interpolierte Teststärke für die quadrierte semipartielle Korrelation bzw. den semipartiellen Regressionskoeffizienten bei einem Wert von über 0,99 (Cohen 1988, S. 420, Tab. 9.3.2).

🛈 ← Sprungmöglichkeit

- **5) Datenerhebung und Datentabelle**
▶ Siehe Kap. 3 für die Erstellung der Datentabelle.

- **6) Stichprobenergebnisse bzw. SPSS-Ergebnisse**

Stefanie: Mit dem SPSS-Schema 6 wird nun die Durchführung für die Prüfung eines traditionellen Suppressoreffektes mit SPSS vorgestellt (◘ Abb. 5.2).

Damit wir die Hypothese $R^2(x18 . x13, x16) - R^2(x18 . x16) \neq 0$ prüfen können, werden wir die hierarchische Methode der multiplen Regressionsanalyse anwenden. Dabei wird die Reihenfolge, in der die Prädiktoren zur Vorhersage des Kriteriums in die Analyse aufgenommen werden, festgelegt. In unserem Beispiel muss zuerst der Prädiktor x16 und erst danach der Prädiktor x13 verwendet werden.

Stoffel: Speichern und Drucken der SPSS-Ergebnisse bitte nicht vergessen.

Stevie: In der SPSS-Ergebnisausgabe erhalten wir eine mehrteilige Ergebnistabelle.

Die im ersten Teil dargestellten Mittelwerte und Standardabweichungen benötigen wir hier nicht.

Im zweiten Teil der SPSS-Ausgabe werden die Ergebnisse für die Produkt-Moment-Korrelationen zwischen x13, x16 und x18 aufgelistet. Die Irrtumswahrscheinlichkeiten für gerichtete Hypothesen (im SPSS-Ausdruck als *Einseitig* bezeichnet) und die Stichprobengrößen N sind ebenfalls anzugeben (◘ Tab. 5.5).

Stefanie: Ich möchte darauf hinweisen, dass es bei den Produkt-Moment-Korrelationen zu geringfügig unterschiedlichen Ergebnissen kommen kann, wenn man alternativ die SPSS-Prozeduren aus Kuhlmei (2018, Kap. 13) verwendet, weil dabei die Gesamtanzahl der berücksichtigten Personen leicht variieren kann. Mit $N = 65$ würde dann die Korrelation zwischen x13 und x16 bei 0,408 (mit einem unveränderten $p = 0,001$) liegen.

Stevie: Die Information, im dritten SPSS-Tabellenteil, dass die beiden Variablen x13 und x16 als Prädiktoren in den beiden Vorhersagemodellen (im SPSS mit den Ziffern „1" und „2" gekennzeichnet) für das Kriterium x18, auch tatsächlich verwendet werden (im SPSS: aufgenommen), nehmen wir beruhigt zur Kenntnis.

Stefanie: Der vierte SPSS-Tabellenteil (Modellzusammenfassung) hat einen vorderen und einen hinteren Teil (Änderungsstatistiken). Diese Tabelle ist so lang, dass beim Ausdruck auf einem DIN A4-Blatt zwei eigene Tabellen entstehen.

Stevie: Im vorderen vierten SPSS-Tabellenteil wird in der zweiten Zeile (Modell 2) die quadrierte multiple Stichprobenkorrelation $R^2(x18 . x13, x16) = 0,292$ angegeben. Die zusätzlichen Angaben im SPSS: die multiple Stichprobenkorrelation $R(x18 . x13, x16)$, die geschätzte quadrierte multiple Populationskorrelation (im SPSS als korrigiertes R-Quadrat bezeichnet) und der Standardfehler werden hier nicht benötigt. Auch die Angaben für das Modell 1, bei dem nur der Prädiktor x16 verwendet wurde, wird nicht benötigt.

Im hinteren vierten SPSS-Tabellenteil sind in der zweiten Zeile die Änderungsstatistiken für das Modell 2, mit denen die Hypothese $R^2(x18 . x13, x16) - R^2(x18 . x16) \neq 0$ geprüft wird, angegeben. Die Werte in der ersten Zeile für das Modell 1 (nur mit dem Prädiktor x16) sind dabei bedeutungslos für uns.

5.2 · Basisablauf: Traditioneller Suppressoreffekt

Schritt 1	
Handlungen:	*Die SPSS-Datei mit dem Dateinamen Fragebogen starten.*
Auswirkungen:	*SPSS-Bildschirm: Datenansicht mit der Datentabelle (N = 66 für x1 bis x22) ist reaktiviert.*

⬇

Schritt 2	
Handlungen:	1) In der Menüleiste *Analysieren* anklicken.
	2) In dem dadurch entstandenen ersten Untermenü *Regression* anvisieren und in dem zweiten entstandenen Untermenü *Linear..* anklicken. .
Auswirkungen:	Eine Dialogbox *Lineare Regression* hat sich geöffnet.

⬇

Schritt 3	
Handlungen:	1) In dem linken Variablenfeld die Variable *x16* (Studiumzufriedenheit) markieren. Dann den *Pfeil* (links neben dem mittleren Feld: *Unabhängige Variable(n):*) anklicken.
	2) Dann den Button *Weiter* (rechts oberhalb von dem Feld *Unabhängige Variable(n);*) anklicken.
	3) In dem linken Variablenfeld die Variable *x13* (psychische Entspannung (nach)) markieren. Dann den *Pfeil* (links neben dem mittleren Feld: *Unabhängige Variable(n):*) anklicken.
	4) In dem linken Variablenfeld die Variable *x18* (Berufseinschätzung) markieren. Dann den *Pfeil* (links neben dem oberen mittleren Feld *Abhängige Variable:*) anklicken.
	5) Den Button *Statistiken* (rechts oben) anklicken.
Auswirkungen:	1) bis 3) Die Variablen x16 und x13 sind zur weiteren Bearbeitung als Prädiktoren ausgewählt worden und werden schrittweise in dieser Reihenfolge in die Analyse aufgenommen.
	4) Die Variable x18 ist als Kriterium festgelegt worden.
	5) Eine Dialogbox *Lineare Regression: Statistiken* hat sich geöffnet.

⬇

Schritt 4	
Handlungen:	1) Rechts oben die Kästchen (links neben) a) Änderung in R-Quadrat, b) Deskriptive Statistik und c) Kollinearitätsdiagnose anklicken.
	2) Den Button Weiter (links unten) anklicken.
Auswirkungen:	1) a) Ein Signifikanztest (F-Test) für die Hypothese $R^2(x18. x13, x16) - R^2(x18. x16) \neq 0$ wird durchgeführt. b) Die Mittelwerte, die Standardabweichungen und die einfachen Produkt-Moment-Korrelationen für die ausgewählten Variablen werden berechnet. c) Für die Prädiktoren wer den die Toleranzen berechnet.
	2) Die Dialogbox *Lineare Regression* ist wieder geöffnet.

⬇

Schritt 5	
Handlungen:	Den OK-Button (links unten) anklicken.
Auswirkungen:	Das Ausgabefenster mit den Ergebnissen wird angezeigt.

◻ **Abb. 5.2** *Multiple Regressionsanalyse: Traditioneller Suppressoreffekt* – SPSS-Schema 6

◘ Tab. 5.5 Produkt-Moment-Korrelationen zwischen x13, x16 und x18

Korrelationen		x16 = Studiumzu-friedenheit	x18 = Berufseins-chätzung
x13 = psychische Entspannung (nach)	Korrelation nach Pearson	0,373	0,083
	Signifikanz für gerichtete Hypothesen	0,001	0,261
	N	62	62
x18 = Berufseinschätzung	Korrelation nach Pearson	0,526	
	Signifikanz für gerichtete Hypothesen	0,000	
	N	62	

In der ◘ Tab. 5.6 wird zunächst angegeben, wie viel zusätzliche Varianz des Kriteriums x18 in der Stichprobe durch die vermeintliche Suppressorvariable x13 über die Variable x16 hinaus aufgeklärt wird. Der empirische F-Wert, die beiden Freiheitsgrade (df1 und df2) und die Irrtumswahrscheinlichkeit p für den durchgeführten F-Signifikanztest werden in den weiteren Spalten aufgeführt.

Stefanie: Zu dem R^2-Wert $R^2(x18 \cdot x13, x16) = 0,292$ (Modell 2) werden dann im fünften SPSS-Tabellenteil die Ergebnisse des dazu durchgeführten varianzanalytischen F-Signifikanztests angegeben, die wir in der folgenden ◘ Tab. 5.7 in der üblichen Schreibweise (siehe ▶ Kap. 2) darstellen. Die Ergebnisse zum Modell 1 (nur x16 als Prädiktor) werden nicht benötigt.

Im sechsten SPSS-Tabellenteil werden die Resultate für die beiden (semipartiellen) Stichprobenregressionskoeffizienten $b_1 = b(x18 \, (x13 \cdot x16))$, $b_2 = b(x18 \, (x16 \cdot x13))$ und für die Konstante b_0 angeführt. In der ◘ Tab. 5.8 geben wir die (nichtstandardisierten Regressionskoeffizienten und die Ergebnisse für die jeweils dazu durchgeführten t-Signifikanztests mit den empirischen t-Werten t_{emp} und den Irrtumswahrscheinlichkeiten p an. Zusätzlich tragen wir für jeden Prädiktor die Toleranzwerte in die Tabelle ein. Auf die darüber hinaus im SPSS angegebenen standardisierten Regressionskoeffizienten, die Standardfehler und die VIF-Werte (= Kehrwert von der Toleranz T) können wir hier verzichten.

Stoffel: Die Regressionsgleichung für die Stichprobe lautet somit:
x18′ = −0,149* x13 + 0,601* x16 + 34,946 (x18′ = vorhergesagte Werte für x18 mithilfe der Variablen x13 und x16).

Die Toleranzwerte besprechen wir gleich bei den Voraussetzungen.

Stefanie: Den siebten und achten SPSS-Tabellenteil mit den Ergebnissen zu den ausgeschlossenen Variablen und zu einer umfangreicheren Kollinearitätsdiagnose benötigen wir nicht.

5.2 · Basisablauf: Traditioneller Suppressoreffekt

◻ Tab. 5.6 Änderungsstatistiken für die Hypothesenprüfung: $R^2(x18 . x13, x16) - R^2(x18 . x16) \neq 0$

Modell 2:	x18 = Kriterium, x16 = erster Prädiktor, x13 = zweiter Prädiktor			
	Änderung (Stichproben): $R^2(x18 . x13, x16) - R^2(x18 . x16)$	F_{emp}	df1	df2	p
	0,015	1,245	1	59	0,269

◻ Tab. 5.7 Ergebnisse der Varianzanalyse für $R^2(x18 . x13, x16)$ im Kontext der multiplen Regressionsanalyse

ANOVA	$R^2(x18 . x13, x16)$: x18 = Kriterium, x13 und x16 = Prädiktoren				
	Varianzquelle	QS	df	$\hat{\sigma}^2$	F_{emp}	p
	Regression (Treatment)	6757,346	2	3378,673	12,159	0,000
	Residuen (Fehler)	16395,251	59	277,886		
	Gesamt	23152,597	61			

Die verwendeten Abkürzungen bedeuten: QS = Quadratsumme, df = Freiheitsgrad, $\hat{\sigma}^2$ = geschätzte Varianz (Bezeichnung im SPSS: Mittel der Quadrate), F_{emp} = empirischer Prüfwert F, p = Irrtumswahrscheinlichkeit (für ungerichtete Hypothesen)

◻ Tab. 5.8 Ergebnisse der multiplen Regressionsanalyse für die einzelnen Prädiktoren x13 und x16 mit dem Kriterium x18

Regressionskoeffizienten:	x18 = Kriterium			
Prädiktoren:	Nichtstandardisierte Regressionskoeffizienten	t_{emp}	p	Toleranz T
Konstante: b_0 =	34,946	3,139	0,003	–
x13: $b_1 = b(x18 (x13 . x16)) =$	−0,149	−1,116	0,269	0,861
x16: $b_2 - b(x18 (x16 . x13)) -$	0,601	4,873	0,000	0,861

- **7) Vorbetrachtung und Betrachtung der Voraussetzungen**

Es wird geprüft, ob die Bedingungen für die Durchführung der Signifikanztests erfüllt sind.

■■ **Vorbetrachtung**

Stoffel: Wenn unsere wissenschaftliche Hypothese stimmen würde, dann müssten in der untersuchten Stichprobe die Produkt-Moment-Korrelationen r(x16, x18) und r(x13, x16), die quadrierte multiple Korrelation $R^2(x18 . x13, x16)$ und die Differenz $R^2(x18 . x13, x16) - R^2(x18 . x16)$ alle größer als 0 sein. Die Produkt-Moment-Korrelation r(x18, x13) sollte (nah) bei 0 liegen.

a) r(x18, x16) = 0,526 (siehe ◻ Tab. 5.5)
b) r(x18, x13) = 0,083 (siehe ◻ Tab. 5.5)
c) r(x13, x16) = 0,373 (siehe ◻ Tab. 5.5)

d) $R^2(x18 . x13, x16) = 0{,}292$ (siehe vorne)
e) $R^2(x18 . x13, x16) - R^2(x18 . x16) = 0{,}015$ (siehe ◘ Tab. 5.6)

Das spricht jeweils für die Alternativhypothesen. Für alle fünf Teilhypothesen ist daher mit den weiteren Prüfungen im Ablaufschema fortzufahren.

▪▪ Betrachtung der Voraussetzungen

Stevie: Es liegt *keine Multikollinearität* vor: Die Toleranzwerte für die beiden Prädiktoren x13 und x16 liegen jeweils bei $T = 0{,}861 > 0{,}2$ (siehe ◘ Tab. 5.8).

Da unsere Stichprobengrößen bei $N = 62$ ($N > 40$) liegen, verzichten wir mit den Verweisen auf die Robustheit der Signifikanztests und den mit den Voraussetzungsprüfungen behafteten Problemen auf die Prüfung der weiteren Voraussetzungen.

Die weiteren Analyseschritte der Signifikanztests werden absolviert.

▪ 8) Empirische Prüfgrößen und Irrtumswahrscheinlichkeiten p

Stefanie: Für die drei Korrelationen r(x18, x16), r(x18, x13) und r(x13, x16) liegen die Irrtumswahrscheinlichkeiten p bei 0,000, 0,522 (= 0,261*2, im SPSS wird der p-Wert für eine gerichtete Hypothese angegeben) und 0,001 (siehe ◘ Tab. 5.5). Zu den verwendeten empirischen Prüfgrößen liefert uns das SPSS in diesem Kontext leider jeweils keine Resultate.

Für die quadrierte multiple Korrelation $R^2(x18 . x13, x16)$ finden sich in der ◘ Tab. 5.7 der empirische F-Wert von 12,159 und die Irrtumswahrscheinlichkeit ist $p = 0{,}000$.

Für die Differenz $R^2(x18 . x13, x16) - R^2(x18 . x16)$ liegt der empirische F-Wert bei 1.245 und die Irrtumswahrscheinlichkeit beträgt $p = 0{,}269$ (siehe ◘ Tab. 5.6).

▪ 9) Entscheidungen

Stoffel: Die statistischen Nullhypothesen für $p(x18, x16)$, $p(x13, x16)$ und $R^2(x18 . x13, x16)$ werden abgelehnt, weil jeweils $p < \alpha (= 0{,}05)$ ist.

Die statistischen Nullhypothesen für $p(x18, x13)$ und für $R^2(x18 . x13, x16) - R^2(x18 . x16)$ werden (vorläufig) beibehalten, weil $p > \alpha (= 0{,}20)$ und $p > \alpha (= 0{,}05)$ ist.

▪ 10) Ergebnisdarstellungen, Interpretation und Diskussion

Stefanie: Die Signifikanztests für die beiden Einzelkorrelationen r(x18, x16) (p = 0,000) und r(x13, x16) (p = 0,001) wurden signifikant, und es traten dabei große bis mittelgroße Stichprobeneffekte ($r^2 = 0{,}28$ und $r^2 = 0{,}14$) auf.

Der Signifikanztest für die Einzelkorrelation r(x18, x13) (p = 0,522) wurde nicht signifikant.

Die quadrierte multiple Korrelation $R^2(x18 . x13, x16)$ wurde signifikant ($F_{emp} = 12{,}159$, p = 0,000) und es trat ein großer Stichprobeneffekt ($R^2 = 0{,}292$) auf.

Stoffel: Super, das hatten wir doch alles genau so erwartet.

Stefanie: Aber für die Differenz $R^2(x18 . x13, x16) - R^2(x18 . x16)$ erhalten wir entgegen unserer Vermutung ein nicht signifikantes Ergebnis (p = 0,269).

Wir müssen somit insgesamt festhalten, dass sich unsere Vermutung: Die Variable x13 = *psychische Entspannung (nach)* wirkt als traditionelle Suppressorvariable auf die x16 = *Studiumzufriedenheit* bei der Vorhersage des Kriteriums x18 = Berufseinschätzung, (vorläufig) nicht bewährt hat.

5.3 · Moderatorvariablen

● **Abb. 5.3** Stoffel als Suppressorvariable

Auf die einzelnen Ergebnisdarstellungen und auf die Diskussion werden wir hier nicht weiter eingehen.

In der ● Abb. 5.3 verkörpert Stoffel eine Suppressorvariable.

5.3 Moderatorvariablen

Stevie: Eine Moderatorvariable beeinflusst die Wirkung, die ein anderer (oder mehrere andere) Prädiktor(en) auf das Kriterium ausübt (ausüben). Moderatorvariablen können sinnvollerweise nominalskaliert, intervallskaliert oder verhältnisskaliert sein. Wir werden uns in diesem Abschnitt nur mit der einfachsten Variante, den dichotomen Moderatorvariablen auseinandersetzen.

Stoffel: Kannst du mir bitte die Wirkung an einem Beispiel erläutern?

- **Physikalisches Beispiel (Moderator: Luftbedingung)**

Stevie: Zur Veranschaulichung wähle ich ein physikalisches Beispiel, bei dem der Moderatoreffekt in maximaler Stärke auftritt. In der psychologischen Forschung werden wir es eher mit deutlich schwächeren Moderatorauswirkungen zu tun bekommen.

Du kennst bestimmt das folgende Phänomen: Wenn du eine Metallkugel und ein Blatt Papier gleichzeitig aus derselben Höhe auf den Boden fallen lässt, dann schlägt die Metallkugel viel früher auf dem Boden auf als das Blatt Papier.

Stoffel: Stimmt, aber wenn ich das Blatt Papier ganz stark zusammendrücke bzw. zusammenknülle, dann fällt es praktisch genauso schnell auf den Boden wie die Metallkugel.

Stevie: Ganz genau. Es besteht offensichtlich ein positiver Zusammenhang zwischen dem spezifischen Gewicht (Verhältnis von Gewicht zum Volumen) eines Gegenstandes und seiner Fallgeschwindigkeit.

Stoffel: Jetzt ahne ich, worauf du hinaus willst. Ich erinnere mich an das eindrückliche Experiment im Schulphysikunterricht: In einer Glasröhre, aus der vorher die Luft abgepumpt wurde, sind die Metallkugel und das Papierblatt (vielleicht war es auch eine Feder) genau gleich schnell auf den Boden gefallen. Der Zusammenhang zwischen dem spezifischen Gewicht und der Fallgeschwindigkeit existiert nicht im luftleeren Raum.

Stefanie: Ich fasse es zusammen:
1. Der Prädiktor *spezifisches Gewicht* von Gegenständen hat einen positiven Zusammenhang mit dem Kriterium der *Fallgeschwindigkeit*, wenn normale Luftbedingungen vorliegen.
2. Im Vakuum dagegen gibt es keinen Zusammenhang zwischen dem Prädiktor *spezifisches Gewicht* und dem Kriterium der *Fallgeschwindigkeit*.

Stevie: Wir können festhalten:
Der Zusammenhang zwischen dem *spezifischen Gewicht* und der *Fallgeschwindigkeit* wird durch die dichotome Moderatorvariable *Luftbedingungen* (normal vs. Vakuum) sichtbar beeinflusst.

- **Sozialpsychologisches Beispiel (Moderator: Geschlecht)**

Stoffel: Ich finde das folgende Beispiel mit der Moderatorvariable Geschlecht viel schöner und anschaulicher: Einen Zusammenhang zwischen den beiden Variablen *finanzielle Ressourcen* und *Kauf von Handtaschen* werden wir wohl nur bei Frauen und nicht bei Männern finden können. Moderatorvariable ist hier das Geschlecht.

Stefanie: Betrachten wir bitte noch ein anderes sozialpsychologisches Beispiel.

5.3.1 Basisablauf: Dichotome Moderatorvariable als Interaktionseffekt

- **1) Fragestellung**

Stevie: Damit unsere Darstellung weiterhin möglichst einfach und anschaulich bleibt, werden wir uns auch hier insgesamt auf zwei Prädiktoren beschränken. Stoffel, hast du eine gute Idee für eine Moderatorvariable in unserem *Fragebogen*-Datensatz?

Stoffel: Aber ja. Basierend auf früheren Befragungen von Studierenden, vermute ich bei den aktuellen Psychologiestudierenden einen positiven Zusammenhang zwischen der Prädiktorvariable $x16 = $ *Studiumzufriedenheit* und der Kriteriumsvariable $x18 = $ *Berufseinschätzung*. Die Höhe des Zusammenhangs zwischen dieser aktuellen Lebenserfahrung und der beruflichen Lebenserwartung könnte durch eine dichotome Moderatorvariable *katholischer Glaube* (katholisch vs. nicht katholisch) beeinflusst werden.

Stevie: Wir könnten auch sagen, wir vermuten eine Wechselwirkung (Interaktion) zwischen dem *katholischen Glauben* und der *Studiumzufriedenheit* in Bezug auf die *Berufseinschätzung*.
Was denkst du wie stark und in welcher Richtung diese Interaktion wirksam wird?

Stoffel: Da möchte ich mich jetzt lieber nicht festlegen.

Stefanie: Damit bin ich aber nicht zufrieden, ich werde mir in aller Ruhe Gedanken darüber machen.

Stefanie verabschiedet sich und verschwindet vorübergehend.

Stoffel: Es ist so schön ruhig hier. Lass uns doch schon mal ohne Stefanie weitermachen.

Stevie: Einverstanden. Bevor wir zu den wissenschaftlichen Hypothesen kommen, sollten wir aber vorher noch ausgehend von der dreistufigen nominalskalierten Variable x4 *Religionszugehörigkeit* (katholisch = 1, evangelisch = 2, Restkategorie = 3) die neue dichotome nominalskalierte Variable *katholischer Glaube* x4d (katholisch = 1 vs. nicht katholisch = 2) erstellen.

Im SPSS-Schema 6 *Variablenwerte verändern* von Kuhlmei (2018, S. 55) wurde die Vorgehensweise dazu bereits erläutert. Für die Erzeugung von x4d müssen nur die in ◘ Abb. 5.4 beschriebenen Anpassungen in den Schritten 3 und 4 vorgenommen werden.

Jetzt benötigen wir noch eine weitere neue Variable für die vermutete Interaktion von den Variablen *katholischer Glaube* (x4d) und *Studiumzufriedenheit* (x16): Intx4dmx16 (Interaktion x4d multipliziert mit x16) = x4d * x16.

Im SPSS-Schema 5 *Variablenwerte berechnen* von Kuhlmei (2018, S. 53) wurde die Vorgehensweise dazu bereits erläutert. Für die Erzeugung der Interaktionsvariable Intx4dmx16 müssen die in ◘ Abb. 5.5 beschriebenen Anpassungen in dem Schritt 3 vorgenommen werden.

Schritt 3	
Handlungen:	1) In dem Variablenfeld (links) *x4* markieren und dann den Pfeil anklicken.
	2) Im Feld *Ausgabevariable* (rechts oben) unter *Name*: "x4d" eintragen und dann den Button *Ändern* anklicken.
	3) Den Button *Alte und neue Werte...* anklicken.
Auswirkungen:	1) & 2) In dem mittleren oberen Feld *Numerische Var -> Ausgabevar.:* wird festgelegt: *x4 --> x4d*.
	3) Eine größere Dialogbox *Umcodieren in andere Variablen: Alte und neue Werte* hat sich geöffnet.

⬇

Schritt 4	
Handlungen:	1) Links in dem Bereich Alter Wert im Feld *Wert* "1" eintragen, dann rechts oben in dem Bereich Neuer Wert im Feld *Wert* "1" eintragen, dann den Button *Hinzufügen* (Mitte rechts) anklicken.
	2) Links in dem Bereich Alter Wert im Feld *Wert* "2" eintragen, dann rechts oben in dem Bereich Neuer Wert im Feld *Wert* "2" eintragen, dann den Button *Hinzufügen* (Mitte rechts) anklicken.
	3) Links in dem Bereich Alter Wert im Feld *Wert* "3" eintragen, dann rechts oben in dem Bereich Neuer Wert im Feld *Wert* "2" eintragen, dann den Button *Hinzufügen* (Mitte rechts) anklicken.
	4) Den Button *Weiter* (unten links) anklicken.
Auswirkungen:	1), 2) & 3) Im Feld *Alt --> Neu* sind die Definitionen festgelegt worden:
	1 --> 1
	2 --> 2
	3 --> 2
	4) Die Dialogbox *Umcodieren in andere Variablen,* ist wieder aktiviert.

◘ **Abb. 5.4** *Variablenwerte verändern* – SPSS-(Teil-)Schema 7 (*Anpassung der Schritte 3 und 4 für x4d beim* SPSS-Schema 6 von Kuhlmei 2018, S. 55)

Schritt 3	
Handlungen:	1) In dem Feld *Zielvariable* (links oben) wird der Name der neu zu erzeugenden Variable eingetragen: "Intx4dmx16". (Hinweis: Dieser Name darf nicht für eine bereits vorhandene Variable benutzt werden.) 2) In das Feld *Numerischer Ausdruck* (rechts oben) wird die Formel "x4d * x16" eingetragen. (Hinweis: Hier dürfen nur bereits vorhandene Variablen miteinander kombiniert werden.)
Auswirkungen:	Damit ist die neue Variable Intx4dmx16 als Produkt aus den vorhandenen Variablen x4d und x16 definiert worden.

◘ **Abb. 5.5** *Variablenwerte berechnen* – SPSS (Teil-)Schema 8 *(Anpassung von Schritt 3 für* Intx4dmx16 *beim* SPSS-Schema 5 von Kuhlmei (2018, S. 53))

- **2) Wissenschaftliche Hypothese (WH)**

Wissenschaftliche Hypothese
Stefanie: Unsere wissenschaftliche Hypothese besteht aus zwei verschiedenen Teilkomponenten:
Ich vermute, dass es bei den Studierenden
a) einen positiven Zusammenhang zwischen der *Studiumzufriedenheit* und der *Berufseinschätzung* gibt.
und (nicht oder)
b) der Zusammenhang zwischen der *Studiumzufriedenheit* und der *Berufseinschätzung* ist für Katholiken anders als für Nichtkatholiken.

Ich muss zugeben, dass wir dieses Beispiel recht leichtfertig ohne angemessene theoretische (und oder empirische) Herleitungen zu Demonstrationszwecken für die Prüfung von Moderatoreffekten entworfen haben. Eventuell könnte es gelingen, zur Erklärung der hier aufgestellten Vermutungen psychologische Theorien zu Kausalattribuierungen und zu Einstellungsmessungen für die Lebensbereiche von Menschen heranzuziehen.

- **3) Statistische Hypothesen (SH)**

Stoffel: Ich beginne mal mit dem schwierigeren zweiten Teil unserer (ungerichteten) wissenschaftlichen Hypothese. Hier wird die ungerichtete Alternativhypothese H_1 abgeleitet: $\beta_1(x18 . x16) \neq \beta_2(x18 . x16)$.

$\beta_1(x18 . x16)$ = Populations-Regressionskoeffizient für die Prädiktorvariable x16 und das Kriterium x18 bei der Teilgruppe der katholischen Studierenden (= 1).
$\beta_2(x18 . x16)$ = Populations-Regressionskoeffizient für die Prädiktorvariable x16 und das Kriterium x18 bei der Teilgruppe der nichtkatholischen Studierenden (= 2).

Komplementär zu dieser H_1 lautet die Nullhypothese H_0: $\beta_1(x18 . x16) = \beta_2(x18 . x16)$.

Wir würden dazu zwei einfache lineare Regressionsanalysen durchführen können, siehe Kuhlmei (2018, ▶ Abschn. 13.2).

Stevie: Stoffel, das hast du sehr gut umgesetzt und gemäß dem Abschn. 5.2.2 *Moderatoreffekte in der Multigruppenanalyse* im Buch von Urban und Mayerl (2011, S. 301–303) könnte diese Hypothese auch mit einem bestimmten t-Test geprüft werden, der aber nicht im SPSS abrufbar ist.

Wir sind allerdings jetzt im Kapitel der multiplen Regressionsanalyse, und da wir den Signifikanztest – siehe Urban und Mayerl (2011, S. 302) – lieber nicht mit dem Taschenrechner durchführen wollen, sondern mit SPSS, wählen wir hier die folgende alternative Vorgehensweise aus dem Abschn. 5.2.1 (Moderatoreffekte als Interaktionseffekte) von Urban und Mayerl (2011, S. 296–301), für die wir wieder zunächst die generellen statistischen Hypothesen aufstellen:

ⓘ Sprungmöglichkeit →

Generelle ungerichtete statistische Alternativhypothesen für eine dichotome Moderatorvariable als Interaktionseffekt
a) Die Populationskorrelation zwischen dem Prädiktor 1 und dem Kriterium ist ungleich 0: p(Prädiktor 1, Kriterium) $\neq 0$
   und (nicht oder)
b) Der (semipartielle) Populationsregressionskoeffizient zwischen der Interaktionsvariable (Moderatorvariable * Prädiktor 1) und dem Kriterium ist ungleich 0, wobei noch die Moderatorvariable und der Prädiktor 1 als weitere Prädiktoren für das Kriterium verwendet werden: β(Kriterium (Interaktionsvariable. Moderatorvariable, Prädiktor 1)) $\neq 0$.

Hinweis: Für die Alternativhypothese a) wird normalerweise für den geforderten Zusammenhang an Stelle von „$\neq$" die erwartete Richtung „<" oder „>" angegeben werden können.
Aus Platzgründen haben wir die jeweils zugehörigen Nullhypothesen nicht extra aufgeführt.

ⓘ ← Sprungmöglichkeit

Kommen wir zu unserem konkreten Beispiel:

Statistische Hypothesen
Mit x18 als Kriterium, x16 als Prädiktor 1, x4d als dichotome Moderatorvariable und Intx4dmx16 als Interaktionsvariable leiten wir nun sinngemäß die folgenden zwei statistischen Hypothesen aus unseren beiden wissenschaftlichen Hypothesen ab:
a) Aus dem ersten (gerichteten) Teil unserer wissenschaftlichen Hypothese wird die gerichtete Alternativhypothese H_1 abgeleitet: p(x16, x18) > 0
   p(x16, x18) = Populationskorrelation für die beiden Variablen x16 und x18.
   Komplementär zu dieser H_1 lautet die Nullhypothese H_0: p(x16, x18) ≤ 0.

und (nicht oder)

b) Aus dem zweiten (ungerichteten) Teil unserer wissenschaftlichen Hypothese wird die ungerichtete Alternativhypothese H$_1$ abgeleitet: β(x18 (Intx4dmx16 . x4d, x16))≠0. β(x18 (Intx4dmx16 . x4d, x16))=Populationsregressionskoeffizient für die Interaktionsvariable Intx4dmx16 als Prädiktor und das Kriterium x18. Dabei werden x4d und x16 als zwei weitere Prädiktoren in der entsprechenden multiplen Regressionsanalyse berücksichtigt.

Komplementär zu dieser H$_1$ lautet die Nullhypothese H$_0$: β(x18 (Intx4dmx16 . x4d, x16))=0.

Stoffel: Durch die „**und (nicht oder)**"-Verknüpfung der zwei Komponenten gilt wieder Folgendes: Die Vermutung wird nur dann als bewährt betrachtet, wenn sich tatsächlich die beiden Teilkomponenten in der Studie bestätigen lassen.

- **4) Versuchsplanung**

Stevie: Für die beiden Alternativhypothesen wählen wir jeweils ein Signifikanzniveau von α = 5 % = 0,05.

Da wir diese zwei Hypothesen einzeln prüfen werden und die beiden Hypothesen angenommen werden müssen, damit wir eine Gesamthypothesenbestätigung akzeptieren, kann es hier zu keiner Fehlerakkumulierung kommen.

Es wurden N = 66 Psychologiestudierende (zweites Semester in Fribourg) untersucht. Für die Variablen x16 und x18 liegen die Messwerte von N = 62 Personen vor.

ⓘ Sprungmöglichkeit →

▪▪ Teststärkeanalyse für die Produkt-Moment-Korrelation p(x16, x18)

Wenn wir nach der Konvention von Cohen (1988, S. 80) von einer großen Effektgröße r = 0,5 ausgehen, dann resultiert bei N = 62 und einem gerichteten Signifikanzniveau von 5 % für die Korrelation eine interpolierte Teststärke, die über 0,99 liegt (Cohen 1988, S. 87, Tab. 3.3.2).

▪▪ Teststärkeanalyse für den semipartiellen Regressionskoeffizienten β(x18 (Intx4dmx16 . x4d, x16))

Die Bestimmung der Teststärke für den semipartiellen Regressionskoeffizienten gehört bei Cohen (1988, S. 409) im ▶ Kap. 9 zu dem *case 1* (quadrierte semipartielle Korrelationen).

Es muss zunächst zwischen dem Kriterium und dem oder den Prädiktoren unterschieden werden. In unserem Beispiel können wir problemlos x18 als Kriterium und *Intx4dmx16* als Prädiktor einstufen.

Dann müssen die folgenden fünf Komponenten bestimmt werden:
- *Zählerfreiheitsgrad = u = Anzahl der Prädiktoren*
- *w = Anzahl der Kontrollvariablen*
- *Nennerfreiheitsgrad = v = N − u − w − 1*
- *Effektgröße f^2*
- *Nichtzentralitätsparameter = λ = f^2 * (u + v + 1)*

5.3 · Moderatorvariablen

Wenn wir nach der Konvention von Cohen (1988, S. 414) von einer großen Effektgröße $f^2 = 0{,}35$ ausgehen, erhalten wir für unser Beispiel die folgenden Werte:

$u = 1(\text{Intx4dmx16})$, $w = 2(\text{x4d und x16})$,
$v = 62-1-2-1 = 58$, $\lambda = 0{,}35 * (1 + 58 + 1) = 21$

Bei einem ungerichteten Signifikanzniveau von 5 % liegt dann die interpolierte Teststärke für den semipartiellen Regressionskoeffizienten bei einem Wert von über 0,99 (Cohen 1988, S. 420, Tab. 9.3.2).

ⓘ ← Sprungmöglichkeit

- **5) Datenerhebung und Datentabelle**
▶ Siehe Kap. 3 für die Erstellung der Datentabelle.

- **6) Stichprobenergebnisse bzw. SPSS-Ergebnisse**
Stefanie: Mit dem SPSS-Schema 9 wird nun die Durchführung für die Prüfung einer Moderatorvariable als Interaktionseffekt mit SPSS vorgestellt (◘ Abb. 5.6). Wir verwenden dabei die *Standardmethode* der multiplen Regressionsanalyse.
Stoffel: Speichern und Drucken der SPSS-Ergebnisse bitte nicht vergessen.
Stevie: In der SPSS-Ergebnisausgabe erhalten wir eine mehrteilige Ergebnistabelle.
Die im ersten Teil dargestellten Mittelwerte und Standardabweichungen benötigen wir hier nicht.
Im zweiten Teil der SPSS-Ausgabe werden die Ergebnisse für die Produkt-Moment-Korrelationen zwischen x4d, x16, Intx4dmx16 und x18 aufgelistet. Die Irrtumswahrscheinlichkeiten für gerichtete Hypothesen (im SPSS-Ausdruck als *Einseitig* bezeichnet) und die Stichprobengrößen N sind ebenfalls angegeben. Wir benötigen hier nur die Korrelation zwischen x16 und x18, die wir in die ◘ Tab. 5.9 eintragen.
Die Information im dritten SPSS-Tabellenteil, dass die drei Variablen x4d, x16 und Intx4dmx16 als Prädiktoren in das Vorhersagemodell (im SPSS mit der Ziffer „1" gekennzeichnet) für das Kriterium x18, auch tatsächlich verwendet werden (im SPSS: aufgenommen), nehmen wir beruhigt zur Kenntnis.
Der vierte (Modellzusammenfassung) und der fünfte SPSS-Ergebnisteil (ANOVA) liefern Resultate zu der gemeinsamen Vorhersagekraft der verwendeten Prädiktoren (x4d, x16 und Intx4dmx16). Das ist für unsere aktuelle Fragestellung bedeutungslos.
Im sechsten SPSS-Tabellenteil werden die Resultate für die (semipartiellen) Stichprobenregressionskoeffizienten $b_1 = b(\text{x18 (x4d . x16, Intx4dmx16)})$, $b_2 = b(\text{x18 (x16 . x4d, Intx4dmx16)})$, $b_3 = b(\text{x18 (Intx4dmx16 . x4d, x16)})$, und für die Konstante b_0 angeführt. In der ◘ Tab. 5.10 geben wir die (nichtstandardisierten) Regressionskoeffizienten und die Ergebnisse für die jeweils dazu durchgeführten t-Signifikanztests mit den empirischen t-Werten t_{emp} und den Irrtumswahrscheinlichkeiten p an. Zusätzlich tragen wir für jeden Prädiktor die Toleranzwerte in die Tabelle ein. Auf die darüber hinaus im SPSS angegebenen standardisierten Regressionskoeffizienten, die Standardfehler und die VIF-Werte (= Kehrwert von der Toleranz T) können wir hier verzichten.
Stoffel: Super, ich sehe schon, der Regressionskoeffizient b_3 für unsere Interaktionsvariable Intx4dmx16 wird, wie im zweiten Teil unserer Hypothesen vermutet, signifikant ($t_{emp} = 2{,}721$ und $p = 0{,}009$).

Schritt 1	
Handlungen:	*Die SPSS-Datei mit dem Dateinamen Fragebogen starten.*
Auswirkungen:	*SPSS-Bildschirm: Datenansicht mit der Datentabelle (N = 66 für x1 bis x22 & x4d & Intx4dmx16) ist reaktiviert.*

⬇

Schritt 2	
Handlungen:	1) In der Menüleiste *Analysieren* anklicken. 2) In dem dadurch entstandenen ersten Untermenü *Regression* anvisieren und in dem zweiten entstandenen Untermenü *Linear...* anklicken.
Auswirkungen:	Eine Dialogbox *Lineare Regression* hat sich geöffnet.

⬇

Schritt 3	
Handlungen:	1) In dem linken Variablenfeld die Variable *x4d* (katholischer Glaube) markieren. Dann den *Pfeil* (links neben dem mittleren Feld: *Unabhängige Variable(n):*) anklicken. 2) In dem linken Variablenfeld die Variable *x16* (Studiumzufriedenheit) markieren. Dann den *Pfeil* (links neben dem mittleren Feld: *Unabhängige Variable(n):*) anklicken. 3) In dem linken Variablenfeld die Variable *Intx4dmx16* (Interaktionsvariable) markieren. Dann den *Pfeil* (links neben dem mittleren Feld: *Unabhängige Variable(n):*) anklicken. 4) In dem linken Variablenfeld die Variable *x18* (Berufseinschätzung) markieren. Dann den *Pfeil* (links neben dem oberen mittleren Feld *Abhängige Variable:*) anklicken. 5) Den Button *Statistiken* (rechts oben) anklicken.
Auswirkungen:	1) bis 3) Die Variablen x4d, x16 und Intx4dmx16 sind zur weiteren Bearbeitung als Prädiktoren ausgewählt worden. 4) Die Variable x18 ist als Kriterium festgelegt worden. 5) Eine Dialogbox *Lineare Regression: Statistiken* hat sich geöffnet.

⬇

Schritt 4	
Handlungen:	1) Rechts oben die Kästchen (links neben) a) Deskriptive Statistik und b) Kollinearitätsdiagnose anklicken. 2) Den Button Weiter (links unten) anklicken.
Auswirkungen:	1) a) Die Mittelwerte, die Standardabweichungen und die einfachen Produkt-Moment-Korrelationen für die ausgewählten Variablen werden berechnet. b) Für die Prädiktoren werden die Toleranzen berechnet. 2) Die Dialogbox *Lineare Regression* ist wieder geöffnet.

⬇

Schritt 5	
Handlungen:	Den OK-Button (links unten) anklicken.
Auswirkungen:	Das Ausgabefenster mit den Ergebnissen wird angezeigt.

Abb. 5.6 *Multiple Regressionsanalyse: Moderatorvariable als Interaktionseffekt* – SPSS-Schema 9

5.3 · Moderatorvariablen

Tab. 5.9 Produkt-Moment-Korrelation zwischen x16 und x18

Korrelation		x18 = Berufseinschätzung
x16 = Studiumzufriedenheit	Korrelation nach Pearson	0,526
	Signifikanz für gerichtete Hypothesen	0,000
	N	62

Tab. 5.10 Ergebnisse der multiplen Regressionsanalyse für die einzelnen Prädiktoren x4d, x16 und Intx4dmx16 mit dem Kriterium x18

Regressionskoeffizienten:	x18 = Kriterium			
Prädiktoren:	Nichtstandardisierte Regressionskoeffizienten	t_{emp}	p	Toleranz T
Konstante: $b_0 =$	108,447	3,240	0,002	–
x4d: $b_1 =$ b(x18 (x4d . x16, Intx4dmx16)) =	−48,703	−2,530	0,014	0,045
x16: $b_2 =$ b(x18 (x16 . x4d, Intx4dmx16)) =	−0,477	−1,200	0,235	0,076
Intx4dmx16: $b_3 =$ b(x18 (Intx4dmx16 . x4d, x16)) =	0,633	2,721	0,009	0,035

Stevie: Ich muss dich leider ausbremsen, wir müssen erst noch die Vorbetrachtungen durchführen und dabei auch die Voraussetzung der Nichtmultikollinearität prüfen.

Den siebten SPSS-Tabellenteil mit den Ergebnissen zu einer umfangreicheren Kollinearitätsdiagnose benötigen wir nicht.

- **7) Vorbetrachtung und Betrachtung der Voraussetzungen**

Es wird geprüft, ob die Bedingungen für die Durchführung der Signifikanztests erfüllt sind.

■■ Vorbetrachtung

Stoffel: Wenn unsere wissenschaftliche Hypothese stimmen würde, dann müssten in der untersuchten Stichprobe die Produkt-Moment-Korrelation r(x16, x18) größer als 0 und der Regressionskoeffizient b(x18 (Intx4dmx16 . x4d, x16)) ungleich 0 sein.
a) r(x18, x16) = 0,526 (siehe ◘ Tab. 5.9)
b) b(x18 (Intx4dmx16 . x4d, x16)) = 0,633 (siehe ◘ Tab. 5.10)

Das spricht jeweils für die Alternativhypothesen. Für beide Teilhypothesen ist daher mit den weiteren Prüfungen im Ablaufschema fortzufahren. Nun aber los.

■■ Betrachtung der Voraussetzungen

Stevie: Ich muss dich enttäuschen, die Toleranzwerte 0,045, 0,076 und 0,035 in der ◘ Tab. 5.10 sind jeweils kleiner als 0,1 und weisen damit für alle drei Prädiktoren x4d, x16 und Intx4dmx16 auf Multikollinearität hin.

> Damit ist eine wesentliche Voraussetzung für die Signifikanztests verletzt, und konsequenterweise brechen wir hier in unserem Ablaufschema ab. In der Interpretation und Diskussion würden wir dann natürlich schon noch erwähnen, dass unser Ergebnis zumindest tendenziell b(x18 (Intx4dmx16 . x4d, x16))=0,633 mit unserer Vermutung übereinstimmt.

Stoffel: Hast du eine Erklärung dafür, warum ausgerechnet in diesem Beispiel mit der Interaktionsvariable Intx4dmx16 Multikollinearität zwischen den Prädiktoren auftritt, und kann man etwas dagegen unternehmen?

Stevie: Wenn wir einen neuen Prädiktor als Produkt (oder mit anderen mathematischen Funktionen) von bereits vorhandenen Prädiktoren erschaffen, dann wird dieser neue Prädiktor mit diesen Ausgangsprädiktoren korrelieren, und das wird dann in den meisten Fällen zu einer Verletzung der *Keine Multikollinearitätsvoraussetzung* führen.

In dem SPSS-Handbuch von Diehl und Staufenbiel (2007) wird im Kap. 64 (Multiple Korrelation und Regression) im Beispiel 5 (S. 438–440) erläutert, wie die mit einer Interaktionsvariablen verbundene Multikollinearitätsproblematik durch eine Zentrierung (Variablenwert − Mittelwert der Variable) der verwendeten Prädiktorvariablen (möglicherweise) behoben werden kann.

Ich stehe diesen und anderen Transformationstechniken zur Behebung von Verletzungen der Modellannahmen, wie sie in diversen Statistikbüchern (Urban und Mayerl (2011), Tabachnick und Fidell (2007) usw.) beschrieben werden, wegen der damit verbundenen Interpretationsprobleme für die transformierten Variablen eher skeptisch gegenüber.

Da es sich bei unserer potenziellen Moderatorvariable x4d um eine zweistufige nominalskalierte Variable handelt, könnten wir das vorgeschlagene Verfahren der Variablenzentrierung in unserem Beispiel ohnehin nur teilweise (auf die intervallskalierte Variable x16) anwenden.

Stoffel: Du hast mich überzeugt, dann verzichte ich jetzt doch lieber auf diese Anwendungsmöglichkeit.

Stefanie ist soeben zurückgekehrt.

Stefanie: Das wundert mich nicht, aber ich bin ebenfalls damit einverstanden.

Stevie: Stefanie, dann lass uns mal an deinen Vermutungen zu unserer potenziellen Moderatorvariable x4d *katholischer Glaube* teilhaben.

5.3.2 Basisablauf: Dichotome Moderatorvariable im Gruppenvergleich

- **1) Fragestellung**

Stefanie: Wenn man die verschiedenen Religionen miteinander vergleicht, dann lassen sich viele Gemeinsamkeiten finden, die beispielsweise unter dem Begriff Weltethos (siehe Küng (2011): Projekt Weltethos) zusammengefasst werden können.

Für unsere Annahme der Moderatorvariable *katholischer Glaube* habe ich aber die folgenden theoretischen Annahmen aufgestellt, die mehr auf einen zentralen Unterschied zwischen dem katholischen Glauben und den anderen Religionen hinweisen.

- **2) Wissenschaftliche Hypothese (WH)**

In den meisten Religionen (unseres Kulturkreises) wird die Auffassung vertreten, dass sich die vergangene und die aktuelle Lebensführung entscheidend auf das zukünftige Leben (und die Zeit danach) auswirken werden. Das Leben könnte dementsprechend bildlich gesprochen als ein zusammenhängender Fluss erlebt und eingeschätzt werden.

Die katholische Kirche nimmt da, im Vergleich zu den meisten anderen Religionen, mit ihrem heiligen Sakrament der Beichte eine gewisse Sonderrolle ein. Die wiederholte ritualisierte Unterbrechung des alltäglichen „sündigen" Lebens und die mit der Buße verbundene immer wieder gewährte „Versöhnung mit Gott" hat hier einen besonders hohen Stellenwert. Das Leben kann im gewissen Sinne immer wieder neu, ohne Schuldbelastungen, begonnen werden. Vermutlich könnte darauf basierend die Zukunftsperspektive von Katholiken (vergleichsweise zu anderen Religionsgruppen) relativ unabhängiger von dem eigenen vergangenen Erleben und Handeln wahrgenommen werden.

Wissenschaftliche Hypothese

Daraus abgeleitet stelle ich die folgende wissenschaftliche Hypothese auf, die aus zwei verschiedenen Teilkomponenten besteht:
Ich vermute, dass es bei den Studierenden,
a) die Katholiken sind, keinen Zusammenhang zwischen der *Studiumzufriedenheit* und der *Berufseinschätzung* gibt.
 und (nicht oder)
b) die Nichtkatholiken sind, einen positiven Zusammenhang zwischen der *Studiumzufriedenheit* und der *Berufseinschätzung* gibt.

Stevie: Ganz gut, aber eine umfangreichere Ausarbeitung und Verbindung deines theoretischen Ansatzes mit psychologischen Theorien zu Kausalattribuierungen und zu Einstellungsmessungen für die Lebensbereiche von Menschen wäre sicher noch wünschenswert.

- **3) Statistische Hypothesen (SH)**

Statistische Hypothesen

Stefanie: Aus unserer zweiteiligen wissenschaftlichen Hypothese leiten wir die folgenden beiden statistischen Hypothesen ab:
a) Aus dem ersten (ungerichteten) Teil unserer wissenschaftlichen Hypothese wird die ungerichtete Nullhypothese H_0 abgeleitet: $p_1(x16, x18) = 0$
 $p_1(x16, x18)$ = Populationskorrelation für die beiden Variablen x16 und x18 bei der Teilgruppe der katholischen Studierenden (= 1).
 Komplementär zu dieser H_0 lautet die Alternativhypothese H_1: $p_1(x16, x18) \neq 0$.
 und (nicht oder)
b) Aus dem zweiten (gerichteten) Teil unserer wissenschaftlichen Hypothese wird die gerichtete Alternativhypothese H_1 abgeleitet: $p_2(x16, x18) > 0$
 $p_2(x16, x18)$ = Populationskorrelation für die beiden Variablen x16 und x18 bei der Teilgruppe der nichtkatholischen Studierenden (= 2).

Komplementär zu dieser H_1 lautet die Nullhypothese H_0: $p_2(x16, x18) \leq 0$.

Durch die **„und (nicht oder)"**-Verknüpfung der zwei Komponenten gilt wieder Folgendes: Die Vermutung wird nur dann als bewährt betrachtet, wenn sich tatsächlich die beiden Teilkomponenten in der Studie bestätigen lassen.

Stevie: Ich möchte noch darauf hinweisen, dass unsere Vermutung $\beta_1(x18 \cdot x16) \neq \beta_2(x18 \cdot x16)$ bzw. $p_1(x18 \cdot x16) \neq p_2(x18 \cdot x16)$ im ▶ Abschn. 5.3.1 (die wir dann aber alternativ als Interaktionshypothese geprüft haben) weniger streng ist als die jetzt von Stefanie aufgestellte Vermutung $p_1(x18 \cdot x16) = 0$ und $p_2(x18 \cdot x16) > 0$.

Stoffel: Ich erkenne es, die von Stefanie aufgestellte Vermutung ist eine Art (strengerer) Sonderfall von der generellen Moderatorvariablenvermutung.

Stefanie: Vergleiche bitte auch mit Urban und Mayerl (2011, S. 286–291).

ⓘ Sprungmöglichkeit →

Stevie: Ich möchte es nicht versäumen, auch für diesen strengeren Sonderfall die generellen statistischen Hypothesen für eine dichotome Moderatorvariable im Gruppenvergleich aufzustellen. Aus Platzgründen werden wir jeweils nur die geforderte Nullhypothese oder die geforderte Alternativhypothese angeben.

Generelle ungerichtete statistische Hypothesen für eine dichotome Moderatorvariable im Gruppenvergleich (strenger Sonderfall)

Anmerkung: Die Zuordnung der Personen zu Gruppe 1 und Gruppe 2 basierend auf der dichotomen Moderatorvariablen muss inhaltlich theoretisch begründet sein.

a) Die Populationskorrelation für alle Personen der Gruppe 1 zwischen dem Prädiktor 1 und dem Kriterium ist gleich 0: p(Prädiktor 1, Kriterium) $= 0$.
und (nicht oder)
b) Die Populationskorrelation für alle Personen der Gruppe 2 zwischen dem Prädiktor 1 und dem Kriterium ist ungleich 0: p(Prädiktor 1, Kriterium) $\neq 0$.

Hinweis: Für die Alternativhypothese b) wird normalerweise für den geforderten Zusammenhang an Stelle von „$\neq$" die erwartete Richtung „$<$" oder „$>$" angegeben werden können.

ⓘ ← Sprungmöglichkeit

- **4) Versuchsplanung**

Stoffel: Für die Nullhypothese (Katholiken) wählen wir ein Signifikanzniveau von $\alpha = 20\% = 0{,}20$ (Begründung siehe ▶ Abschn. 2.1.1 bei der Versuchsplanung Punkt 4). Für die Alternativhypothese (Nichtkatholiken) wählen wir ein Signifikanzniveau von $\alpha = 5\% = 0{,}05$.

Da wir diese zwei Hypothesen einzeln prüfen werden und die beiden Hypothesen angenommen werden müssen, damit wir eine Gesamthypothesenbestätigung akzeptieren, kann es hier zu keiner Fehlerakkumulierung kommen.

Es wurden $N = 66$ Psychologiestudierende (zweites Semester in Fribourg) untersucht. Für die beiden Variablen x16 und x18 liegen für die Gruppe der Katholiken

N = 28 Messwertpaare vor und für die Gruppe der Nichtkatholiken N = 34 Messwertpaare.

ℹ Sprungmöglichkeit →

■■ **Teststärkeanalyse für die Produkt-Moment-Korrelation p_1(x16, x18) bei den Katholiken**

Wenn wir nach der Konvention von Cohen (1988, S. 80) von einer großen Effektgröße r = 0,5 ausgehen, dann resultiert bei N = 28 und einem ungerichteten Signifikanzniveau von 20 % (entspricht dem gerichteten Signifikanzniveau von 10 %) für die Korrelation eine Teststärke, die bei 0,94 liegt (Cohen 1988, S. 88, Tab. 3.3.3).

■■ **Teststärkeanalyse für die Produkt-Moment-Korrelation p_2(x16, x18) bei den Nichtkatholiken**

Wenn wir nach der Konvention von Cohen (1988, S. 80) von einer großen Effektgröße r = 0,5 ausgehen, dann resultiert bei N = 34 und einem gerichteten Signifikanzniveau von 5 % für die Korrelation eine Teststärke, die bei 0,93 liegt (Cohen 1988, S. 86, Tab. 3.3.2).

ℹ ←Sprungmöglichkeit

■ **5) Datenerhebung und Datentabelle**
▶ Siehe Kap. 3 für die Erstellung der Datentabelle.

■ **6) Stichprobenergebnisse bzw. SPSS-Ergebnisse**
Stefanie: Mit dem SPSS-Schema 10 wird nun die Durchführung für die Prüfung einer Moderatorvariable als Gruppenvergleich (Katholiken vs. Nichtkatholiken) mit SPSS vorgestellt (◘ Abb. 5.7). Wir verwenden dabei die *Standardmethode* der multiplen Regressionsanalyse.

Dabei müssen wir dieses Schema in unserem Beispiel zweimal anwenden:
— *Anwendung 1:* für die Katholiken mit x4d = 1 und
— *Anwendung 2:* für die Nichtkatholiken mit x4d = 2.

Stoffel: Speichern und Drucken der SPSS-Ergebnisse bitte nicht vergessen.

Stevie: In der SPSS-Ergebnisausgabe erhalten wir für jede der beiden Anwendungen eine mehrteilige Ergebnistabelle, die wir im Folgenden gemeinsam darstellen werden.

Die Informationen, jeweils im ersten SPSS-Tabellenteil, dass der Prädiktor x16 verwendet (aufgenommen) wurde, x18 das Kriterium (abhängige Variable) ist und dass für x4d nur die Katholiken (in der ersten Anwendung) bzw. nur die Nichtkatholiken (in der zweiten Anwendung) ausgewählt wurden, nehmen wir beruhigt zur Kenntnis.

Aus den zweiten und dritten SPSS-Tabellenteilen können wir jeweils die Informationen für die Korrelationen (im SPSS: R), die Irrtumswahrscheinlichkeiten p, die empirischen Prüfgrößen (F_{emp}) und den Gesamtfreiheitsgrad (N − 1) entnehmen, die wir in der ◘ Tab. 5.11 zusammengestellt haben. Die weiteren Angaben zu den R^2-Werten, den Standardfehlern, den Quadratsummen, den Freiheitsgraden und den geschätzten Varianzen (im SPSS: Mittel der Quadrate) benötigen wir hier nicht.

Auch die Angaben zu den einzelnen Regressionskoeffizienten im vierten SPSS-Tabellenteil sind hier nicht wichtig.

Schritt 1	
Handlungen:	*Die SPSS-Datei mit dem Dateinamen Fragebogen starten.*
Auswirkungen:	*SPSS-Bildschirm: Datenansicht mit der Datentabelle (N = 66 für x1 bis x22 & x4d) ist reaktiviert.*

⬇

Schritt 2	
Handlungen:	1) In der Menüleiste *Analysieren* anklicken.
	2) In dem dadurch entstandenen ersten Untermenü *Regression* anvisieren und in dem zweiten entstandenen Untermenü *Linear...* anklicken.
Auswirkungen:	Eine Dialogbox *Lineare Regression* hat sich geöffnet.

⬇

Schritt 3	
Handlungen:	1) In dem linken Variablenfeld die Variable *x16* (Studiumzufriedenheit) markieren. Dann den *Pfeil* (links neben dem mittleren Feld: *Unabhängige Variable(n):*) anklicken.
	2) In dem linken Variablenfeld die Variable *x18* (Berufseinschätzung) markieren. Dann den *Pfeil* (links neben dem oberen mittleren Feld *Abhängige Variable:*) anklicken.
	3) In dem linken Variablenfeld die Variable *x4d* (katholischer Glaube) markieren. Dann den *Pfeil* (links neben dem mittleren unteren Feld: *Auswahlvariable:*) anklicken.
	4) Den Button *Bedingung...* (rechts neben dem Feld Auswahlvariable) anklicken.
Auswirkungen:	1) Die Variable x16 ist zur weiteren Bearbeitung als Prädiktor ausgewählt worden.
	2) Die Variable x18 ist als Kriterium festgelegt worden.
	3) Die Variable x4d wurde als Auswahlvariable festgelegt.
	4) Eine Dialogbox *Lineare Regression: Bedingung au...* hat sich geöffnet.

⬇

Schritt 4	
Handlungen:	1) In der *ersten* Anwendung die Zahl „1" in das Feld *Wert* eintragen.
	(in der *zweiten* Anwendung die Zahl „2" in das Feld *Wert* eintragen.)
	2) Den Button Weiter (links unten) anklicken.
Auswirkungen:	1) In der *ersten* Anwendung wird die Regressionsanalyse nur für die Teilgruppe der Katholiken mit x4d =1 durchgeführt.
	(In der *zweiten* Anwendung wird die Regressionsanalyse nur für die Teilgruppe der Nicht-Katholiken mit x4d =2 durchgeführt.)
	2) Die Dialogbox *Lineare Regression* ist wieder geöffnet.

⬇

Schritt 5	
Handlungen:	Den OK-Button (links unten) anklicken.
Auswirkungen:	Das Ausgabefenster mit den Ergebnissen wird angezeigt.

Abb. 5.7 *Multiple Regressionsanalyse: Moderatorvariable mit Gruppenvergleich* – SPSS-Schema 10

5.3 · Moderatorvariablen

◘ Tab. 5.11 Produkt-Moment-Korrelationen zwischen x16 und x18 für Katholiken und für Nichtkatholiken

Korrelationen		x16 = Studiumzufriedenheit	
		Katholiken (x4d = 1)	Nichtkatholiken (x4d = 2)
x18 = Berufseinschätzung	Korrelation nach Pearson	0,150	0,731
	Signifikanz für ungerichtete Hypothesen	0,445	0,000
	F_{emp}	0,601	36,757
	$df_{Gesamt} = N - 1$	27	33

7) Vorbetrachtung und Betrachtung der Voraussetzungen

Es wird geprüft, ob die Bedingungen für die Durchführung der Signifikanztests erfüllt sind.

Vorbetrachtung

Stoffel: Wenn unsere wissenschaftliche Hypothese stimmen würde, dann müssten in der untersuchten Stichprobe für Katholiken die Produkt-Moment-Korrelation r(x16, x18) gleich 0 und für Nichtkatholiken die Produkt-Moment-Korrelation r(x16, x18) größer 0 sein.

a) r(x18, x16) = 0,150 für Katholiken (siehe ◘ Tab. 5.11)
b) r(x18, x16) = 0,731 für Nichtkatholiken (siehe ◘ Tab. 5.11)

Das spricht jeweils für die Alternativhypothesen. Für beide Teilhypothesen ist daher mit den weiteren Prüfungen im Ablaufschema fortzufahren.

Betrachtung der Voraussetzungen

Es werden wie in dem ▶ Kap. 4 jeweils nur die Korrelationen von zwei Variablen (x16 mit x18) analysiert, daher sind die über die Normalverteilungsannahme hinausgehenden Voraussetzungen der multiplen Regressionsanalyse (keine Multikollinearität usw.) hier nicht zu prüfen.

Unsere Stichprobengrößen mit N = 28 (Katholiken) und N = 34 (Nichtkatholiken) erfüllen die Bedingung N > 40 (siehe im Kap. 13 bei Kuhlmei (2018, S. 200) nicht. Deswegen können wir hier nur sehr bedingt mit den Verweisen auf die Robustheit der Signifikanztests und den mit der bivariaten Normalverteilungsvoraussetzungsprüfung behafteten Problemen auf die Prüfung dieser Voraussetzung verzichten.

Die weiteren Analyseschritte der Signifikanztests werden durchgeführt.

8) Empirische Prüfgrößen und Irrtumswahrscheinlichkeiten p

Stefanie: Bei den Katholiken liegt für die Korrelation r(x16, x18) die Irrtumswahrscheinlichkeit p bei 0,445 (für die ungerichtete Nullhypothese) und der empirische F-Wert beträgt 0,601. Bei den Nichtkatholiken liegt für die Korrelation r(x16, x18) die Irrtumswahrscheinlichkeit bei $p = \frac{0,000}{2} = 0,000$ (für die gerichtete Alternativhypothese), und der empirische F-Wert ist 36,757.

9) Entscheidungen

Stoffel: Die statistische Nullhypothese für $p(x18, x16)$ bei den Katholiken wird (vorläufig) beibehalten, weil p $(= 0{,}445) > \alpha\ (= 0{,}20)$ ist.

Die statistische Nullhypothese für $p(x18, x16)$ bei den Nichtkatholiken wird abgelehnt, weil p $(= 0{,}000) < \alpha\ (= 0{,}05)$ ist.

10) Ergebnisdarstellungen, Interpretation und Diskussion

Stefanie: Der Signifikanztest für die Einzelkorrelation $r(x16, x18)$ bei den Katholiken (p $= 0{,}445$) wurde nicht signifikant, und es trat dabei nur ein kleiner Stichprobeneffekt ($r^2 = R^2 = 0{,}023$) auf.

Der Signifikanztest für die Einzelkorrelation $r(x16, x18)$ bei den Nichtkatholiken (p $= 0{,}000$) wurde signifikant und, es trat dabei ein großer Stichprobeneffekt ($r^2 = R^2 = 0{,}534$) auf.

Wir können somit insgesamt festhalten, dass sich unsere Vermutung: Die Variable x4d = *katholischer Glaube* wirkt als Moderatorvariable auf die x16 = *Studiumzufriedenheit* bei der Vorhersage des Kriteriums x18 = B*erufseinschätzung* (vorläufig) bewährt hat.

Auf die einzelnen Ergebnisdarstellungen und auf die Diskussion werden wir hier nicht weiter eingehen.

In der ◘ Abb. 5.8 sehen wir Stefanie bei der Beichte.

◘ **Abb. 5.8** Stefanie bei der Beichte in der Kathedrale von Fribourg.

5.4 Mediatorvariablen

Stevie: Eine Mediatorvariable übt als eine Art Zwischenglied eine vollständige (= totale) oder teilweise vermittelnde Wirkung (einen Effekt) zwischen einem Prädiktor und einem Kriterium aus. Sie kann dichotom nominalskaliert, intervallskaliert oder verhältnisskaliert sein.

Wir werden uns hier im Wesentlichen nur mit der einfachsten Variante, den (mindestens) intervallskalierten totalen Mediatoreffekten, beschäftigen und uns dabei auf jeweils nur einen Prädiktor mit einem Kriterium und einer Mediatorvariable beschränken.

Stoffel: Könnt ihr mir diese Wirkung an einem einfachen Beispiel erläutern und dabei den Unterschied zwischen einer Moderatorvariable und einer Mediatorvariable veranschaulichen?

- **Physikalisches Beispiel (Mediator: Drehgeschwindigkeit)**

Stefanie: Ich wähle hierzu ein physikalisches Beispiel aus dem Bereich der ökologischen Energiegewinnung. Es gibt einen starken positiven Zusammenhang zwischen der *Windstärke* (Prädiktor) und der *Energieerzeugung* (Kriterium). Dieser Zusammenhang besteht aber nur dann, wenn mindestens eine funktionierende Windmühle aufgestellt wurde. Ohne Windmühle gibt es dabei überhaupt keinen Zusammenhang.

Stoffel: Ich verstehe, die dichotome Variable *Windmühle* (ja vs. nein) wirkt hier als Moderatorvariable. Aber wie kommt die Mediatorvariable ins Spiel?

Stefanie: Die vermittelnde Variable zwischen der *Windstärke* (= Prädiktor) und der *Energieerzeugung* (= Kriterium) ist die *Drehgeschwindigkeit des Windmühlenrades* (= Mediatorvariable). Dabei gehen wir jetzt natürlich davon aus, dass mindestens eine Windmühle aufgestellt wurde.

Stoffel: Ich verstehe, die *Windstärke* erzeugt eigentlich nur indirekt dadurch mehr oder weniger *Energie*, indem sie dafür sorgt, dass sich das energieerzeugende Windmühlenrad mehr oder weniger schnell dreht. Die *Drehgeschwindigkeit des Windmühlenrades* (= Mediatorvariable) dagegen wird durch die Windstärke beeinflusst und wirkt sich dann direkt auf die *Energieerzeugung* aus.

🛈 Sprungmöglichkeit →

Stevie: Basierend auf den Darstellungen von Urban und Mayerl (2011, S. 310–311) können wir die folgenden vier generellen ungerichteten statistischen Hypothesen für das Vorliegen einer totalen Mediatorvariable aufstellen. Aus Platzgründen werden wir jeweils nur die geforderten Alternativhypothesen oder die geforderte Nullhypothese angeben.

> **Generelle ungerichtete statistische Hypothesen für eine totale Mediatorvariable**
> a) Die Populationskorrelation zwischen dem Prädiktor und der Mediatorvariable ist ungleich 0: p(Prädiktor, Mediatorvariable) $\neq 0$.
> **und (nicht oder)**
> b) Die Populationskorrelation zwischen dem Prädiktor und dem Kriterium ist ungleich 0: p(Prädiktor, Kriterium) $\neq 0$.

und (nicht oder)
c) Bei der Vorhersage des Kriteriums durch den Prädiktor und die Mediatorvariable ist der Populationsregressionskoeffizient für die Mediatorvariable ungleich 0: β(Kriterium (Mediatorvariable. Prädiktor)) ≠ 0.
und (nicht oder)
d) Bei der Vorhersage des Kriteriums durch den Prädiktor und die Mediatorvariable ist der Populationsregressionskoeffizient für den Prädiktor gleich 0: β(Kriterium (Prädiktor. Mediatorvariable)) = 0.

Hinweis: Für die Alternativhypothesen a), b) und c) wird normalerweise für den geforderten Zusammenhang anstelle von „≠" die erwartete Richtung „<" oder „>" angegeben werden können.

❶ ← Sprungmöglichkeit

Stoffel: Für den Nachweis, dass die *Drehgeschwindigkeit des Windmühlenrades* in unserem Beispiel als totale Mediatorvariable wirksam ist, müsste somit gefordert werden, dass in der Population:
a) Die *Windstärke* mit der *Drehgeschwindigkeit des Windmühlenrades* positiv korreliert.
b) Die *Windstärke* mit der *Energieerzeugung* positiv korreliert.
c) Die *Drehgeschwindigkeit des Windmühlenrades,* trotz Konstanthaltung (Herauspartialisierung) der *Windstärke,* mit der *Energieerzeugung* positiv korreliert.
d) Die *Windstärke,* bei Konstanthaltung (Herauspartialisierung) der *Drehgeschwindigkeit des Windmühlenrades,* mit der *Energieerzeugung* nicht korreliert.

- **Sozialpsychologische Beispiele für mögliche Mediatorvariablen**

Stevie: Jetzt machen wir noch einen kleinen Quiz mit drei sozialpsychologischen Beispielen. Nennt mir bitte jeweils eine mögliche Mediatorvariable für den Zusammenhang zwischen dem Prädiktor und dem Kriterium aus ◘ Tab. 5.12.

Stoffel: Der Zusammenhang zwischen dem *Alkoholkonsum* und der *Anzahl der Verkehrsunfälle* könnte durch die Mediatorvariable *Reaktionszeit* vermittelt werden.

Der Zusammenhang zwischen den *Arbeitspausen* und dem *Lernerfolg* könnte durch die Mediatorvariable *Konzentrationsfähigkeit* vermittelt werden.

Für den Zusammenhang zwischen *Einkommen* und *Zufriedenheit* fällt mir nichts ein. Ich frage mich ob diese beiden Variablen überhaupt miteinander korrelieren?

Stefanie: Das ist aber sehr stark anzunehmen und der Zusammenhang könnte durch die Mediatorvariable *Konsum* vermittelt werden.

◘ **Tab. 5.12** Mögliche Mediatorvariablen

Prädiktor	Kriterium	Mögliche Mediatorvariable
Alkoholkonsum	*Verkehrsunfälle*	?
Arbeitspausen	*Lernerfolg*	?
Einkommen	*Zufriedenheit*	?

Stoffel: Also gut, ich kann mir vorstellen, dass jemand, der mehr Geld verdient, sich mehr interessante Dinge kaufen kann und dann auch (vorübergehend, aber nicht nachhaltig) zufriedener ist.

5.4.1 Basisablauf: Totale Mediatorvariable

- **1) Fragestellung**

Stevie: Lieber Stoffel, kannst du bitte eine Fragestellung mit einer möglichen Mediatorvariablen aus dem Themengebiet körperlicher und psychischer Entspannung aufstellen?

Stoffel: Ich versuche es. Basierend auf früheren Befragungen von Studierenden vermute ich, dass es auch bei den aktuellen Psychologiestudierenden einen positiven Zusammenhang zwischen der erlebten körperlichen Entspannung und der psychischen Entspannung gibt.

Was könnte da als Mediatorvariable wirksam werden? Ich denke, dass in diesem Kontext Variablen, die die emotionale und die kognitive Verarbeitung von physiologischen Aspekten wie der Atem- und der Herzfrequenz, des elektrischen Hautwiderstandes, der mit dem Elektroenzephalogramm (EEG) gemessenen Hirnwellen usw. betreffen, infrage kommen könnten.

Stefanie: Da kann ich dir vollkommen zustimmen. Das Ganze hat nur einen kleinen Haken, wir haben in der uns vorliegenden Fragebogenstudie keine einzige Variable dazu erfasst. Deswegen bin ich ein wenig ratlos.

Stevie: Das ist bedauerlich, wir können deswegen hier nicht wirklich in eine tiefere kognitiv-physiologische Erklärungsebene vordringen. Aber wir können das Konzept der Mediatorvariable (vergleichsweise oberflächlicher) stattdessen mit den drei Variablen x6 = *körperliche Entspannung (vor)*, x12 = *körperliche Entspannung (nach)* und x13 = *psychische Entspannung (nach)* veranschaulichen.

Wenn wir einen positiven Zusammenhang zwischen dem Prädiktor x6 und dem Kriterium x13 vermuten, dann können wir darüber hinaus vermuten, dass dieser Zusammenhang nur indirekt ist und durch die Mediatorvariable x12 vermittelt wird.

- **2) Wissenschaftliche Hypothese (WH)**

Wissenschaftliche Hypothese

Stefanie: In unserer wissenschaftlichen Hypothese vermuten wir, dass sich die *körperliche Entspannung (vor)* positiv auf die *körperliche Entspannung (nach)* auswirkt und diese sich dann direkt positiv auf die *psychische Entspannung (nach)* auswirkt. Wir gehen außerdem davon aus, dass die *körperliche Entspannung (nach)* eine totale Mediatorvariable ist und es deswegen keine direkte Wirkung von der *körperlichen Entspannung (vor)* auf die *psychische Entspannung (nach)* gibt.

Stevie: Diese Vermutung kann in die folgenden vier Einzelkomponenten zerlegt werden. Bei den Studierenden gibt es:

a) einen positiven Zusammenhang zwischen der körperlichen Entspannung (vor) und der körperlichen Entspannung (nach).

und (nicht oder)

b) einen positiven Zusammenhang zwischen der körperlichen Entspannung (vor) und der psychischen Entspannung (nach).
und (nicht oder)
c) einen positiven Zusammenhang von der Einflussgröße körperliche Entspannung (nach) über die körperliche Entspannung (vor) hinaus (unter Konstanthaltung der körperlichen Entspannung (vor)) mit der *psychischen Entspannung (nach)*.
und (nicht oder)
d) keinen Zusammenhang von der Einflussgröße körperliche Entspannung (vor) über die körperliche Entspannung (nach) hinaus (unter Konstanthaltung der körperlichen Entspannung (nach)) mit der *psychischen Entspannung (nach)*.

Die Herleitung der vermuteten Zusammenhänge zwischen den hier verwendeten Variablen können wir durchaus als logisch plausibel einstufen. Für tiefer gehende Erklärungen könnte es eventuell gelingen, emotionale, kognitive und physiologische Theorien heranzuziehen.

- **3) Statistische Hypothesen (SH)**

Statistische Hypothesen
Stefanie: Aus unserer vierteiligen wissenschaftlichen Hypothese leiten wir die folgenden vier statistischen Hypothesen ab:
a) Alternativhypothese H_1: $p(x6, x12) > 0$ (die Populationskorrelation zwischen dem Prädiktor und der Mediatorvariable ist größer als 0).
Komplementär zu dieser H_1 lautet die Nullhypothese H_0: $p(x6, x12) \leq 0$.
und (nicht oder)
b) Alternativhypothese H_1: $p(x6, x13) > 0$ (die Populationskorrelation zwischen dem Prädiktor und dem Kriterium ist größer als 0).
Komplementär zu dieser H_1 lautet die Nullhypothese H_0: $p(x6, x13) \leq 0$.
und (nicht oder)
c) Alternativhypothese H_1: $\beta\,(x13\,(x12\,.\,x6)) > 0$ (bei der Vorhersage des Kriteriums durch die Mediatorvariable und den Prädiktor ist der Populationsregressionskoeffizient für die Mediatorvariable größer als 0).
Komplementär zu dieser H_1 lautet die Nullhypothese H_0: $\beta\,(x13\,(x12\,.\,x6)) \leq 0$.
und (nicht oder)
d) Nullhypothese H_0: $\beta\,(x13\,(x6\,.\,x12)) = 0$ (bei der Vorhersage des Kriteriums durch die Mediatorvariable und den Prädiktor ist der Populationsregressionskoeffizient für den Prädiktor gleich 0).

Komplementär zu dieser H_0 lautet die Alternativhypothese H_1: $\beta\,(x13\,(x6\,.\,x12)) \neq 0$.

Stoffel: Durch die „**und (nicht oder)**"-Verknüpfung der vier Komponenten gilt wieder Folgendes: Die Vermutung wird nur dann als bewährt betrachtet, wenn sich tatsächlich die vier Teilkomponenten in der Studie bestätigen lassen.

5.4 · Mediatorvariablen

- **4) Versuchsplanung**

Stefanie: Für die ersten drei Alternativhypothesen wählen wir jeweils ein Signifikanzniveau von α = 5 % = 0,05. Für die Nullhypothese wird das Signifikanzniveau dagegen wie gewohnt auf α = 20 % = 0,20 festgelegt (Begründung siehe ▶ Abschn. 2.1.1 bei der Versuchsplanung Punkt 4).

Da wir diese Hypothesen einzeln prüfen werden und alle vier Hypothesen angenommen werden müssen, damit wir eine Gesamthypothesenbestätigung akzeptieren, kann es hier zu keiner Fehlerakkumulierung (für den Fehler erster Art) kommen.

Es wurden N = 66 Psychologiestudierende (zweites Semester in Fribourg) untersucht.

ℹ Sprungmöglichkeit →

■■ **Teststärkeanalysen für die Produkt-Moment-Korrelationen p(x6, x12) und p(x6, x13)**
Wenn wir nach der Konvention von Cohen (1988, S. 80) von einer großen Effektgröße r = 0,5 ausgehen, dann resultiert bei N = 66 und einem gerichteten Signifikanzniveau von 5 % für die beiden Korrelationen eine interpolierte Teststärke, die über 0,995 liegt (Cohen 1988, S. 87, Tab. 3.3.2).

■■ **Teststärkeanalyse für die semipartiellen Regressionskoeffizienten β(x13 (x12 . x6)) und β(x13 (x6 . x12))**
Stevie: Die Bestimmung der Teststärke für den semipartiellen Regressionskoeffizienten gehört bei Cohen (1988, S. 409) im ▶ Kap. 9 zu dem *case 1* (quadrierte semipartielle Korrelationen).

Es muss zunächst zwischen dem Kriterium und dem oder den Prädiktoren unterschieden werden. In unserem Beispiel können wir problemlos x13 als Kriterium und *x12 oder x6* als Prädiktor einstufen.

Dann müssen die folgenden fünf Komponenten bestimmt werden:
- *Zählerfreiheitsgrad = u = Anzahl der Prädiktoren*
- *w = Anzahl der Kontrollvariablen*
- *Nennerfreiheitsgrad = v = N − u − w − 1*
- *Effektgröße f^2*
- *Nichtzentralitätsparameter = λ = f^2 * (u + v + 1)*

Wenn wir nach der Konvention von Cohen (1988, S. 414) von einer großen Effektgröße f^2 = 0,35 ausgehen, erhalten wir für unser Beispiel die folgenden Werte:
u = 1 *(x12 oder x6)*, w = 1 (x6 oder x12), v = 66 − 1 − 1 − 1 = 63, λ = 0,35 * (1 + 63 + 1) = 22,75.

Bei einem ungerichteten Signifikanzniveau von 5 % liegt dann die interpolierte Teststärke für den semipartiellen Regressionskoeffizienten *β(x13 (x12 . x6))* bei einem Wert von über 0,99 (Cohen 1988, S. 420, Tab. 9.3.2).

Für *β(x13 (x6 . x12))* sollte das ungerichtete Signifikanzniveau bei 20 % liegen (dazu gibt es keine Tabelle bei Cohen (1988)), die Teststärke fällt dann aber noch höher aus als für *β(x13 (x12 . x6))*.

ℹ ←Sprungmöglichkeit

■ **5) Datenerhebung und Datentabelle**
▶ Siehe Kap. 3 für die Erstellung der Datentabelle.

■ **6) Stichprobenergebnisse bzw. SPSS-Ergebnisse**
Stefanie: Mit dem SPSS-Schema 11 wird nun die Durchführung für die Prüfung einer Mediatorvariable mit SPSS vorgestellt (◘ Abb. 5.9). Wir verwenden dabei die *Standardmethode* der multiplen Regressionsanalyse.

Stoffel: Speichern und Drucken der SPSS-Ergebnisse bitte nicht vergessen.

Stevie: In der SPSS-Ergebnisausgabe erhalten wir eine mehrteilige Ergebnistabelle.

Die im ersten Teil dargestellten Mittelwerte und Standardabweichungen benötigen wir hier nicht.

Im zweiten Teil der SPSS-Ausgabe werden die Ergebnisse für die Produkt-Moment-Korrelationen zwischen x6, x12, und x13 aufgelistet. Davon benötigen wir für unsere Hypothesen nur paarweise die Korrelationen zwischen x6 mit x12 und x13, die wir in der ◘ Tab. 5.13 zusammenstellen. Die Irrtumswahrscheinlichkeiten für gerichtete Hypothesen (im SPSS-Ausdruck als *Einseitig* bezeichnet) und die Stichprobengrößen N sind ebenfalls angegeben.

Die Information im dritten SPSS-Tabellenteil, dass die zwei Variablen x6 und x12 als Prädiktoren in das Vorhersagemodell (im SPSS mit der Ziffer „1" gekennzeichnet) für das Kriterium x13 auch tatsächlich verwendet werden (im SPSS: aufgenommen), nehmen wir beruhigt zur Kenntnis.

Der vierte (Modellzusammenfassung) und der fünfte SPSS-Ergebnisteil (ANOVA) liefern Resultate zu der gemeinsamen Vorhersagekraft der verwendeten Prädiktoren (x6 und x12). Das ist für unsere aktuelle Fragestellung bedeutungslos.

Im sechsten SPSS-Tabellenteil werden die Resultate für die (semipartiellen) Stichprobenregressionskoeffizienten $b_1 = b(x13\ (x6\ .\ x12))$, $b_2 = b(x13\ (x12\ .\ x6))$ und für die Konstante b_0 angeführt. In der ◘ Tab. 5.14 geben wir die (nichtstandardisierten) Regressionskoeffizienten und die Ergebnisse für die jeweils dazu durchgeführten t-Signifikanztests mit den empirischen t-Werten t_{emp} und den Irrtumswahrscheinlichkeiten p an. Zusätzlich tragen wir für jeden Prädiktor die Toleranzwerte in die Tabelle ein. Auf die darüber hinaus im SPSS angegebenen standardisierten Regressionskoeffizienten, die Standardfehler und die VIF-Werte (= Kehrwert von der Toleranz T) können wir hier verzichten.

Den siebten SPSS-Tabellenteil mit den Ergebnissen zu einer umfangreicheren Kollinearitätsdiagnose benötigen wir nicht.

5.4 · Mediatorvariablen

Schritt 1	
Handlungen:	Die SPSS-Datei mit dem Dateinamen Fragebogen starten.
Auswirkungen:	SPSS-Bildschirm: Datenansicht mit der Datentabelle (N = 66 für x1 bis x22) ist reaktiviert.

⇩

Schritt 2	
Handlungen:	1) In der Menüleiste *Analysieren* anklicken. 2) In dem dadurch entstandenen ersten Untermenü *Regression* anvisieren und in dem zweiten entstandenen Untermenü *Linear...* anklicken.
Auswirkungen:	Eine Dialogbox *Lineare Regression* hat sich geöffnet.

⇩

Schritt 3	
Handlungen:	1) In dem linken Variablenfeld die Variable *x6* (körperliche Entspannung (vor)) markieren. Dann den *Pfeil* für das Feld *Unabhängige Variable(n):* anklicken. 2) In dem linken Variablenfeld die Variable *x12* (körperliche Entspannung (nach)) markieren. Dann den *Pfeil* für das Feld: *Unabhängige Variable(n):* anklicken. 3) In dem linken Variablenfeld die Variable x13 markieren. Dann den *Pfeil* für das Feld *Abhängige Variable:* anklicken. 4) Den Button *Statistiken* (rechts oben) anklicken.
Auswirkungen:	1) bis 2) Die Variablen x6 und x12 sind zur weiteren Bearbeitung als Prädiktoren ausgewählt worden. 3) Die Variable x13 ist als Kriterium festgelegt worden. 4) Eine Dialogbox *Lineare Regression: Statistiken* hat sich geöffnet.

⇩

Schritt 4	
Handlungen:	1) Rechts oben die Kästchen für a) Deskriptive Statistik und b) Kollinearitätsdiagnose anklicken. 2) Den Button Weiter (links unten) anklicken.
Auswirkungen:	1) a) Die Mittelwerte, die Standardabweichungen und die einfachen Produkt-Moment-Korrelationen für die ausgewählten Variablen werden berechnet. b) Für die Prädiktoren werden die Toleranzen berechnet. 2) Die Dialogbox *Lineare Regression* ist wieder geöffnet.

⇩

Schritt 5	
Handlungen:	Den OK-Button (links unten) anklicken.
Auswirkungen:	Das Ausgabefenster mit den Ergebnissen wird angezeigt.

Abb. 5.9 *Multiple Regressionsanalyse: Mediatorvariable* – SPSS-Schema 11

◘ **Tab. 5.13** Paarweise Produkt-Moment-Korrelationen zwischen x6 mit x12 und x13

Korrelationen		x12 = körperliche Entspannung (nach)	x13 = psychische Entspannung (nach)
x6 = körperliche Entspannung (vor)	Korrelation nach Pearson	0,671	0,382
	Signifikanz für gerichtete Hypothesen	0,000	0,001
	N	66	66

◘ **Tab. 5.14** Ergebnisse der multiplen Regressionsanalyse für die einzelnen Prädiktoren x6 und x12 mit dem Kriterium x13

Regressionskoeffizienten:	x13 = Kriterium			
Prädiktoren	Nichtstandardisierte Regressionskoeffizienten	t_{emp}	p	Toleranz T
Konstante: $b_0 =$	32,356	4,577	0,000	–
x12: $b_1 = b(x13\,(x12\,.\,x6)) =$	0,569	4,867	0,000	0,550
x6: $b_2 = b(x13\,(x6\,.\,x12)) =$	–0,046	–0,406	0,686	0,550

- **7) Vorbetrachtung und Betrachtung der Voraussetzungen**

Es wird geprüft, ob die Bedingungen für die Durchführung der Signifikanztests erfüllt sind.

▪▪ **Vorbetrachtung**

Stoffel: Wenn unsere wissenschaftlichen Hypothese stimmen würde, dann müssten in der untersuchten Stichprobe die Produkt-Moment-Korrelation r(x6, x12), r(x6, x13), und der Regressionskoeffizient $b_1 = b(x13\,(x12\,.\,x6))$ größer als 0 sein. Der Regressionskoeffizient $b_2 = b(x13\,(x6\,.\,x12))$ dagegen sollte gleich 0 sein.
a) r(x6, x12) = 0,671 (siehe ◘ Tab. 5.13)
b) r(x6, x13) = 0,382 (siehe ◘ Tab. 5.13)
c) $b_1 = b(x13\,(x12\,.\,x6)) = 0{,}569$ (siehe ◘ Tab. 5.14)
d) $b_2 = b(x13\,(x6\,.\,x12)) = -0{,}046$ (siehe ◘ Tab. 5.14)

Das spricht jeweils für die Alternativhypothesen.

▪▪ **Betrachtung der Voraussetzungen**

Die Toleranzwerte für die Prädiktoren x6 und x12 liegen jeweils bei 0,550 (siehe ◘ Tab. 5.14). Somit können wir davon ausgehen, dass die Voraussetzung *keine Multikollinearität* nicht verletzt wird.

Da unsere Stichprobengrößen bei N = 66 (N > 40) liegen, verzichten wir mit den Verweisen auf die Robustheit der Signifikanztests und den mit den Voraussetzungsprüfungen behafteten Problemen auf die Prüfung der weiteren Voraussetzungen (vgl. Kuhlmei 2018, S. 200).

Die weiteren Analyseschritte der Signifikanztests werden durchgeführt.

8) Empirische Prüfgrößen und Irrtumswahrscheinlichkeiten p

Stefanie: Für die beiden Korrelationen zwischen x6 mit x12 und x13 liegen die Irrtumswahrscheinlichkeiten bei 0,000 und 0,001(siehe ◘ Tab. 5.13). Zu den verwendeten empirischen Prüfgrößen liefert das SPSS in diesem Kontext jeweils keine Resultate.

Für die beiden (semipartiellen) Stichprobenregressionskoeffizienten $b_1 = b(x13 (x12 . x16))$ und $b_2 = b(x13 (x6 . x12))$ liegen die empirischen t-Werte bei 4,867 und – 0,406 und die Irrtumswahrscheinlichkeiten betragen 0,000 und 0,686 (siehe ◘ Tab. 5.14).

9) Entscheidungen

Stoffel: Die ersten drei statistischen Nullhypothesen
a) $p(x6, x12) \leq 0$ (mit p = 0,000)
b) $p(x6, x13) \leq 0$ (mit p = 0,001)
c) $\beta (x13 (x12 . x6)) \leq 0$ (mit p = 0,000)
werden alle abgelehnt, weil jeweils $p < \alpha$ (= 0,05) ist.
Dagegen wird die vierte statistische Nullhypothese
d) $\beta (x13 (x6 . x12)) = 0$ (mit p = 0,668)

(vorläufig) beibehalten, weil $p > \alpha$ (= 0,20) ist.

10) Ergebnisdarstellungen, Interpretation und Diskussion

Stefanie: Der Signifikanztest für die Einzelkorrelation r(x6, x12) (p = 0,000) wurde signifikant und es trat dabei ein großer Stichprobeneffekt ($r^2 = 0,450$) auf. Der Signifikanztest für die Einzelkorrelation r(x6, x13) (p = 0,001) wurde signifikant und es trat dabei ein mittelgroßer Stichprobeneffekt ($r^2 = 0,146$) auf.

Der (semipartielle) Stichprobenregressionskoeffizient β (x13 (x12 . x6)) ($t_{emp} = 4,867$, p = 0,000) wurde signifikant.

Der (semipartielle) Stichprobenregressionskoeffizient β (x13 (x6 . x12)) ($t_{emp} = - 0,406$, p = 0,686) wurde dagegen nicht signifikant.

Damit wurden alle vier Teilhypothesen bestätigt. Wir können daher insgesamt festhalten, dass sich unsere Vermutung: Die Variable x12 = *körperliche Entspannung (nach)* wirkt als totale Mediatorvariable bei der Vorhersage des Kriteriums *psychische Entspannung (nach)* = x13 durch den Prädiktor *körperliche Entspannung (vor)* = x6, (vorläufig) bewährt hat.

Auf die einzelnen Ergebnisdarstellungen und auf die Diskussion werden wir hier nicht weiter eingehen.

Stevie: Ich habe noch zwei wichtige Hinweise:

Auch bei der Interpretation der Mediatorvariable ist beim Thema Korrelation und Kausalität die Regel zu beachten, dass *ein korrelativer Zusammenhang nur eine notwendige, aber nicht hinreichende Bedingung für eine kausale Schlussfolgerung* ist (vgl. Kuhlmei 2018, S. 219–221).

Die Hypothesenprüfungen für die beiden semipartiellen Regressionskoeffizienten β (x13 (x12 . x6)) und β (x13 (x6 . x12)), die wir hier im Rahmen einer einzigen *multiplen Regressionsanalyse nach dem Standardverfahren* durchgeführt haben, könnte auch durch die zweimalige Anwendung der *hierarchischen Regressionsana-*

Abb. 5.10 Stevie, Stefanie und Stoffel entspannen sich im Garten vom Departement für Psychologie.

lyse für die entsprechenden beiden quadrierten semipartiellen Korrelationskoeffizienten erfolgen:

$$R^2(x13(x12.x6)) = R^2(x13.x6, x12) - R^2(x13.x6) \&$$

$$R^2(x13(x6.x12)) = R^2(x13.x6, x12) - R^2(x13.x12)$$

In der ◘ Abb. 5.10 sehen wir Stevie, Stefanie und Stoffel bei einer Entspannungsübung.

5.4.2 Partielle Mediatorvariable

Wenn der Zusammenhang zwischen der Prädiktorvariable und dem Kriterium nicht ausschließlich indirekt durch die Mediatorvariable vermittelt wird, sondern es auch noch einen direkten Zusammenhang zwischen dem Prädiktor und dem Kriterium gibt, dann sprechen wir von einer partiellen Mediatorvariable.

Die ersten drei Bedingungen a), b) und c) sind genau wie bei der totalen Mediatorvariablen (siehe oben), aber die vierte Bedingung d) ist folgendermaßen verändert:

β (Kriterium. Prädiktor)) > β (Kriterium (Prädiktor. Mediatorvariable)) **oder**
R^2(Kriterium. Prädiktor) > R^2(Kriterium. Prädiktor, Mediator) − R^2(Kriterium. Mediator) in der Population.

Das bedeutet, dass durch die Berücksichtigung der Mediatorvariablen, die durch den Prädiktor aufgeklärte Kriteriumsvarianz in der Population vergleichsweise kleiner wird (aber nicht gleich 0 werden muss, wie es bei einer totalen Mediatorvariablen zu fordern ist).

Stefanie: Mit welchem Signifikanztest kann diese Hypothese (Bedingung) geprüft werden?

Stevie: Dazu ist mir leider kein Signifikanztest bekannt, deswegen werden wir hier auch kein Beispiel im Ablaufschema präsentieren.

Stoffel: Aber könnt ihr mir bitte die partielle Mediatorvariable wenigstens an einem plausiblen inhaltlichen Beispiel erläutern?

- **Sozialpsychologisches Beispiel für eine partielle Mediatorvariable (Ausbildungsgüte)**

Stefanie: Natürlich. Ich wähle dazu ein Beispiel aus dem familiären sozioökonomischen Bereich.

Der Prädiktor *die finanzielle Unterstützung durch die Eltern* wird vermutlich beträchtlich mit dem Kriterium *dem späteren (als Erwachsene) Gesamtvermögen der Kinder* zusammenhängen. Als partielle Mediatorvariable könnte hier die Variable *Güte der (durch die Eltern) finanzierten Ausbildung der Kinder* (Schule, Studium usw.) wirksam werden.

Die *finanzielle Unterstützung der Eltern* wird sich teilweise nur *indirekt* über die *Güte der finanzierten Ausbildung der Kinder* auf das *spätere Vermögen der Kinder* auswirken. Daneben wird es aber auch einen *direkten* Zusammenhang, bedingt durch finanzielle Geschenke, Erbschaften usw., zwischen der *finanziellen Unterstützung der Eltern* und dem *späteren Vermögen der Kinder* geben.

5.5 Nominalskalierte Prädiktorvariablen

 Sprungmöglichkeit →

Stevie: Es gibt eine (mindestens) intervallskalierte Kriteriumsvariable und im einfachsten Fall eine dreistufige nominalskalierte Prädiktorvariable, die allerdings durch zwei dichotome Variablen (sogenannte Dummyvariablen) D1 und D2 entsprechend dem in ◘ Tab. 5.15 dargestellten Schema ersetzt wird.

Personen (Objekte) die zur Stufe 1 auf dem Prädiktor gehören, erhalten die Werte „1" auf D1 und „0" auf D2 usw.

Generelle ungerichtete statistische Hypothesen für die multiple Regressionsanalyse mit einer dreistufigen nominalskalierten Prädiktorvariable
In der Nullhypothese H_0 wird davon ausgegangen, dass die quadrierte multiple Populationskorrelation für die Kriteriumsvariable mit den beiden Dummyvariablen D1 und D2 gleich 0 ist: $R^2(\text{Kriterium. D1, D2}) = 0$.

◘ Tab. 5.15 Dummycodierung für eine dreistufige nominalskalierte Prädiktorvariable

Prädiktor	D1	D2
Stufe-1	1	0
Stufe-2	0	1
Stufe-3	0	0

> Die Alternativhypothese H_1 behauptet dagegen, dass die quadrierte multiple Populationskorrelation für die Kriteriumsvariable mit den beiden Dummyvariablen D1 und D2 ungleich 0 ist: R^2(Kriterium. D1, D2) $\neq 0$.

Wenn die Analysen zu einer Bestätigung der Alternativhypothese führen, dann ist der Nachweis eines vermuteten Zusammenhanges zwischen der nominalskalierten Prädiktorvariable und dem Kriterium gelungen.

Stefanie: Diese Vorgehensweise kann problemlos auch auf höhere Stufenanzahlen der nominalskalierten Prädiktorvariable ausgedehnt werden: Wenn die mehrstufige nominalskalierte Variable g Stufen hat, dann werden g-1 Dummyvariablen mit einem entsprechend erweiterten Schema erstellt und in den Hypothesen verwendet.

🛈 ← Sprungmöglichkeit

5.5.1 Basisablauf: Dreistufige nominalskalierte Prädiktorvariable

- **1) Fragestellung**

Stevie: Wenn man den Zusammenhang zwischen einer mehrstufigen nominalskalierten Variable, zum Beispiel x4 = *Religionszugehörigkeit* (katholisch = 1, evangelisch = 2, Restkategorie = 3) und einer intervallskalierten Variable, zum Beispiel x10 = *Geselligkeit,* erfassen möchte, und dafür die Berechnung der Produkt-Moment-Korrelation zwischen x4 und x10 durchführen würde, dann würde das einen unsinnigen, nicht interpretierbaren Wert ergeben, weil eine der beiden Variablen nicht mindestens intervallskaliert (oder dichotom nominalskaliert) ist.

Stefanie: Gibt es nicht einen Trick, mit dem man im Rahmen der multiplen Regressionsanalyse dennoch den Zusammenhang zwischen einer mehrstufigen nominalskalierten Variable und einer intervallskalierten Variable sinnvoll erfassen kann?

Stevie: Stimmt. In der multiplen Regressionsanalyse müssen die Prädiktoren mindestens intervallskaliert oder dichotom nominalskaliert sein, das Kriterium dagegen muss mindestens intervallskaliert sein. Ohne diese Bedingungen zu verletzen, ist es möglich, die mehrstufige nominalskalierte Variable ohne Informationsverlust durch mehrere dichotome Variablen, sogenannte *Dummyvariablen,* zu ersetzen. Diese Variablen sind dann als Prädiktoren für die andere intervallskalierte Variable (das Kriterium) zu verwenden. Die insgesamt aufgeklärte Varianz R^2 zwischen diesen dichotomen Variablen und der intervallskalierten Variable (dem Kriterium) liefert die Information darüber, wie stark der statistische Zusammenhang zwischen der mehrstufigen nominalskalierten und der intervallskalierten Variable (dem Kriterium) ist.

Tab. 5.16 Zwei Dummyvariablen x4D1 und x4D2 für die dreistufige nominalskalierte Variable Religionszugehörigkeit x4

x4	x4D1	x4D2
Katholisch = 1	1	0
Evangelisch = 2	0	1
Restgruppe = 3	0	0

5.5 · Nominalskalierte Prädiktorvariablen

Stoffel: Wie viele solche Dummyvariablen werden denn benötigt, und wie werden ihre Werte ermittelt?

Stevie: Wenn die mehrstufige nominalskalierte Variable g Stufen hat, dann werden g-1 Dummyvariablen erstellt.

Die Vorgehensweise können wir am besten gleich an dem Beispiel mit der dreistufigen nominalskalierten Variable x4 erläutern.

In diesem Fall haben wir g=3 Stufen und benötigen somit zwei Dummyvariablen, die wir mit x4D1 und x4D2 bezeichnen werden. Die Werte auf den beiden Dummyvariablen können dann nach dem in ◘ Tab. 5.16 gezeigten (oder einem vergleichbaren) Muster erstellt werden.

Das ist so zu verstehen:

- Zeile 1: Alle Personen, die katholisch sind und somit auf der Variable x4 den Wert von „1" haben, bekommen auf x4D1 den Wert von „1" und auf x4D2 den Wert von „0" zugewiesen.
- Zeile 2: Alle Personen, die evangelisch sind und somit auf der Variable x4 den Wert von „2" haben, bekommen auf x4D1 den Wert von „0" und auf x4D2 den Wert von „1" zugewiesen.

Schritt 3	
Handlungen:	1) In dem Variablenfeld (links) *x4* markieren und dann den Pfeil anklicken.
	2) Im Feld *Ausgabevariable* (rechts oben) unter *Name*: "x4D1" eintragen und dann den Button *Ändern* anklicken.
	3) Den Button *Alte und neue Werte...* anklicken.
Auswirkungen:	1) & 2) In dem mittleren oberen Feld *Numerische Var -> Ausgabevar.:* wird festgelegt: *x4 --> x4D1*.
	3) Eine größere Dialogbox *Umcodieren in andere Variablen: Alte und neue Werte* hat sich geöffnet.

⇩

Schritt 4	
Handlungen:	1) Links in dem Bereich Alter Wert im Feld *Wert* "1" eintragen, dann rechts oben in dem Bereich Neuer Wert im Feld *Wert* "1" eintragen, dann den Button *Hinzufügen* (Mitte rechts) anklicken.
	2) Links in dem Bereich Alter Wert im Feld *Wert* "2" eintragen, dann rechts oben in dem Bereich Neuer Wert im Feld *Wert* "0" eintragen, dann den Button *Hinzufügen* (Mitte rechts) anklicken.
	3) Links in dem Bereich Alter Wert im Feld *Wert* "3" eintragen, dann rechts oben in dem Bereich Neuer Wert im Feld *Wert* "0" eintragen, dann den Button *Hinzufügen* (Mitte rechts) anklicken.
	4) Den Button *Weiter* (unten links) anklicken.
Auswirkungen:	1), 2) & 3) Im Feld *Alt --> Neu* sind die Definitionen festgelegt worden:
	1 --> 1
	2 --> 0
	3 --> 0
	4) Die Dialogbox *Umcodieren in andere Variablen,* ist wieder aktiviert.

◘ **Abb. 5.11** *Variablenwerte verändern – SPSS (Teil-)Schema 12 (Anpassung der Schritte 3 und 4 für x4D1 beim* SPSS-Schema 6 von Kuhlmei 2018, S. 55)

◘ **Tab. 5.17** Veränderung der alten Werte in die neuen Werte für x4D2

Alter Wert	Neuer Wert
1 -->	0
2 -->	1
3 -->	0

— Zeile 3: Alle Personen, die zur Restgruppe gehören und somit auf der Variable x4 den Wert von „3" haben, bekommen auf x4D1 und auf x4D2 den Wert von „0" zugewiesen.

Die beiden dichotomen Prädiktoren x4D1 und x4D2 beinhalten somit gemeinsam eindeutig die Information, zu welcher Religionsgruppe jede einzelne Person gehört.
Stefanie: Im SPSS können wir die Variablen x4D1 und x4D2 relativ einfach mithilfe des SPSS-Schema 6 – *Variablenwerte verändern* (siehe Kuhlmei 2018, S. 55) erzeugen.
Für x4D1 müssen dabei die in ◘ Abb. 5.11 beschriebenen Anpassungen in den Schritten 3 und 4 vorgenommen werden.
Für x4D2 ist das SPSS-Schema 6 *Variablenwerte verändern* (siehe Kuhlmei 2018, S. 55) analog so zu verändern, dass die Wertzuweisungen in ◘ Tab. 5.17 resultieren.

- **2) Wissenschaftliche Hypothese (WH)**

> **Wissenschaftliche Hypothese**
> **Stevie:** Unsere wissenschaftliche Hypothese lautet:
> Ich vermute, dass es bei den Studierenden einen Zusammenhang zwischen der *Religionszugehörigkeit* und der *Geselligkeit* gibt.
> Dieses Beispiel verwenden wir hier, nur zu Demonstration des technischen Ablaufs, ohne theoretischen Hintergrund.

- **3) Statistische Hypothesen (SH)**

> **Statistische Hypothesen**
> Aus unserer wissenschaftlichen Hypothese folgt die ungerichtete Alternativhypothese H_1: R^2(x10. x4D1, x4D2) $\neq 0$ (die quadrierte multiple Populationskorrelation für die Kriteriumsvariable x10 mit den beiden Prädiktorvariablen x4D1 und x4D2 ist ungleich 0).
> Komplementär zu dieser H_1 lautet die Nullhypothese H_0: R^2(x10. x4D1, x4D2) $= 0$.

- **4) Versuchsplanung**

Stoffel: Für die Alternativhypothese wählen wir ein Signifikanzniveau von $\alpha = 5\% = 0,05$.

5.5 · Nominalskalierte Prädiktorvariablen

Es wurden N = 66 Psychologiestudierende (zweites Semester in Fribourg) untersucht. Für die Variablen x10, x4D1 und x4D2 liegen die Messwerte für N = 62 Personen vor.

🛈 Sprungmöglichkeit →

■■ Teststärkeanalyse für die quadrierte multiple Korrelation R^2(x10 . x4D1, x4D2)

Stevie: Die Bestimmung der Teststärke für die quadrierte multiple Korrelation gehört bei Cohen (1988, S. 409) im ▶ Kap. 9 zu dem *case 0*.

Es muss zunächst zwischen dem Kriterium und den Prädiktoren unterschieden werden. In unserem Beispiel können wir problemlos x10 als Kriterium und x4D1 und x4D2 als Prädiktoren einstufen.

Dann müssen die folgenden vier Komponenten bestimmt werden:
– *Zählerfreiheitsgrad* = u = *Anzahl der Prädiktoren*
– *Nennerfreiheitsgrad* = v = N – u – 1
– *Effektgröße* f^2
– *Nichtzentralitätsparameter* = $\lambda = f^2 * (u + v + 1) = f^2 * N$

Wenn wir nach der Konvention von Cohen (1988, S. 414) von einer großen Effektgröße $f^2 = 0{,}35$ ausgehen, erhalten wir für unser Beispiel die folgenden Werte:
u = 2, v = 62 – 2 – 1 = 59, $\lambda = 0{,}35 * (2 + 59 + 1) = 21{,}7$.

Bei einem ungerichteten Signifikanzniveau von 5 % liegt dann die interpolierte Teststärke bei einem Wert von über 0,98 (der exakte interpolierte Wert liegt bei 0,9864) (Cohen 1988, S. 420, Tab. 9.3.2).

🛈 ←Sprungmöglichkeit

■ 5) Datenerhebung und Datentabelle
▶ Siehe Kap. 3 für die Erstellung der Datentabelle.

■ 6) Stichprobenergebnisse bzw. SPSS-Ergebnisse

Stevie: Mit dem SPSS-Schema 13 wird nun die Durchführung für die Prüfung einer dreistufigen nominalskalierten Prädiktorvariablen mit SPSS vorgestellt (◘ Abb. 5.12). Wir verwenden dabei die *Standardmethode* der multiplen Regressionsanalyse.

Hinweis: Im Wesentlichen handelt es sich dabei um ein vereinfachtes SPSS-Schema 5 für zwei normale Prädiktoren, bei dem der Schritt 4 (Deskriptive Statistiken und Kollinearitätsdiagnose) entfällt (siehe ▶ Abschn. 5.1).

Stoffel: Speichern und Drucken der SPSS-Ergebnisse bitte nicht vergessen.

Stevie: In der SPSS-Ergebnisausgabe erhalten wir eine mehrteilige Ergebnistabelle.

Die Information im ersten SPSS-Tabellenteil, dass die beiden Variablen x4D1 und x4D2 als Prädiktoren in das Vorhersagemodell (im SPSS mit der Ziffer „1" gekennzeichnet), auch tatsächlich verwendet werden (im SPSS: aufgenommen), nehmen wir beruhigt zur Kenntnis.

Im zweiten SPSS-Tabellenteil folgen dann die Angaben zu der quadrierten multiplen Stichprobenkorrelation die bei R^2(x10 . x4D1, x4D2) = 0,051 liegt. Die zusätzlichen Angaben im SPSS: die multiple Stichprobenkorrelation R(x10 . x4D1,

Schritt 1	
Handlungen:	Die SPSS-Datei mit dem Dateinamen *Fragebogen* starten.
Auswirkungen:	SPSS-Bildschirm: *Datenansicht* mit der Datentabelle (N = 66 für x1 bis x22) ist reaktiviert. Hinweis: Zusätzlich gibt es die Variablen X4D1 und X4D2 (siehe oben).

⬇

Schritt 2	
Handlungen:	1) In der Menüleiste *Analysieren* anklicken. 2) In dem dadurch entstandenen ersten Untermenü *Regression* anvisieren und in dem zweiten entstandenen Untermenü *Linear...* anklicken.
Auswirkungen:	Eine Dialogbox *Lineare Regression* hat sich geöffnet.

⬇

Schritt 3	
Handlungen:	1) In dem linken Variablenfeld die Variable *x4D1* markieren. Dann den *Pfeil* für *Unabhängige Variable(n):* anklicken. In dem linken Variablenfeld die Variable *x4D2* markieren. Dann den *Pfeil* für *Unabhängige Variable(n):* anklicken. 2) In dem linken Variablenfeld die Variable *x10* (Geselligkeit) markieren. Dann den *Pfeil* für *Abhängige Variable:* anklicken.
Auswirkungen:	1) Die Variablen x4D1 und x4D2 sind zur weiteren Bearbeitung als Prädiktoren ausgewählt. 2) Die Variable x10 ist als Kriterium festgelegt worden.

⬇

Schritt 4	
Handlungen:	Den OK-Button (links unten) anklicken.
Auswirkungen:	Das Ausgabefenster mit den Ergebnissen wird angezeigt.

◘ **Abb. 5.12** *Multiple Regressionsanalyse: Dreistufige nominalskalierte Prädiktorvariable* – SPSS-Schema 13

x4D2), die geschätzte quadrierte multiple Populationskorrelation und der Standardfehler werden hier nicht benötigt.

Zu dem R^2-Wert werden dann im dritten SPSS-Tabellenteil die Ergebnisse des dazu durchgeführten varianzanalytischen F-Signifikanztests angegeben, die wir in der folgenden ◘ Tab. 5.18 in der üblichen Schreibweise (siehe ▶ Kap. 2) darstellen.

Aus dem Freiheitsgrad $df_{Gesamt} = N - 1 = 61$ können wir ableiten, dass unsere verwendete Stichprobe auf $N = 62$ Messwerten basiert.

Die verwendeten Abkürzungen bedeuten: QS = Quadratsumme, df = Freiheitsgrad, $\hat{\sigma}^2$ = geschätzte Varianz (Bezeichnung im SPSS: Mittel der Quadrate), F_{emp} = empirischer Prüfwert F, p = Irrtumswahrscheinlichkeit (für ungerichtete Hypothesen).

Im vierten SPSS-Tabellenteil werden die Resultate für die Stichprobenregressionskoeffizienten angeführt, die wir hier nicht benötigen.

5.5 · Nominalskalierte Prädiktorvariablen

◘ Tab. 5.18   Ergebnisse der Varianzanalyse für R^2(x10 . x4D1, x4D2) im Kontext der multiplen Regressionsanalyse

ANOVA	R^2(x10 . x4D1, x4d2): x10 = Kriterium, x4D1 & x4D2 = Prädiktoren				
Varianzquelle	QS	df	$\hat{\sigma}^2$	F_{emp}	p
Regression (Treatment)	715,352	2	357,676	1,576	0,215
Residuen (Fehler)	13387,616	59	226,909		
Gesamt	14102,968	61			

- **7) Vorbetrachtung und Betrachtung der Voraussetzungen**

Es wird geprüft, ob die Bedingungen für die Durchführung der Signifikanztests erfüllt sind.

■■ **Vorbetrachtung**

Stoffel: Wenn unsere wissenschaftliche Hypothese stimmen würde, dann müsste in der untersuchten Stichprobe die quadrierte multiple Korrelation R^2(x10 . x4D1, x4D2) größer als 0 sein. Da R^2(x10 . x4D1, x4D2) = 0,051 ist (siehe oben), spricht das für die Alternativhypothese.

■■ **Betrachtung der Voraussetzungen**

Stevie: Die Dummyvariablen sind hier so konstruiert, dass wir sicher sein können, dass mit ihnen keine Multikollinearitätsproblematik verbunden ist und wir daher keine Toleranzwerte für x4D1 und x4D2 benötigen.

Da unsere Stichprobengrößen bei N = 62 (N > 40) liegen, verzichten wir mit den Verweisen auf die Robustheit der Signifikanztests und den mit den Voraussetzungsprüfungen behafteten Problemen auf die Prüfung der weiteren Voraussetzungen.

Die weiteren Analyseschritte der Signifikanztests werden absolviert.

- **8) Empirische Prüfgröße und Irrtumswahrscheinlichkeit p**

Stefanie: Für die quadrierte multiple Korrelation R^2(x10 . x4D1, x4D2) liegt der empirische F-Wert bei 1,576 und die Irrtumswahrscheinlichkeit p beträgt 0,215 (siehe ◘ Tab. 5.18).

- **9) Entscheidung**

Stoffel: Die statistische Nullhypothese wird (vorläufig) beibehalten, weil p > α (0,215 > 0,05) ist.

- **10) Ergebnisdarstellungen, Interpretation und Diskussion**

Stefanie: Der Signifikanztest für die quadrierte multiple Korrelation R^2(x10 . x4D1, x4D2) wurde nicht signifikant (p = 0,215), und es trat nur ein kleiner Stichprobeneffekt (R^2 = 0,051) auf.

Wir können festhalten, dass sich unsere Vermutung, es gäbe einen Zusammenhang zwischen der *Religionszugehörigkeit* und der *Geselligkeit,* (vorläufig) nicht bewährt hat. Auf die einzelnen Ergebnisdarstellungen und auf die Diskussion werden wir hier nicht weiter eingehen.

Zur Erinnerung: Nach Cohen (1988, S. 412–414) liegt ein kleiner Stichprobeneffekt vor, wenn $R^2 = 0{,}0196$ beträgt, ab $R^2 = 0{,}13$ ist der Effekt mittelgroß und ein $R^2 = 0{,}26$ wird als groß eingestuft.

5.5.2 Hinweis auf das allgemeine lineare Modell

Stevie: Mehrstufige nominalskalierte Variablen können nicht nur wie im ▶ Abschn. 5.5.1 von uns beschrieben durch Dummyvariablen, sondern auch durch andere Variablen wie die Effektvariablen und die Kontrastvariablen (der übliche gemeinsame Oberbegriff lautet: Indikatorvariablen) ersetzt werden.

Im Bortz (2005, S. 483–488) werden im Abschn. 14.1 diese drei verschiedenen Kodierungstechniken mit ihren verschiedenen Verwendungszielen am Beispiel einer vierstufigen nominalskalierten Variable *Parteipräferenz* (a1, a2, a3, a4) und einer intervallskalierten Variable *Einstellung zu Asylanten* ausführlich erörtert.

Darüber hinaus wird im Bortz (2005, S. 488–509) im Kap. 14.2 das sogenannte *allgemeine lineare Modell* vorgestellt. Es wird dabei erläutert, wie unter Verwendung von Indikatorvariablen die Fragestellungen von den verschiedenen statistischen Verfahren (chi^2-Tests, t-Tests und Varianzanalysen) alle im Kontext eines einzigen komplexen Verfahrens, der *multiplen linearen Regressionsanalyse*, abgehandelt werden können.

Stefanie: In solchen Zusammenhängen kann die verwendete Anzahl der Prädiktoren sehr schnell stark ansteigen, und es gilt zu beachten, dass die *Anzahl der untersuchten Personen* immer ein Vielfaches im Verhältnis *zur Anzahl der Prädiktoren* bleibt.

5.6 Zwei Anwendungsbereiche der multiplen Regressionsanalyse mit typischerweise mehr als 2 Prädiktoren

Stevie: Zu Beginn des ▶ Abschn. 5.1 haben wir erläutert, dass es im Kontext eines theoriegeleiteten, hypothesenorientierten Ansatzes im Rahmen der multiplen Regressionsanalyse anzustreben ist, im Wesentlichen nur Fragestellungen mit möglichst wenigen intervallskalierten Prädiktoren aufzustellen und zu prüfen.

Das Heranziehen einer deutlich größeren Anzahl von intervallskalierten Prädiktoren in der multiplen Regressionsanalyse wird normalerweise schnell dazu führen, dass man den Bereich des Hypothesentestens verlässt. Das Vorgehen sollte dann eher als explorativ (eventuell Hypothesen erzeugend) bezeichnet werden.

Im Folgenden möchte ich aber noch auf zwei Anwendungsbereiche (Diagnostik und Polynome (höheren Grades)) der multiplen Regressionsanalyse hinweisen, bei denen wir, trotz der Verwendung von mehr als zwei oder drei Prädiktoren, sicher im Bereich des Hypothesentesten bleiben.

Stoffel: Kannst du uns das bitte jeweils mit einem kleinen Beispiel erläutern?

5.6.1 Diagnostik

Stevie: Ich wähle hierzu ein Beispiel aus dem Bereich der Rückfälligkeitsdiagnostik von Straftätern. Das intervallskalierte Kriterium y = *Rückfälligkeit von Straftätern* soll aus nachvollziehbaren gesellschaftspolitischen Erwägungen heraus möglichst gut vorhergesagt werden. Möglicherweise haben sich die beiden biografischen intervallskalierten Variablen x1 = *Alter der Straftäter* und x2 = *Schweregrad des Deliktes,* die relativ einfach und kostenlos erfasst werden können, bereits in früheren Studien als geeignete Prädiktoren gut bewährt.

Stellen wir uns nun vor, dass für eine möglichst optimale Vorhersage des Kriteriums y = *Rückfälligkeit* zwei spezielle psychologische intervallskalierte Testverfahren x3 = *Rückfälligkeitstest 1* und x4 = *Rückfälligkeitstest 2* entwickelt wurden, die angeblich unterschiedliche (nicht oder nur gering korrelierte) Aspekte der Rückfälligkeit erfassen sollen.

Die Erhebung der Messwerte für x3 und x4 ist natürlich mit einigem Durchführungs- und Kostenaufwand verbunden. Daher wird man, bevor man diese beiden neuen psychologischen Tests zur Rückfälligkeitsdiagnostik flächendeckend einsetzen wird, erst sehr gründlich prüfen wollen, ob sich die folgende Vermutung:

Hypothesen
Die beiden psychologischen Tests x3 und x4 erbringen zusammen über die beiden biografischen Variablen x1 und x2 hinaus in der Population der Straftäter eine zusätzliche bedeutende Kriteriumsvarianzaufklärung. Die statistische Alternativhypothese H_1 dazu lautet: $R^2(y \,.\, x1, x2, x3, x4) - R^2(y \,.\, x1, x2) > 0$.

in einer sehr großen (n > 200), möglichst repräsentativen, Zufallsstichprobe von Straftätern bestätigen lässt und ob dabei ein mittelgroßer oder sogar großer Stichprobeneffekt resultiert.

Diese Prüfung erfolgt dann, ähnlich wie im ▶ Abschn. 5.2 (bei der traditionellen Suppressorvariable), mit der hierarchischen Methode der multiplen Regressionsanalyse (vgl. SPSS-Schema 6).

Hinweise zur Verwendung der hierarchischen Methode im SPSS-Schema 6
Schritt 2: Analysieren, Regression, Linear auswählen.
Schritt 3: Zunächst die erste Prädiktorengruppe (das sind in unserem Beispiel x1 und x2) eingeben. Dann den Button *Weiter* anklicken. Anschließend die zweite Prädiktorengruppe (das sind in unserem Beispiel x3 und x4) eingeben.
Schritte 3 und 4: Den Button *Statistiken* und *Änderung in R-Quadrat* auswählen.

5.6.2 Polynome höheren Grades

Stefanie: Bei Kuhlmei (2018, S. 213–218) wird aufgezeigt, wie auch *nichtlineare* einfache mathematische (wie zum Beispiel quadratische, logarithmische und exponentielle) Zusammenhänge zwischen zwei intervallskalierten Variablen im Rahmen der einfachen linearen Regressionsanalyse untersucht werden können.

Mithilfe der multiplen Regressionsanalyse können nun auch komplexere nichtlineare mathematische Funktionen wie die Polynome höheren Grades untersucht werden.

Wenn man zum Beispiel vermutet, dass zwischen dem Prädiktor x und dem Kriterium y ein mathematischer Zusammenhang besteht, der durch ein Polynom dritten Grades (es gibt lineare, quadratische und kubische Vorhersageanteile von x auf y) auszudrücken ist:

$$y = b_1 * x + b_2 * x^2 + b_3 * x^3 + b_0.$$

dann lässt sich diese Vermutung, unter mehrfacher Verwendung des Linearisierungstricks (Kuhlmei 2018, S. 213–218), folgendermaßen überprüfen:

Mit den drei Prädiktoren $w1 = x$, $w2 = x^2$, $w3 = x^3$ und dem Kriterium y wird eine multiple Regressionsanalyse durchgeführt. Wenn dabei die statistische Nullhypothese $R^2(y . w1, w2, w3) = 0$ abgelehnt wird, dann kann das als eine erste globale Bestätigung der Vermutung $y = b_1 * x + b_2 * x^2 + b_3 * x^3 + b_0$ bewertet werden.

Auf die genauere Prüfung der einzelnen linearen, quadratischen und kubischen Anteile mit den einzelnen Prädiktoren w1, w2 und w3, die mit den t-Tests für die Regressionskoeffizienten dieser Prädiktoren erfolgen kann, wollen wir hier nicht näher eingehen.

Diskriminanzanalyse

Inhaltsverzeichnis

6.1 Basisablauf: Zwei Prädiktoren – 140

6.2 Basisablauf: Traditioneller Suppressoreffekt – 151

6.3 Hinweise zu verwandten Verfahren – 166
6.3.1 Multivariater t-Test – 166
6.3.2 Multivariate Varianzanalyse – 167
6.3.3 Logistische Regressionsanalyse – 168

© Springer-Verlag GmbH Deutschland, ein Teil von Springer Nature 2020
E. Kuhlmei, *Lerne mit uns komplexe Statistik!*,
https://doi.org/10.1007/978-3-662-61751-9_6

Stoffel: Ich möchte darauf hinweisen, dass wir in diesem Kap. 6 nur die einfachste Variante der Diskriminanzanalyse mit einem zweistufigen Kriterium (es gibt dann nur eine Diskriminanzfunktion y) und (in den meisten Beispielen) mit nur zwei intervallskalierten Prädiktoren betrachten werden.

Im Buch von Backhaus, Erichson, Plinke und Weiber (2018, S. 222) habe ich gelesen, dass eine formale Ähnlichkeit zwischen der multiplen Regressionsanalyse und der Diskriminanzanalyse besteht. Können wir bitte mit einem inhaltlichen Vergleich dieser beiden Verfahren beginnen?

Stevie: Bei einer Gegenüberstellung (siehe ◘ Tab. 6.1) der multiplen Regressionsanalyse mit der Diskriminanzanalyse hinsichtlich der verwendeten Variablen und der angestrebten Zielsetzung wird die enge Verwandtschaft der beiden Verfahren deutlich.

> Prädiktoren dienen der Vorhersage (Multiple Regressionsanalyse) bzw. der Gruppenzuordnung (Diskriminanzanalyse) des Kriteriums.

Stefanie: Die Diskriminanzfunktion „$y = b_1 * x1 + b_2 * x2 + b_0$" in der Diskriminanzanalyse ist rein äußerlich von der Regressionsgleichung in der multiplen Regressionsanalyse nicht zu unterscheiden. Aber die Bestimmungskonzepte für die Koeffizienten und die Verwendungen der beiden Gleichungen unterscheiden sich deutlich, wie wir gleich sehen werden.

In der Regressionsanalyse werden basierend auf dem *Kleinste-Quadrate-Kriterium* die Koeffizienten der Regressionsgleichung so bestimmt, dass die vorhergesagten Kriteriumswerte eine minimale durchschnittliche quadratische Abweichung zu den tatsächlichen Kriteriumswerten haben.

In der Diskriminanzanalyse werden die Koeffizienten in den Diskriminanzfunktionen so gebildet, dass sie optimal zwischen den verschiedenen Gruppen unterscheiden können, indem das Verhältnis der *Streuung zwischen den Gruppen* zu der *Streuung in den Gruppen* (= Diskriminanzkriterium) maximiert wird.

Stoffel: Die Berechnung der vorhergesagten Kriteriumswerte in der Regressionsanalyse finde ich sehr einfach: Man muss nur die Prädiktorwerte für eine Person in die Regressionsgleichung einsetzen, diese dann jeweils mit ihren Regressionskoeffizienten (b_1, b_2 usw.) multiplizieren und am Ende noch b_0 dazu addieren.

◘ **Tab. 6.1** Vergleich der multiplen Regressionsanalyse mit der Diskriminanzanalyse

	Multiple Regressionsanalyse	Diskriminanzanalyse
Skalenniveau der Prädiktoren	Intervallskaliert (oder dichotom)	Intervallskaliert (oder dichotom)
Skalenniveau des Kriteriums	Intervallskaliert	Nominalskaliert
Ziel des Verfahrens	Das Kriterium soll mithilfe der Regressionsgleichung möglichst optimal vorhergesagt werden.	Die Zuordnung zu den Gruppen des Kriteriums soll, basierend auf der Diskriminanzfunktion (oder den Diskriminanzfunktionen), möglichst optimal erfolgen.
Verwendetes Kriterium	Kleinste-Quadrate-Kriterium (minimiert)	Diskriminanzkriterium (maximiert)

Wie erfolgt aber in der Diskriminanzanalyse die Zuordnung der Personen zu den Gruppen des Kriteriums?

Stefanie: Das ist tatsächlich etwas komplizierter. Zur Erklärung beschränke ich mich auf ein Kriterium mit nur zwei Gruppen (A und B), es gibt dann nur eine Diskriminanzfunktion y.

Es werden zunächst für alle Personen der Gruppe A und für alle Personen der Gruppe B die beiden Mittelwerte auf der Diskriminanzfunktion gebildet: $\bar{y}_A$ und $\bar{y}_B$.

Eine Person i wird dann der Gruppe zugeordnet, bei der die absolute Differenz ihres Diskriminanzfunktionswertes y_i zu dem Diskriminanzfunktionsmittelwert kleiner ist:

Wenn $|y_i - \bar{y}_A| < |y_i - \bar{y}_B|$, wird die Person i der Gruppe A zugeordnet.
Wenn $|y_i - \bar{y}_A| > |y_i - \bar{y}_B|$, wird die Person i der Gruppe B zugeordnet.

Stevie: In Analogie zu der multiplen Regressionsanalyse (siehe ▶ Kap. 5) kann man auch bei der Diskriminanzanalyse die Frage aufwerfen, ob die einzelnen Prädiktoren im Zusammenspiel mit den anderen Prädiktoren ganz normal oder auf eine besondere Art und Weise (zum Beispiel als Suppressor) einen Zusammenhang mit dem Kriterium aufweisen (vgl. auch Bortz 2005, S. 606).

Es gibt für die Diskriminanzanalyse im SPSS-Programm keine der *hierarchischen Methode* (siehe die Schritte 3 und 4 im SPSS-Schema 6 in der ◘ Abb. 5.2 im ▶ Abschn. 5.2) vergleichbare Prozedur wie bei der multiplen Regressionsanalyse. Deswegen wären die Prüfungen der in diesem Kontext aufstellbaren verschiedenen *Hypothesengruppen* insgesamt nicht so problemlos durchführbar wie gewohnt.

Der von Tabachnick und Fidell (2007, S. 405–407, ▶ Abschn. 9.6.7.3) alternativ für die *hierarchische Methode* vorgeschlagene Verfahrensweg wird von uns als recht aufwendig bewertet:

Nach der wiederholten Anwendung der Standardmethode kann mit einem chi²-Test (McNemar) oder einem approximativem F-Test die mögliche Verbesserung der Zuordnungen zu den Kriteriumsgruppen durch den (oder die) später berücksichtigten (aufgenommenen) Prädiktor(en) geprüft werden.

Da sich außerdem die Variablen unseres Fragebogens weder im Kontext von theoretischen Überlegungen noch in Rahmen von durchgeführten Probeauswertungen als besonders gut geeignet für die Demonstration der Prüfung der oben angesprochenen möglichen *Hypothesengruppen* erwiesen haben, werden wir uns in den ersten beiden Unterkapiteln folgendermaßen beschränken:

In Analogie zu dem ▶ Abschn. 5.1 der multiplen Regressionsanalyse erstellen wir im ▶ Abschn. 6.1 die generellen statistischen Hypothesen für die strenge Prüfung von zwei *geeigneten* Prädiktoren in der Diskriminanzanalyse. In der konkreten Durchführung werden wir uns dann aber damit begnügen, nur ein deutlich weniger strenges Hypothesenprüfungsvorgehen für die Prädiktorvariablen x10 und x18 mit dem Kriterium x15 anzuwenden.

Im ▶ Abschn. 6.2 werden, in Analogie zu dem ▶ Abschn. 5.2 der multiplen Regressionsanalyse, die generellen statistischen Hypothesen für eine traditionelle Suppressorvariable in der Diskriminanzanalyse aufgestellt. Mithilfe eines sehr kleinen fiktiven Datensatzes (N = 12) mit den Prädiktorvariablen x1 = *geschätzter Preis* und x2 = *Verdreckungsgrad* und dem dichotomen Kriterium x3 = *Verkaufspreisniveau* wird dann die Prüfung der Hypothesen im ▶ Abschn. 6.2 aufgezeigt.

Stoffel: Dann wird im ▶ Abschn. 6.2 aber die geforderte Bedingung N > 40 nicht erfüllt.

Stevie: Das stimmt, wir wollen hier aber lediglich die grundlegende Vorgehensweise demonstrieren.

- **Hinweise zur Notation**

Stoffel: Können wir bitte noch auf die verwendeten Schreibweisen eingehen?

Stevie: Sicher. Mit dem kleingeschriebenen, griechischen Buchstaben (mü): „μ" wird der Populationsmittelwert ausgedrückt. Mit dem kleingeschriebenen, griechischen Buchstaben (sigma): „σ" wird die Populationsstandardabweichung bezeichnet. Die Populationsvarianz wird mit „σ^2" dargestellt. Hinweis: σ bzw. σ^2 wird von uns erst im ▶ Kap. 8 verwendet.

Für die Stichproben verwenden wir hier einfach die Bezeichnungen Mittelwert und Standardabweichung (ohne Abkürzungen). Hinweis: Bei den Mittelwerten für die Diskriminanzfunktion y haben wir (siehe oben) aber auch noch die übliche Abkürzung mit dem kleingeschriebenen, lateinischen Buchstaben y (mit einem Querbalken darüber): „$\bar{y}$" verwendet.

Für die Populationskorrelation verwenden wir – in Annäherung an den kleingeschriebenen, griechischen Buchstaben (rho): „ρ" – den kleingeschriebenen, lateinischen, kursiv gedruckten Buchstaben p: „p".

Mit p(Variable 1, Variable 2) wird die Populationskorrelation zwischen den beiden Variablen 1 und 2 bezeichnet.

Mit r(Variable 1, Variable 2) wird die Stichprobenkorrelation zwischen den beiden Variablen 1 und 2 gekennzeichnet.

Für die quadrierte multiple Populationskorrelation verwenden wir den quadrierten, großgeschriebenen, lateinischen, kursiv gedruckten Buchstaben (R): „R^2".

Durch R^2(Kriterium. Prädiktor 1, Prädiktor 2) wird für die Population angegeben, wie viel Varianz des Kriteriums durch die beiden Prädiktoren 1 und 2 gemeinsam aufgeklärt wird. Der „." zwischen dem Kriterium und den Prädiktoren 1 und 2 zeigt hier an, dass die beiden Prädiktoren zur Vorhersage vom Kriterium verwendet werden.

Mit 1 – R^2(Kriterium. Prädiktor 1, Prädiktor 2) wird für die Population angegeben, wie viel Varianz des Kriteriums durch die beiden Prädiktoren 1 und 2 gemeinsam *nicht* aufgeklärt wird.

Für die quadrierte multiple Stichprobenkorrelation verwenden wir den quadrierten, großgeschriebenen, lateinischen Buchstaben (R): „R^2".

Mit Wilks Lambda = 1 – R^2(Kriterium. Prädiktor 1, Prädiktor 2) wird für die Stichprobe angegeben, wie viel Varianz des Kriteriums durch die beiden Prädiktoren 1 und 2 gemeinsam *nicht* aufgeklärt wird.

6.1 Basisablauf: Zwei Prädiktoren

Stefanie: Bei der Diskriminanzanalyse besteht, ähnlich wie bei der multiplen Regressionsanalyse, die Verlockung, durch die Verwendung von sehr vielen Prädiktoren das nominalskalierte Kriterium möglichst gut zuordnen zu wollen. Mit zunehmend größerer Prädiktoranzahl wird es aber auch in der Diskriminanzanalyse zunehmend schwieriger, den Einfluss der einzelnen Prädiktoren abzuschätzen, weil

6.1 · Basisablauf: Zwei Prädiktoren

auch hier die Wirkung der einzelnen Prädiktoren sehr stark von der zufällig gewählten Stichprobe und der dann auch zumindest teilweise zunehmend zufälligen Auswahl der weiteren Prädiktoren abhängt.

Stevie: Wir sollten daher in Analogie zur multiplen Regressionsanalyse auch bei der Diskriminanzanalyse nur einige wenige *geeignete* Prädiktoren verwenden, bei denen wir jeweils den Zusammenhang mit dem Kriterium theoretisch (oder empirisch) gut begründen können und die idealerweise (zumindest theoretisch) kausal und möglichst unabhängig voneinander auf das Kriterium einwirken.

Da kausale Zusammenhänge auch hier nicht endgültig nachweisbar sind, kann bestenfalls eine indirekte Prüfung erfolgen, indem zumindest die notwendigen varianzanalytischen und korrelativen Zusammenhänge für die vermuteten zugrunde liegenden kausalen Zusammenhänge überprüft werden.

Wenn wir den einfachsten Fall in der Diskriminanzanalyse mit nur zwei Prädiktoren verwenden, können wir folgendes fordern:

> Jeder Prädiktor soll für sich einen Zusammenhang mit dem Kriterium besitzen. Die beiden Prädiktoren sollen gemeinsam einen Zusammenhang mit dem Kriterium besitzen, und jeder Prädiktor soll über den anderen Prädiktor hinaus einen Beitrag für die Zuordnung des Kriteriums leisten.

ⓘ Sprungmöglichkeit →

Daraus ergeben sich die folgenden fünf generellen statistischen Alternativhypothesen für das Vorliegen von zwei geeigneten Prädiktoren. Aus Platzgründen werden die zugehörigen Nullhypothesen nicht extra aufgeführt.

Strenge generelle statistische Alternativhypothesen für zwei *geeignete* Prädiktoren in der Diskriminanzanalyse mit einem zweistufigen Kriterium

Anmerkung: Bei den Populationsmittelwerten μ steht der erste Index jeweils für die Gruppe des Kriteriums (1 vs. 2) und der zweite Index jeweils für die Variable, auf der der Mittelwert bestimmt wird (Prädiktor 1 = 1, Prädiktor 2 = 2 und Diskriminanzfunktion = y).

a) Die beiden Populationsmittelwerte für die beiden Gruppen des Kriteriums (1 vs. 2) von dem Prädiktor 1 sind ungleich: $\mu_{11} \neq \mu_{21}$.
   und (nicht oder)
b) Die Populationsmittelwerte für die beiden Gruppen des Kriteriums (1 vs. 2) von dem Prädiktor 2 sind ungleich: $\mu_{12} \neq \mu_{22}$.
   und (nicht oder)
c) Die beiden Populationsmittelwerte für die beiden Gruppen des Kriteriums (1 vs. 2) auf der Diskriminanzfunktion y (von den beiden Prädiktoren) sind ungleich: $\mu_{1y} \neq \mu_{2y}$.
   und (nicht oder)
d) Hierarchisches Vorgehen: Wenn im ersten Schritt der Diskriminanzanalyse der Prädiktor 2 verwendet wurde, dann wird durch die zusätzliche Berücksichtigung

des Prädiktors 1 im zweiten Schritt insgesamt die Zuordnungsgüte für die beiden Kriteriumsgruppen verbessert.

Die zusätzliche Berücksichtigung von Prädiktor 1 über Prädiktor 2 hinaus wird hier, analog zur multiplen Regressionsanalyse, auf die folgende Art und Weise: *Prädiktor 1. Prädiktor 2* gekennzeichnet.

In der Population ist die Anzahl der Wechsel von **f**alschen zu **r**ichtigen Gruppenzuordnungen (=**fr**) nach dem zweiten Schritt (Hinzunahme von Prädiktor 1) größer als die Anzahl der Wechsel von **r**ichtigen zu **f**alschen Gruppenzuordnungen (=**rf**): $f_{fr(Prädiktor\ 1.\ Prädiktor\ 2)} > f_{rf(Prädiktor\ 1.\ Prädiktor\ 2)}$
(f = frequency ist die Populationshäufigkeit).

und (nicht oder)

e) Hierarchisches Vorgehen: Wenn im ersten Schritt der Diskriminanzanalyse der Prädiktor 1 verwendet wurde, dann wird durch die zusätzliche Berücksichtigung des Prädiktors 2 im zweiten Schritt insgesamt die Zuordnungsgüte für die beiden Kriteriumsgruppen verbessert.

In der Population ist die Anzahl der Wechsel von **f**alschen zu **r**ichtigen Gruppenzuordnungen (=**fr**) nach dem zweiten Schritt (Hinzunahme von Prädiktor 2) größer als die Anzahl der Wechsel von **r**ichtigen zu **f**alschen Gruppenzuordnungen (=**rf**): $f_{fr(Prädiktor\ 2.\ Prädiktor\ 1)} > f_{rf(Prädiktor\ 2.\ Prädiktor\ 1)}$
(f = frequency ist die Populationshäufigkeit).

Hinweis: Für die Alternativhypothesen a) und b) kann normalerweise für die geforderten Zusammenhänge an Stelle von „≠" die erwartete Richtung „<" oder „>" angegeben werden.

Stoffel: Hoppla, hier haben wir auf einmal mehrere Mittelwerthypothesen und Hypothesen zu Häufigkeiten. Wie kommt denn das zustande?

Stefanie: Die Mittelwerthypothesen sind mir klar. Für a) und b) gilt: Nur wenn bei einem einzelnen Prädiktor unterschiedliche Gruppenmittelwerte (des Kriteriums) vorliegen, dann kann er auch zur Unterscheidung (Diskriminierung) der beiden Gruppen des Kriteriums einzeln beitragen.

Nehmen wir als erstes Beispiel die *Körpergröße* (Prädiktor) und das *Geschlecht* (Kriterium). Da in Deutschland Männer im Durchschnitt mit 178 cm körperlich etwas größer sind als Frauen mit 165 cm, kann man basierend auf der Körpergröße eine Zuordnung zu dem Geschlecht vornehmen. Kleinere Personen (unter 171,5 cm) würden dabei dem Geschlecht *weiblich* zugeordnet werden und größere Personen (über 171,5 cm) würden dabei dem Geschlecht *männlich* zugeordnet werden. Diese Zuordnungen werden zwar einen erheblichen Fehleranteil beinhalten, aber sie werden deutlich besser ausfallen als eine rein zufällige Zuordnung, bei der wir hier mit einer Trefferrate von nur etwa 50 % rechnen müssten.

Zweites Beispiel: Es gibt keinen Zusammenhang zwischen den beiden Variablen *Intelligenz* (Prädiktor) und *Geschlecht* (Kriterium): Frauen und Männer haben beide den gleichen Durchschnittswert in der *Intelligenz* (IQ = 100). Wollten wir versuchen, basierend auf dem Intelligenzwert einer Person eine Zuordnung zu dem Geschlecht vorzunehmen, würde man nur die Zufallstrefferrate von 50 % erreichen können.

Stoffel: Aha. Dann ist die Hypothese c) wohl so zu verstehen:

Basierend auf den beiden Prädiktoren x1 und x2 wird eine Diskriminanzfunktion $y = b_1 * x1 + b_2 * x2 + b_0$ gebildet. Nur wenn auf dieser Diskriminanzfunktion y unterschiedliche Gruppenmittelwerte (des Kriteriums) vorliegen, dann kann diese Diskriminanzfunktion y (bzw. können die beiden Prädiktoren gemeinsam) auch zur Unterscheidung (Diskriminierung) der beiden Gruppen des Kriteriums beitragen.

Stevie: Stimmt.

Die Hypothesen d) und e) zu den Häufigkeiten beziehen sich auf die erste Variante der von Tabachnick und Fidell (2007, S. 405–407) vorgeschlagenen Prozedur, mit einem chi^2-Test (McNemar) die mögliche Verbesserung der Zuordnungen zu den Kriteriumsgruppen durch den (oder die) später berücksichtigten (aufgenommenen) Prädiktor(en) zu prüfen (siehe oben).

Soll ich das noch näher ausführen?

🅘 ← Sprungmöglichkeit.

Stoffel: Danke, nein. Wir wollen dieses komplexe Hypothesengebäude hier ja ohnehin nicht wirklich anwenden, sondern nur eine stark entschärfte Vermutung testen, indem wir uns auf die wirklich wichtige Alternativhypothese c) beschränken (die zugehörige Nullhypothese wird aus Platzgründen nicht angegeben).

Entschärfung: nur noch eine generelle statistische Alternativhypothese für zwei Prädiktoren in der Diskriminanzanalyse mit einem zweistufigen Kriterium

Die Populationsmittelwerte für die beiden Gruppen des Kriteriums (1 vs. 2) auf der Diskriminanzfunktion y (von den beiden Prädiktoren) sind ungleich: $\mu_{1y} \neq \mu_{2y}$.

Hinweis: Bei dem Populationsmittelwert µ steht der erste Index für die Gruppe des Kriteriums (1 vs. 2) und der zweite Index für die Diskriminanzfunktion y.

Stevie: Im Gegensatz zu den Abläufen bei der multiplen Regressionsanalyse (siehe ▶ Abschn. 5.1) werden wir bei der Diskriminanzanalyse nur mit dieser deutlich weniger strengen Vermutung arbeiten.

■ **1) Fragestellung**

Stoffel: Ich könnte mir vorstellen, dass die Variablen x10 = *Geselligkeit* und x18 = *Berufseinschätzung* mit der dichotomen Variable x15 = *Sitzposition (vorne vs. hinten)* irgendwie zusammenhängen.

Stefanie: Dann werden wir hier die Vermutung prüfen, dass die beiden Variablen x10 und x18 zwei Prädiktoren sind, die gemeinsam die beiden Gruppen des Kriterium x15 gut unterscheiden bzw. die Personen den beiden Gruppen zuordnen können.

- **2) Wissenschaftliche Hypothese (WH)**

> **Wissenschaftliche Hypothese**
> **Stevie:** Ich vermute, dass sich bei den Studierenden die beiden *Sitzpositionsgruppen (vorne vs. hinten)* durch die gemeinsame Wirkung der beiden Einflussgrößen *Geselligkeit* und *Berufseinschätzung* gut unterscheiden lassen bzw. zugeordnet werden können.
> Ich muss zugeben, dass wir dieses Beispiel recht leichtfertig ohne theoretische (und oder empirische) Herleitungen, nur zu Demonstrationszwecken für die Diskriminanzanalyse entworfen haben. Eventuell könnte es gelingen, zur Erklärung der hier aufgestellten Vermutungen sozialpsychologische Theorien heranzuziehen.

- **3) Statistische Hypothesen (SH)**

> **Statistische Hypothesen**
> **Stefanie:** Aus unserer wissenschaftlichen Hypothese leiten wir die folgende ungerichtete statistische Alternativhypothese H_1 ab: $\mu_{1y} \neq \mu_{2y}$.
> Komplementär zu dieser H_1 lautet die Nullhypothese H_0: $\mu_{1y} = \mu_{2y}$.
> μ_{1y} ist der Populationsmittelwert der Diskriminanzfunktion y ($= b_1{*}x10 + b_2{*}x18 + b_0$) für die Personen der Gruppe 1 (=Sitzposition vorne). μ_{2y} ist der Populationsmittelwert der Diskriminanzfunktion y ($= b_1{*}x10 + b_2{*}x18 + b_0$) für die Personen der Gruppe 2 (=Sitzposition hinten).

- **4) Versuchsplanung**

Stoffel: Aus der wissenschaftlichen Hypothese folgt eine (ungerichtete) Alternativhypothese, für die wir ein Signifikanzniveau von $\alpha = 5\% = 0{,}05$ wählen.

Es wurden $N = 66$ Psychologiestudierende (zweites Semester in Fribourg) untersucht. Für die Variablen x10, x15 und x18 liegen die Messwerte von insgesamt $N = 58$ Personen vor.

🛈 Sprungmöglichkeit →

■■ **Teststärkeanalyse für die Diskriminanzanalyse mit zwei Gruppen**
Stevie: Die Bestimmung der Teststärke für die Diskriminanzanalyse mit K Stufen (Gruppen) entspricht grundsätzlich der Teststärkeanalyse für die multivariate Varianzanalyse (Cohen 1988, S. 487–493, ▶ Abschn. 10.3.2). Wenn nur eine unabhängige Variable mit nur $K = 2$ Stufen vorliegt, dann handelt es sich um den Spezialfall *multivariater t-Test,* der bei Cohen(1988, S. 490–491) im ▶ Abschn. 10.3.2.1 erläutert wird.

In Cohen (1988, S. 467–530, ▶ Kap. 10) werden u. a. diese Teststärkeanalysen im Kontext der „Set Correlation" (auch als kanonische Korrelation bekannt) ausführlich vorgestellt.

Zunächst müssen dabei die beiden Variablengruppen X und Y unterschieden werden, und die jeweilige Anzahl der Variablen dazu, k_x und k_y, sind festzulegen.

In unserem Beispiel haben wir in der Gruppe X, mit der zweistufigen unabhängigen Variablen x15, nur eine Variable vorliegen: $k_x = 1$. (Hinweis: Wenn es sich um eine dreistufige nominalskalierte Variable gehandelt hätte, dann würden $k_x = 2$ Kodiervariablen benötigt werden).

In der Gruppe Y haben wir zwei abhängige Variablen x10 und x18: $k_y = 2$.

Im nächsten Schritt wird der *Zählerfreiheitsgrad* $u = k_x * k_y = 1 * 2 = 2$ bestimmt.

Beim multivariaten t-Test ist der *Nennerfreiheitsgrad* $v = N - u - 1 = 58 - 2 - 1 = 55$ im Vergleich zu den komplexeren multivariaten Verfahren, bei denen vorher die Zwischenkomponenten *m* und *s* (siehe Cohen 1988, S. 471, Formeln (10.1.8) und (10.1.9)) berechnet werden müssen, relativ leicht und schnell bestimmt.

Die Teststärkewerte werden dann mit den gleichen Tabellen wie bei der multiplen Regressionsanalyse im ▶ Kap. 9 von Cohen (1988, S. 416–423, Tab. 9.3.1 und 9.3.2) ermittelt. Dabei ist wiederum zunächst die *Effektgröße f^2* und dann der *Nichtzentralitätsparameter* $= \lambda = f^2 * (u + v + 1)$ zu bestimmen.

Wenn wir nach der Konvention von Cohen (1988, S. 478) von einer großen Effektgröße $f^2 = 0{,}35$ ausgehen, erhalten wir für unser Beispiel den folgenden *Nichtzentralitätsparameterwert* $\lambda = 0{,}35 * (2 + 55 + 1) = 20{,}3$.

Bei einem ungerichteten Signifikanzniveau von 5 % (mit $u = 2$, $v = 55$, $\lambda = 20{,}3$) liegt dann die interpolierte Teststärke für unseren Hypothesentest bei einem Wert von 0,98 (exakter Wert: 0,9807) (Cohen 1988, S. 420, Tab. 9.3.2).

ⓘ ← Sprungmöglichkeit.

- **5) Datenerhebung und Datentabelle**

▶ Siehe Kap. 3 für die Erstellung der Datentabelle.

- **6) Stichprobenergebnisse bzw. SPSS-Ergebnisse**

Stefanie: Mit dem SPSS-Schema 14 wird nun die Durchführung mit SPSS vorgestellt (◘ Abb. 6.1). Wir verwenden dabei die Standardmethode der Diskriminanzanalyse, bei der die Reihenfolge, in der die Prädiktoren zur Vorhersage des Kriteriums in die Analyse aufgenommen werden, keine Rolle spielt.

Stoffel: Speichern und Drucken der SPSS-Ergebnisse bitte nicht vergessen.

Stevie: Von SPSS wird eine mehrteilige Ergebnisausgabe erstellt, und wir erhalten eine riesige Menge an Informationen, von denen wir erneut nur einen kleinen Teil für unsere Hypothesenprüfungen benötigen.

Der erste Tabellenteil liefert Informationen zu der absoluten und der prozentualen Anzahl von den in der Diskriminanzanalyse verarbeiteten Fällen: Es werden $N = 58$ von den insgesamt $N = 66$ Studierenden verwendet.

Die im zweiten Tabellenteil angegebenen Anzahlen der Fälle für die verschiedenen Kriteriumsgruppen benötigen wir hier nicht.

Im dritten Tabellenteil werden mit der Bezeichnung *Gleichheitstest der Gruppenmittelwerte* im SPSS die wichtigsten Ergebnisse für die beiden hier durchgeführten einfaktoriellen Varianzanalysen angegeben. Dabei ist das Kriterium x15 jeweils die unabhängige Variable und die Prädiktoren x10 und x18 sind jeweils die

Kapitel 6 · Diskriminanzanalyse

Schritt 1	
Handlungen:	Die SPSS-Datei mit dem Dateinamen *Fragebogen* starten.
Auswirkungen:	SPSS-Bildschirm: *Datenansicht* mit der Datentabelle (N = 66 für x1 bis x22) ist reaktiviert.

⬇

Schritt 2	
Handlungen:	1) In der Menüleiste *Analysieren* anklicken.
	2) In dem dadurch entstandenen ersten Untermenü *Klassifizieren* anvisieren und in dem zweiten entstandenen Untermenü *Diskriminanzanalyse* anklicken.
Auswirkungen:	Eine Dialogbox *Diskriminanzanalyse* hat sich geöffnet.

⬇

Schritt 3	
Handlungen:	1) In dem linken Variablenfeld die Variable *x10* (Geselligkeit) markieren. Dann den *Pfeil* für *Unabhängige Variable(n):* anklicken. In dem linken Variablenfeld die Variable *x18* (Berufseinschätzung) markieren. Dann den *Pfeil* für *Unabhängige Variable(n):* anklicken.
	2) In dem linken Variablenfeld die Variable *x15* (Sitzposition) markieren. Dann den *Pfeil* für *Gruppierungsvariable* anklicken.
	3) Den Button *Bereich definieren* anklicken und in der dadurch entstehenden Dialogbox *Diskriminanzanalyse; Bereich defi…* die Werte „1" und „2" für *Minimum* und *Maximum* eintragen. Dann den Button *Weiter* anklicken.
	4) Den Button *Statistiken* (rechts oben) anklicken.
Auswirkungen:	1) Die Variablen x10 und x18 sind zur weiteren Bearbeitung als Prädiktoren ausgewählt.
	2) Die Variable x15 ist als Kriterium festgelegt worden.
	3) Für das Kriterium x15 sind die Werte 1 (vorne) und 2 (hinten) definiert.
	4) Eine Dialogbox *Diskriminanzanalyse: Statistik* hat sich geöffnet.

⬇

Schritt 4	
Handlungen:	1) Die zwei Kästchen a) *Univariate ANOVA* und b) *Box'M* für Deskriptive Statistik anklicken.
	2) Das Kästchen *Nicht standardisiert* für Funktionskoeffizienten anklicken.
	3) Den Button *Weiter* (links unten) anklicken.
Auswirkungen:	1) a) Es wird für jeden Prädiktor (als abhängige Variable) eine einfaktorielle Varianzanalyse mit dem Kriterium (als unabhängige Variable) durchgeführt. b) Für die Prädiktoren wird die zentrale Voraussetzung der Varianzhomogenität in der Diskriminanzanalyse geprüft.
	2) Die Koeffizienten für die nicht standardisierte Diskriminanzfunktion y werden berechnet.
	3) Die Dialogbox *Diskriminanzanalyse* ist wieder geöffnet.

⬇

Schritt 5	
Handlungen:	Den Button *Klassifizieren* anklicken und in der dadurch entstandenen Dialogbox *Diskriminanzanalyse: Klassifizieren* das Kästchen *Zusammenfassungstabelle* für Anzeige anklicken. Dann den Button *Weiter* anklicken.
Auswirkungen:	Es wird eine Klassifikationsmatrix mit den absoluten und den prozentualen Trefferquoten für die Gruppenzuordnungen erstellt.

⬇

Schritt 6	
Handlungen:	Den *OK*-Button (links unten) anklicken.
Auswirkungen:	Das Ausgabefenster mit den Ergebnissen wird angezeigt.

Abb. 6.1 *Diskriminanzanalyse: Zwei Prädiktoren* – SPSS-Schema 14

◘ **Tab. 6.2** Einfaktorielle Varianzanalysen mit der unabhängigen Variable x15 und den beiden abhängigen Variablen x10 und x18

ANOVA Abhängige Variable:	Unabhängige Variable x15 = Sitzposition (vorne vs. hinten)		
	Wilks Lambda $1-R^2$	F_{emp}	p
x10	0,997	0,191	0,664
x18	0,833	11,209	0,001

abhängige Variable. In der ◘ Tab. 6.2 sind diese Resultate (ohne die Freiheitsgrade) eingetragen.

Damit können wir in etwa abschätzen, wie gut sich die Prädiktoren einzeln dafür eignen, die beiden Kriteriumsgruppen (vorne vs. hinten) zu unterscheiden.

Stoffel: Die empirischen F-Werte und die p-Werte sind mir, glaube ich, klar:

Mit der Variable x10 können die beiden Sitzpositionen nicht unterschieden werden, weil es keinen signifikanten Mittelwertunterschied (p = 0,664 ist deutlich größer als 0,05) für die beiden Sitzpositionsgruppen gibt.

Die Variable x18 kann dagegen gut die beiden Sitzpositionen unterscheiden, weil es einen signifikanten Mittelwertunterschied (p = 0,001 ist deutlich kleiner als 0,05) gibt.

Was aber bedeuten die Wilks-Lambda-Werte, und warum ist der Wert bei x10 größer als bei x18?

Stevie: *Wilks Lambda* ist die zentrale Prüfgröße in der Diskriminanzanalyse. Sie gibt an, wie viel von der Kriteriumsvarianz nicht aufgeklärt wurde. Dementsprechend handelt es sich hierbei um ein *umgekehrtes Gütemaß:* Kleinere *Wilks-Lambda*-Werte sind vergleichsweise die besseren Werte, weil sie für mehr Varianzaufklärung als größere Werte stehen. Somit ist der Wilks-Lambda-Wert für x18 (0,833) vergleichsweise besser als der Wert für x10 (0,997).

Die nächsten beiden Tabellenteile (vier und fünf) liefern Informationen zu dem Box'schem M-Test zur Prüfung der Varianzhomogenität. Hier genügen uns die Angaben zu dem Box-M-Wert = 0,718 und zur Signifikanz p = 0,875 aus dem fünften Teil.

Stefanie: Das ist ein erfreuliches Ergebnis, wenn dieser Test nicht signifikant wird (p > 0,20, weil hier die Nullhypothese der Varianzhomogenität vertreten wird), dann können wir davon ausgehen, dass eine zentrale Voraussetzung, die *Varianzhomogenität,* für den folgenden Signifikanztest der Diskriminanzanalyse nicht verletzt wird.

Stevie: Das ist bestens. Im sechsten Tabellenteil werden u. a. Angaben zu dem Eigenwert der Diskriminanzfunktion y geliefert, die wir nicht benötigen.

Im siebten Tabellenteil werden die wichtigsten Ergebnisse zu dem chi^2-Signifikanztest für die Diskriminanzfunktion y angegeben, die wir in der ◘ Tab. 6.3 wiedergeben.

Basierend auf der eigentlich zugrunde liegenden Prüfgröße Wilks Lambda (0,825 = 82,5 % der Kriteriumsvarianz werden nicht durch die beiden Prädiktoren aufgeklärt), wird ein chi^2-Signifikanztest durchgeführt, der hier mit einem

◘ **Tab. 6.3** chi²-Signifikanztest für die Diskriminanzfunktion y mit den beiden Prädiktoren x10 und x18 für das Kriterium x15

Diskriminanzfunktion $y = b_1 * x10 + b_2 * x18 + b_0$				
Kriterium: x15 = Sitzposition (vorne vs. hinten)	Wilks Lambda $1-R^2$	chi^2_{emp}	df	p
	0,825	10,561	2	0,005

empirischen chi²-Wert von 10,561, einem Freiheitsgrad (df) von 2 und einem p-Wert von 0,005 signifikant wird.

Für die Angaben zu der Darstellung der standardisierten Diskriminanzfunktion, im achten Tabellenteil, haben wir hier keine Verwendung.

Stefanie: Die Produkt-Moment-Korrelationen von x10 und x18 jeweils mit der Diskriminanzfunktion y können dem Tabellenteil 9 entnommen werden:

$$r(x10, y) = -0,127 \text{ und } r(x18, y) = 0,972.$$

Stevie: Das liefert uns einen weiteren starken Hinweis dazu (siehe auch ◘ Tab. 6.2 zu den einfaktoriellen Varianzanalysen), dass die Variable x18 für die Gruppenzuordnungen auf dem Kriterium wesentlich wichtiger als die Variable x10 ist.

Aus dem zehnten Tabellenteil können wir die Koeffizienten b_1, b_2 und b_0 für die nichtstandardisierte Diskriminanzfunktion y entnehmen:

$$y = -0,016 * x10 + 0,055 * x18 - 2,770$$

Weil die Höhe der Koeffizienten in der nichtstandardisierten Funktion von der Varianz der einzelnen Prädiktoren abhängt, können und dürfen wir anhand der Höhe dieser Werte keine Rückschlüsse darüber ziehen, welche Bedeutung der jeweilige Prädiktor für die Unterscheidung zwischen den Kriteriumsgruppen hat.

Stoffel: Aus dem elften Tabellenteil können wir die Mittelwerte dieser Diskriminanzfunktion y auf den beiden Kriteriumsgruppen entnehmen, die wir in die ◘ Tab. 6.4 eintragen. Ich wundere mich etwas darüber, dass diese Mittelwerte so klein sind und beide den gleichen absoluten Wert haben.

Stevie: Weil bei der Diskriminanzanalyse die Diskriminanzfunktion y immer als eine standardisierte Variable hergestellt wird, sind die Gruppenmittelwerte relativ klein, und wenn nur zwei Gruppen vorliegen, dann wird die Diskriminanzfunktion immer so erstellt, dass die beiden Gruppenmittelwerte gleiche absolute Werte haben.

◘ **Tab. 6.4** Mittelwerte für die Diskriminanzfunktion y mit den beiden Prädiktoren x10, x18 auf dem Kriterium x15

Gruppenmittelwerte	Diskriminanzfunktion $y = -0,016 * x10 + 0,055 * x18 - 2,770$	
Sitzposition = x15		Mittelwert von y
	1 = vorne	0,452
	2 = hinten	-0,452

◘ **Tab. 6.5** Klassifikationstabelle für die Diskriminanzfunktion y mit den Prädiktoren x10, x18 und dem Kriterium x15

		Anzahl der vorhergesagten Gruppenzugehörigkeit für x15		
		1	2	Gesamt
Anzahl der tatsächlichen Gruppenzugehörigkeit für x15	1	23	6	29
	2	10	19	29

Die Gesamttrefferquote beträgt 72,4 %

Stefanie: Die Resultate in den nächsten beiden Tabellenteilen (12 und 13) zu der Anzahl der verwendeten Fälle und zu den A-priori-Wahrscheinlichkeiten der beiden Gruppen benötigen wir hier nicht.

Der letzte Tabellenteil (14) ist wiederum von großer Bedeutung, es wird in absoluten und in prozentualen Werten angegeben, wie gut die Gruppen des Kriteriums mithilfe der Diskriminanzfunktion zugeordnet werden. In der ◘ Tab. 6.5 begnügen wir uns damit, nur die absoluten Trefferanzahlen und die Gesamttrefferquote anzugeben.

Stoffel: Könnt ihr mir bitte diese Werte erklären?

Stevie: Von den 29 Studierenden der Gruppe 1 (Sitzposition vorne) werden 23 richtig dieser Gruppe zugeordnet und 6 fälschlicherweise der Gruppe 2 (Sitzposition hinten) zugeordnet.

Von den 29 Studierenden der Gruppe 2 (Sitzposition hinten) werden 19 richtig dieser Gruppe zugeordnet und 10 fälschlicherweise der Gruppe 1 (Sitzposition vorne) zugeordnet.

Somit haben wir 23 + 19 = 42 richtige Zuordnungen von insgesamt 58 Zuordnungen. Das ist eine Trefferquote von 72,4 %.

Stoffel: Das klingt für mich recht gut. Ist das auch objektiv eine gute Trefferquote?

Stevie: Zunächst einmal ist diese Trefferquote mit der zu erwartenden Zufallstrefferquote, die hier bei zwei gleich großen Gruppen bei 50 % liegt, zu vergleichen. Da können wir immerhin festhalten, dass unsere Trefferquote von 72,4 % deutlich über dem Zufallswert liegt.

Aber ob es sich dabei um einen wirklich guten Wert handelt, kann nicht objektiv beurteilt werden, weil die Bedeutung der Trefferquote auch entscheidend von dem inhaltlichen Thema abhängt. Eine Trefferquote von 72,4 % könnten wir hier im Kontext der Beurteilung von Sitzpositionen als ganz gut einstufen. Im Kontext von psychologischer oder medizinischer Diagnostik würde man ein solches Resultat dagegen normalerweise als unzureichend bewerten.

■ **7) Vorbetrachtung und Betrachtung der Voraussetzungen**

Es wird geprüft, ob die Bedingungen für die Durchführung der Signifikanztests erfüllt sind.

▪▪ Vorbetrachtung

Stefanie: Wenn unsere wissenschaftliche Hypothese stimmen würde, dann müssten sich in der untersuchten Stichprobe die Diskriminanzfunktionsmittelwerte y auf den beiden Kriteriumsgruppen unterscheiden. Das trifft hier zu:

0,452 ≠ − 0,452 (siehe ◘ Tab. 6.4). Das spricht für die Alternativhypothese.

▪▪ Betrachtung der Voraussetzungen

Stevie: Für die Prüfung der Varianzhomogenität haben wir den Box'schen M-Test durchgeführt, der wie oben bereits dargestellt aufzeigt, dass die Varianzhomogenitätsvoraussetzung nicht verletzt ist (Box-M = 0,718 und p = 0,875).

Für die beiden Prädiktoren x10 und x18 liegt die Produkt-Moment-Korrelation (Berechnung wie bei Kuhlmei 2018, S. 201–205, ▶ Abschn. 13.1.1) bei: r(x10, x18) = 0,075. Damit können wir hier zusätzlich das Problem der Multikollinearität zwischen den beiden Prädiktoren eindeutig ausschließen.

Da unsere Stichprobengröße bei N = 58 (N > 40) liegt, verzichten wir mit den Verweisen auf die Robustheit der Signifikanztests und den mit den Voraussetzungsprüfungen behafteten Problemen auf die Prüfung der weiteren Voraussetzungen.

Die weiteren Analyseschritte der Signifikanztests werden durchgeführt.

▪ 8) Empirische Prüfgröße und Irrtumswahrscheinlichkeit p

Stefanie: Für die Diskriminanzfunktion y mit den beiden Prädiktoren x10 und x18 für das Kriterium x15 liegt uns als empirische Prüfgröße der chi^2-Wert von 10,561 mit der Irrtumswahrscheinlichkeit p = 0,005 (siehe ◘ Tab. 6.3) vor.

Hinweis: Der empirische chi^2-Wert basiert auf der eigentlichen Prüfgröße in der Diskriminanzanalyse, dem Wilks Lambda, der hier den Wert von 0,825 erreicht.

▪ 9) Entscheidung

Stoffel: Die statistische Nullhypothese wird abgelehnt, weil p < α (0,005 < 0,05) ist.

▪ 10) Ergebnisdarstellungen, Interpretation und Diskussion

Stefanie: Der chi^2-Test für die Diskriminanzfunktion y (chi^2 = 10,561, p = 0,005) wurde signifikant, und es liegt dabei nach Cohen (1988, S. 477–478) ein kleiner bis mittelgroßer Stichprobeneffekt (R^2 = 0,175, da Wilks Lambda = 1 − R^2 = 0,825) vor. Die Trefferquote liegt mit 72,4 % deutlich über der zu erwartenden Zufallstrefferrate (50 %).

Wir können festhalten, dass sich unsere Vermutung (vorläufig) bewährt hat: Die beiden Prädiktoren *Geselligkeit* und *Berufseinschätzung* können gemeinsam die beiden Sitzpositionsgruppen (vorne vs. hinten) gut unterscheiden.

Dabei hat offensichtlich die *Berufseinschätzung* (x18) im Vergleich zu der *Geselligkeit* (x10) eine wesentlich größere Bedeutung für die Unterscheidung der beiden Sitzpositionsgruppen (vorne vs. hinten), weil r(x18, y) = 0,972 deutlich größer als r(x10, y) = − 0,127 ist, und weil sich bei den einfaktoriellen Varianzanalysen (siehe ◘ Tab. 6.2) nur für x18 und nicht für x10 ein signifikanter Effekt mit x15 gezeigt hat.

Auf die weiteren einzelnen Ergebnisdarstellungen und auf die Diskussion werden wir hier nicht weiter eingehen.

6.2 Basisablauf: Traditioneller Suppressoreffekt

Stevie: Damit unsere Darstellung weiterhin möglichst einfach und anschaulich bleibt, werden wir uns auch hier auf zwei Prädiktoren beschränken.

Bei dem traditionellen Suppressoreffekt müssen die folgenden Bedingungen vorliegen:

Zwischen dem Prädiktor 1 und dem Kriterium gibt es einen Zusammenhang. Der Prädiktor 2 (die Suppressorvariable) verfügt über einen statistischen Zusammenhang mit dem Prädiktor 1, aber über keinen statistischen Zusammenhang mit dem Kriterium. Die beiden Prädiktoren besitzen gemeinsam mit dem Kriterium einen Zusammenhang. Indem der Prädiktor 2 (die Suppressorvariable) die für die Zuordnung zum Kriterium unwichtige Varianz des Prädiktor 1 unterdrückt, wird durch ihn die Zuordnung zum Kriterium deutlich verbessert.

❶ Sprungmöglichkeit →

Diese Bedingungen für die Suppressorvariable können wir wieder auf Populationen beziehen und die folgenden generellen statistischen Hypothesen aufstellen. Wir geben hier aus Platzgründen jeweils nur die geforderte Nullhypothese und die geforderten Alternativhypothesen an.

Generelle statistische Hypothesen für eine traditionelle Suppressorvariable in der Diskriminanzanalyse mit einem zweistufigen Kriterium

Anmerkung: Bei den Populationsmittelwerten µ steht der erste Index jeweils für die Gruppe des Kriteriums (1 vs. 2) und der zweite Index jeweils für die Variable, auf der der Mittelwert bestimmt wird (Prädiktor 1 = 1, Suppressor = Prädiktor 2 = 2 und Diskriminanzfunktion = y).

a) Die beiden Populationsmittelwerte für die beiden Gruppen (1 vs. 2) des Kriteriums von dem Prädiktor 1 sind ungleich: $\mu_{11} \neq \mu_{21}$.
und (nicht oder)

b) Die Populationsmittelwerte für die beiden Gruppen (1 vs. 2) des Kriteriums von dem Prädiktor 2 (Suppressor) sind gleich: $\mu_{12} = \mu_{22}$.
und (nicht oder)

c) Die Populationskorrelation zwischen den beiden Prädiktoren ist ungleich 0: p (Prädiktor 1, Suppressorvariable) $\neq 0$.
und (nicht oder)

d) Die beiden Populationsmittelwerte für die beiden Gruppen des Kriteriums (1 vs. 2) auf der Diskriminanzfunktion y (von den beiden Prädiktoren) sind ungleich: $\mu_{1y} \neq \mu_{2y}$.
und (nicht oder)

e) Wenn das *Kriterium* mit dem Prädiktor 1 und dem Prädiktor 2 (Suppressor) gemeinsam zugeordnet wird, dann ist die nicht aufgeklärte Populationsvarianz des Kriteriums $(1 - R^2)$ kleiner, als wenn nur der Prädiktor 1 verwendet wird:
$1 - R^2$ (Kriterium. Prädiktor 1, Suppressorvariable) < $1 - R^2$ (Kriterium. Prädiktor 1).

Hinweis: Für die Alternativhypothesen a) und c) können normalerweise für die geforderten Zusammenhänge anstelle von „≠" die erwarteten Richtungen „<" oder „>" angegeben werden.

Stefanie: Es könnte argumentiert werden, dass eine Redundanz zwischen den Hypothesen d) und e) besteht: Wenn e) erfüllt ist, dann muss auch d) gelten.

Stevie: Allerdings gilt auch hier wieder: Wenn die Bedingung d) nicht erfüllt ist, kann die Analyse bereits abgebrochen werden, denn dann liegt sicher keine traditionelle Suppressorvariable vor.

🛈 ← Sprungmöglichkeit

Am besten wir erläutern den Vorgang der Prüfung, wie gewohnt, an einem konkreten Beispiel.

Im ▶ Abschn. 5.2 haben wir mit dem Beispiel zu dem *Tatsächlichen Verkaufspreis* (Kriterium) und den beiden Prädiktoren *Einschätzung des Verkaufspreises* und *Verdreckungsgrad* (Suppressor) versucht, den Suppressoreffekt möglichst gut zu veranschaulichen. In diesem Abschnitt werden wir auf dieses Beispiel zurückgreifen, dabei aber im Kontext der Diskriminanzanalyse die verhältnisskalierte Kriteriumsvariable *Tatsächlicher Verkaufspreis* auf eine zweistufige nominalskalierte Variable *Verkaufspreisniveau* reduzieren.

- **1) Fragestellung**

Stoffel: Ich vermute, dass die beiden Prädiktoren x1 = *Einschätzung des Verkaufspreises* und x2 = *Verdreckungsgrad* gemeinsam die beiden Gruppen des Kriteriums x3 = *Verkaufspreisniveau* (1 = niedrig vs. 2 = hoch) gut unterscheiden bzw. zuordnen können und dass der Prädiktor x2 *(Verdreckungsgrad)* dabei als traditionelle Suppressorvariable wirksam ist.

- **2) Wissenschaftliche Hypothese (WH)**

> **Wissenschaftliche Hypothese**
> **Stefanie:** Meine wissenschaftliche Hypothese besteht aus fünf verschiedenen Teilkomponenten:
> Ich vermute, dass
> a) die Autos mit einem niedrigeren *Verkaufspreisniveau* (= Gruppe 1) vergleichsweise zu den Autos mit einem höheren *Verkaufspreisniveau* (= Gruppe 2) einen niedrigeren *eingeschätzten Verkaufspreis* erhalten haben, weil diese Autos vergleichsweise schlechtere Verkaufsattribute (Automarke, Jahrgang, Kilometeranzahl usw.) aufweisen.
> **und (nicht oder)**
> b) sich die Autos mit einem niedrigeren *Verkaufspreisniveau* (= Gruppe 1) vergleichsweise zu den Autos mit einem höheren *Verkaufspreisniveau* (= Gruppe 2) nicht im *Verdreckungsgrad* unterscheiden, weil bei den Autos die Verkaufsattribute (Automarke, Jahrgang, Kilometeranzahl usw.) und der Verdreckungsgrad unabhängig voneinander sind. Hinweis: Es ist hier eine Art oberflächlicher Verdreckungsgrad gemeint, der nicht durch die Kilometeranzahl beeinflusst wurde.

6.2 · Basisablauf: Traditioneller Suppressoreffekt

und (nicht oder)
c) es bei den Autos einen negativen Zusammenhang zwischen dem *Verdreckungsgrad* und dem *eingeschätzten Verkaufspreis* gibt, weil der erste wahrgenommene Eindruck die Gesamtbewertung beeinflusst (Halo-Effekt).
und (nicht oder)
d) sich bei den Autos die beiden *Verkaufspreisniveaugruppen* (niedrig vs. hoch) durch die gemeinsame Wirkung der beiden Einflussgrößen *eingeschätzter Verkaufspreis* und *Verdreckungsgrad* gut unterscheiden lassen bzw. gut zugeordnet werden können.
und (nicht oder)
e) wenn bei den Autos das *Verkaufspreisniveau* (niedrig vs. hoch) mit dem *eingeschätzten Verkaufspreis* zugeordnet wird, dann wird die Zuordnung noch verbessert, wenn zusätzlich der *Verdreckungsgrad* als weiterer Prädiktor verwendet wird.

Bei den Punkten d) und e) wird dabei theoretisch davon ausgegangen, dass der Prädiktor *Verdreckungsgrad* als Suppressorvariable irrelevante Information aus dem anderen Prädiktor *eingeschätzter Verkaufspreis* bei der Zuordnung zu den *Verkaufspreisniveaugruppen* (niedrig vs. hoch) entfernt.

- **3) Statistische Hypothesen (SH)**

Statistische Hypothesen
Stevie: Aus unserer fünfteiligen wissenschaftlichen Hypothese leiten wir die folgenden fünf statistischen Hypothesen ab:
a) Aus dem ersten (gerichteten) Teil unserer wissenschaftlichen Hypothese wird die gerichtete Alternativhypothese H_1 abgeleitet $\mu_{11} < \mu_{21}$.
Komplementär zu dieser H_1 lautet die Nullhypothese H_0: $\mu_{11} \geq \mu_{21}$.
μ_{11} ist der Populationsmittelwert des Prädiktors 1 (x1 = *eingeschätzter Verkaufspreis*) für die Gruppe 1 (niedrig) des Kriteriums (x3 = *Verkaufspreisniveau*). μ_{21} ist der Populationsmittelwert des Prädiktors 1 *(eingeschätzter Verkaufspreis)* für die Gruppe 2 (hoch) des Kriteriums *(x3 = Verkaufspreisniveau)*.
und (nicht oder)
b) Aus dem zweiten (ungerichteten) Teil unserer wissenschaftlichen Hypothese wird die ungerichtete Nullhypothese H_0 abgeleitet: $\mu_{12} = \mu_{22}$.
Komplementär zu dieser H_0 lautet die Alternativhypothese H_1: $\mu_{12} \neq \mu_{22}$.
μ_{12} ist der Populationsmittelwert des Prädiktors 2 (x2 = *Verdreckungsgrad*) für die Gruppe 1 (niedrig) des Kriteriums (x3 = *Verkaufspreisniveau*). μ_{22} ist der Populationsmittelwert des Prädiktors 2 *(Verdreckungsgrad)* für die Gruppe 2 (hoch) des Kriteriums *(x3 = Verkaufspreisniveau)*.
und (nicht oder)
c) Aus dem dritten (gerichteten) Teil unserer wissenschaftlichen Hypothese wird die gerichtete Alternativhypothese H_1 abgeleitet: $p(x1, x2) < 0$
($p(x1, x2)$ = Populationskorrelation für die beiden Prädiktoren x1 und x2).
Komplementär zu dieser H_1 lautet die Nullhypothese H_0: $p(x1, x2) \geq 0$.
und (nicht oder)

d) Aus dem vierten (ungerichteten) Teil unserer wissenschaftlichen Hypothese leiten wir die folgende ungerichtete statistische Alternativhypothese H_1 ab: $\mu_{1y} \neq \mu_{2y}$. Komplementär zu dieser H_1 lautet die Nullhypothese H_0: $\mu_{1y} = \mu_{2y}$. μ_{1y} ist der Populationsmittelwert der Diskriminanzfunktion y ($= b_1 * x1 + b_2 * x2 + b_0$) für die Autos der Gruppe 1 ($=$ niedriges *Verkaufspreisniveau*). μ_{2y} ist der Populationsmittelwert der Diskriminanzfunktion y ($= b_1 * x1 + b_2 * x2 + b_0$) für die Autos der Gruppe 2 ($=$ hohes *Verkaufspreisniveau*).
und (nicht oder)

e) Aus dem fünften (ungerichteten) Teil unserer wissenschaftlichen Hypothese wird die ungerichtete Alternativhypothese H_1 abgeleitet: $1 - R^2$ (x3. x1, x2) $< 1 - R^2$ (x3. x1)
oder: R^2 (x3. x1, x2) $- R^2$ (x3. x1) > 0.
Komplementär zu dieser H_1 lautet die Nullhypothese H_0: $1 - R^2$ (x3. x1, x2) $= 1 - R^2$ (x3. x1)
oder: R^2 (x3. x1, x2) $- R^2$ (x3. x1) $= 0$.
$1 - R^2$ (x3. x1, x2) ist die nicht aufgeklärte Populationsvarianz des Kriteriums *(Verkaufspreisniveau)*, wenn die beiden Prädiktoren *eingeschätzter Verkaufspreis* und *Verdreckungsgrad* für die Zuordnung verwendet werden.
$1 - R^2$ (x3. x1) ist die nicht aufgeklärte Populationsvarianz des Kriteriums *(Verkaufspreisniveau)*, wenn der Prädiktor *eingeschätzter Verkaufspreis* für die Zuordnung verwendet wird.

Stefanie: Durch die **„und (nicht oder)"**-Verknüpfung der fünf Komponenten gilt wieder Folgendes: Die Vermutung wird nur dann als bewährt betrachtet, wenn sich tatsächlich alle fünf Teilkomponenten in der Studie bestätigen lassen.

Stoffel: Bei Punkt e) wird in der Alternativhypothese das Zeichen „<" verwendet. Somit sollten wir doch eine gerichtete Hypothese vorliegen haben.

Stevie: Das ist ein wenig verzwickt. Tatsächlich kann der Wert von $1 - R^2$ (x3. x1, x2) (rein rechnerisch) nicht größer als $1 - R^2$ (x3. x1) werden. Das Zeichen „<" drückt hier daher nur aus, dass es einen Effekt in der Population gibt, ohne dass dabei wirklich eine Richtung spezifiziert wird. Um deutlich zu machen, dass es sich um eine ungerichtete Alternativhypothese handelt, hätten wir das Zeichen „<" in der Alternativhypothese ohne Weiteres durch das Zeichen „$\neq$" ersetzen können.

- **4) Versuchsplanung**

Stoffel: Für die vier Alternativhypothesen (Punkte a), c), d) und e)), wählen wir jeweils ein Signifikanzniveau von $\alpha = 5\% = 0{,}05$. Für die Nullhypothese (Punkt b)) verwenden wir ein Signifikanzniveau von $\alpha = 20\% = 0{,}20$ (Begründung siehe ▶ Abschn. 2.1.1 bei der Versuchsplanung Punkt 4).

Da wir diese fünf Hypothesen einzeln prüfen werden und alle fünf Hypothesen angenommen werden müssen, damit wir eine Gesamthypothesenbestätigung akzeptieren, kann es hier zu keiner Fehlerakkumulierung kommen.

Wir verwenden hier zu reinen Demonstrationszwecken eine sehr kleine fiktive Stichprobe mit $N = 12$ Autos.

Stevie: Die Teststärkeanalysen führen bei einem so kleinen N selbst unter der Annahme von jeweils großen Effekten bei den fünf zu prüfenden Hypothesen zu ungenügenden Teststärken, die alle unter 0,55 liegen.

ⓘ Sprungmöglichkeit →

In einer realen Studie sollte daher sinnvollerweise mit deutlich größeren Stichproben gearbeitet werden. Im Folgenden führen wir zur Veranschaulichung eine Teststärkeanalyse für den fiktiven Fall mit N = 60 Autos durch.

■■ **Teststärkeanalysen für die Diskriminanzanalyse mit traditionellem Suppressoreffekt mit einer größeren fiktiven Gesamtstichprobe von N = 60**

a) Für H_1: $\mu_{11} < \mu_{21}$. Prüfung mit F-Test (einfaktorielle Varianzanalyse mit zwei Gruppen).
Wir gehen nach der Konvention von Cohen (1988, S. 287) von einer großen Effektgröße f = 0,4 aus. Bei einem ungerichteten Signifikanzniveau von 10 % (entspricht dem gerichteten Signifikanzniveau von 5 %) liegt die Teststärke (Zählerfreiheitsgrad u = 1 und mit gleich großen Stichprobengruppen: $N_1 = N_2 = 30$) für unseren Hypothesentest bei einem Wert von 0,93 (Cohen 1988, S. 333, Tab. 8.3.23).

b) Für H_0: $\mu_{11} = \mu_{22}$. Prüfung mit F-Test (einfaktorielle Varianzanalyse mit zwei Gruppen).
Wir gehen nach der Konvention von Cohen (1988, S. 287) von einer großen Effektgröße f = 0,4 aus. Bei einem ungerichteten Signifikanzniveau von 10 % liegt die Teststärke (Zählerfreiheitsgrad u = 1 und mit gleich großen Stichprobengruppen: $N_1 = N_2 = 30$) für unseren Hypothesentest bei einem Wert von 0,93 (Cohen 1988, S. 333, Tab. 8.3.23). Die Teststärke für das Signifikanzniveau von 20 % (dafür liegen bei Cohen (1988) keine Tabellenwerte vor) wäre noch größer.

c) Für H_1: $p(x1, x2) < 0$.
Wir gehen nach der Konvention von Cohen (1988, S. 80) von einer großen Effektgröße r = 0,5 aus. Bei einem gerichteten Signifikanzniveau von 5 % und N = 60 liegt die Teststärke für unseren Hypothesentest bei einem Wert von 0,99 (Cohen 1988, S. 87, Tab. 3.3.2).

d) Für H_1: $\mu_{1y} \neq \mu_{2y}$ (multivariater t-Test mit zwei abhängigen Variablen)
Wir haben die folgenden Berechnungskomponenten (vergleiche ▶ Abschn. 6.1, Punkt 4 Versuchsplanung):
 – $k_x = 1$ (eine unabhängige Variable x3 mit zwei Stufen)
 – $k_y = 2$ (zwei abhängige Variablen x1 und x2)
 – Der Zählerfreiheitsgrad $u = k_x * k_y = 2$
 – Der Nennerfreiheitsgrad $v = N - u - 1 = 60 - 2 - 1 = 57$
Wenn wir nach der Konvention von Cohen (1988, S. 478) von einer großen Effektgröße $f^2 = 0,35$ ausgehen, erhalten wir für unser Beispiel den folgenden *Nichtzentralitätsparameterwert* $\lambda = f^2 * (u + v + 1) = 0,35 * (2 + 57 + 1) = 21$.
Bei einem ungerichteten Signifikanzniveau von 5 % (mit $u = 2$, $v = 57$, $\lambda = 21$) liegt dann die interpolierte Teststärke für unseren Hypothesentest bei einem Wert von 0,98 (exakter Wert: 0,9837) (Cohen 1988, S. 420, Tab. 9.3.2).

e) Für H_1: $R^2(x3. x1, x2) - R^2(x3. x1) > 0$ (Hierarchische Diskriminanzanalyse).

Hinweis: Da R^2 (x3. x1, x2) – R^2 (x3. x1) > 0 grundsätzlich nicht kleiner als 0 sein kann, handelt es sich hierbei eigentlich um eine ungerichtete Hypothese R^2 (x3. x1, x2) – R^2 (x3. x1) ≠ 0.

Die Bestimmung der Teststärke erfolgt über die hierarchische Analyse im Kontext der „Set Correlation" (auch als kanonische Korrelation bekannt) nach Cohen (1988, S. 500–505, ▶ Abschn. 10.3.4). Im Veranschaulichungsbeispiel 10.13 (Serie 1) von Cohen (1988, S. 504–505) werden die entsprechenden Teststärkeanalysen dargestellt, allerdings mit einem Fehlermodell 2, bei dem weitere Variablen mit der Anzahlkennzeichnung k_G berücksichtigt werden.

Da wir in unserem Beispiel mit dem *Standardfehlermodell 1* arbeiten, entfallen diese Variablen, und dementsprechend ist $k_G = 0$.

Für die weiteren Analysen müssen zunächst die beiden Variablengruppen X und Y unterschieden werden, und die jeweilige Anzahl der Variablen dazu, k_x und k_y, sind festzulegen.

In der Gruppe X haben wir eine Variable x2 vorliegen: $k_x = 1$.
In der Gruppe Y haben wir eine abhängige Variablen x3: $k_y = 1$.
Dann ist k_A die Anzahl der Variablen zu bestimmen, die aus der Gruppe X semipartiell eliminiert werden. Das ist in unserem Beispiel die Variable x1: $k_A = 1$.
Da wir keine weiteren Variablen berücksichtigen und mit dem Fehlermodell 1 arbeiten, sind die theoretisch möglichen weiteren Variablenanzahlen mit $k_G = 0$ und $k_C = 0$.

In den nächsten Schritten werden, basierend auf den Formeln (10.1.6) bis (10.1.9) von Cohen (1988, S. 471), die folgenden Berechnungen durchgeführt:

Der *Zählerfreiheitsgrad* $u = k_x * k_y = 1 * 1 = 1$.

$m = N - k_A - (k_y + k_x + 3)/2 = 60 - 1 - 2{,}5 = 56{,}5$

$$s = \sqrt{\frac{k_y^2 * k_x^2 - 4}{k_y^2 + k_x^2 - 5}} = \sqrt{\frac{1 * 1 - 4}{1 + 1 - 5}} = 1$$

Der *Nennerfreiheitsgrad* $v = m * s + 1 - u/2 = 56{,}5 + 1 - 0{,}5 = 55$.

Die Teststärkewerte werden dann mit den gleichen Tabellen wie bei der multiplen Regressionsanalyse im ▶ Kap. 9 von Cohen (1988, S. 416–423, Tab. 9.3.1 und 9.3.2) ermittelt. Dabei ist wiederum zunächst die *Effektgröße* f^2 und dann der *Nichtzentralitätsparameter* $= \lambda = f^2 * (u + v + 1)$ zu bestimmen.

Wenn wir nach der Konvention von Cohen (1988, S. 478) von einer großen Effektgröße $f^2 = 0{,}35$ ausgehen, erhalten wir für unser Beispiel den folgenden *Nichtzentralitätsparameterwert* $\lambda = 0{,}35 * (1 + 55 + 1) = 19{,}95$.

Bei einem ungerichteten Signifikanzniveau von 5 % (mit $u = 1$, $v = 55$, $\lambda = 19{,}95$) liegt dann die interpolierte Teststärke für unseren Hypothesentest bei einem Wert von 0,99 (Cohen 1988, S. 420, Tab. 9.3.2).

🛈 ← Sprungmöglichkeit.

- **5) Datenerhebung und Datentabelle**

Stefanie: Der fiktive Datensatz befindet sich in der ◘ Tab. 6.6.

6.2 · Basisablauf: Traditioneller Suppressoreffekt

◘ Tab. 6.6 Datensatz von einem fiktiven Verkauf von Autos für die Diskriminanzanalyse mit einer Suppressorvariable

Auto	x1	x2	x3
1	10	0	2
2	7	2	1
3	6	3	1
4	8	4	2
5	9	5	2
6	5	6	1
7	4	7	1
8	6	8	2
9	2	9	1
10	5	10	2
11	9	5	2
12	2	5	1

x1 = *eingeschätzter Verkaufspreis* (in 1000 EUR)
x2 = *Verdreckungsgrad* (intervallskalierte Variable mit dem Wertebereich von 0 bis 10, wobei „0" vollkommen sauber und „10" vollkommen verdreckt bedeutet)
x3 = Kriterium = *Verkaufspreisniveau* (1 = niedrig, 2 = hoch)

- **6) Stichprobenergebnisse bzw. SPSS-Ergebnisse**

Stevie: Mit dem SPSS-Schema 15 wird nun die Durchführung für die Prüfung eines traditionellen Suppressoreffektes im Rahmen der Diskriminanzanalyse mit SPSS vorgestellt.

Für die Prüfung unserer zentralen Hypothese (siehe oben unter „Statistische Hypothesen", Punkt e)): $1 - R^2 (x3. x1, x2) < 1 - R^2 (x3. x1)$ benötigen wir im Prinzip die Anwendung der *Hierarchischen Methode* wie bei der multiplen Regressionsanalyse (vgl. ▶ Abschn. 5.2), bei der wir die Eingabereihenfolge der zu verwendenden Prädiktoren selber bestimmen können: Wir würden dann für den ersten Aufnahmeschritt in die Analyse den Prädiktor x1 und für den zweiten Aufnahmeschritt den Prädiktor x2 (den Suppressor) festlegen. Leider verfügt das SPSS aber im Kontext der Diskriminanzanalyse nicht über diese Option.

Alternativ könnten wir zwei Diskriminanzanalysen
1. nur mit Prädiktor 1
2. mit Prädiktor 1 und Prädiktor 2

durchführen und dann, wie bereits im ▶ Abschn. 6.1 kurz erläutert wurde, eine relativ aufwendige Hypothesenprüfung nach dem Konzept von Tabachnick und Fidell (2007, S. 405–407) anwenden.

Glücklicherweise können wir hier (bei nur zwei Prädiktoren mit einem Suppressor) *trickreich* auf eine vergleichsweise viel einfachere Vorgehensweise, die *Schrittweise Methode = Statistische Methode,* zurückgreifen. Dabei wird die

Aufnahmereihenfolge der Prädiktoren in die Analyse nach dem statistischen Kriterium einer *möglichst maximalen zusätzlichen Varianzaufklärung* vorgenommen:

Da die Suppressorvariable naturgemäß, auch in der Stichprobe, nicht oder nur sehr gering mit dem Kriterium statistisch assoziiert ist, können wir uns darauf verlassen, dass auch hier, wie gewünscht, der Prädiktor 1 im ersten Aufnahmeschritt in die Analyse eingehen wird und erst danach im zweiten Aufnahmeschritt die Suppressorvariable (der Prädiktor 2) Berücksichtigung finden wird.

Wie in ◘ Abb. 6.2 im Schritt 5 gezeigt wird, treffen wir die Auswahl *F-Wahrscheinlichkeit verwenden* mit den Standardeinstellungen (Aufnahme: 0,05 und Ausschluss: 0,10). Das führt dazu, dass der Prädiktor 2 (der Suppressor) nur dann im zweiten Aufnahmeschritt verwendet wird, wenn er einen signifikanten ($\alpha = 0{,}05$) Zuwachs an Varianzaufklärung erbringt.

Stoffel: Speichern und Drucken der SPSS-Ergebnisse bitte nicht vergessen.

In der SPSS-Ergebnisausgabe erhalten wir eine mehrteilige Ergebnistabelle. Ich schlage vor, dass wir uns darauf beschränken nur die Tabellenteile zu besprechen, die wir tatsächlich benötigen.

Stevie: Einverstanden.

Aus dem zweiten SPSS-Tabellenteil (Gruppenstatistik), entnehmen wir für die ◘ Tab. 6.7 die Stichprobengrößen N, die Mittelwerte und die Standardabweichungen der beiden Prädiktoren x_1 und x_2 für die beiden Gruppen des Kriteriums x_3 (1 = niedrig vs. 2 = hoch).

Im dritten Tabellenteil werden mit der Bezeichnung *Gleichheitstest der Gruppenmittelwerte* im SPSS die wichtigsten Ergebnisse für die beiden hier durchgeführten einfaktoriellen Varianzanalysen angegeben. Dabei ist das Kriterium x_3 jeweils die unabhängige Variable und die Prädiktoren x_1 und x_2 sind jeweils die abhängige Variable. In der ◘ Tab. 6.8 sind diese Resultate (ohne die Freiheitsgrade) eingetragen.

Damit können wir in etwa abschätzen, wie gut sich die Prädiktoren einzeln dafür eignen, die beiden Kriteriumsgruppen (niedrig vs. hoch) zu unterscheiden.

Stoffel: Für die Variable x_1 ist die nicht aufgeklärte Varianz relativ klein: Wilks Lambda = 0,522 und die beiden *Verkaufspreisniveaus* können unterschieden werden, weil es einen signifikanten Mittelwertunterschied ($p = 0{,}013$ ist deutlich kleiner als $\alpha = 0{,}05$) gibt.

Für die Variable x_2 ist die nicht aufgeklärte Varianz maximal groß: Wilks Lambda = 1,000 und die beiden *Verkaufspreisniveaus* können nicht unterschieden werden, weil es keinen signifikanten Mittelwertunterschied ($p = 1{,}000$) gibt. Ein so extremes Ergebnis kann man vermutlich nur mit fiktiven Daten erhalten?

Stevie: Stimmt genau. Die nächsten beiden Tabellenteile (vier und fünf) liefern Informationen zu dem Box'schen M-Test zur Prüfung der Varianzhomogenität. Hier genügen uns die Angaben zu dem Box-M-Wert = 1,923 und zur Signifikanz $p = 0{,}681$ aus dem fünften Teil.

Stoffel: Wenn ich mich richtig erinnere, ist das als ein positives Ergebnis zu bewerten, weil dieser Test nicht signifikant wird ($p > 0{,}20$). Wir können davon ausgehen, dass eine zentrale Voraussetzung, die *Varianzhomogenität*, für den folgenden Signifikanztest der Diskriminanzanalyse nicht verletzt wird.

6.2 · Basisablauf: Traditioneller Suppressoreffekt

Schritt 1	
Handlungen:	*Die Variablen x1, x2 & x3 definieren und die Daten aus der Tabelle 6.6 eingeben (für die Vorgehensweise siehe Kap. 3 & 4 in Kuhlmei, 2018, S. 25-40).*
Auswirkungen:	*SPSS-Bildschirm: Datenansicht mit der Datentabelle (N = 12 für x1, x2, x3) liegt vor.*

⬇

Schritt 2	
Handlungen:	1) In der Menüleiste *Analysieren* anklicken.
	2) In dem dadurch entstandenen ersten Untermenü *Klassifizieren* anvisieren und in dem zweiten entstandenen Untermenü *Diskriminanzanalyse* anklicken.
Auswirkungen:	Eine Dialogbox *Diskriminanzanalyse* hat sich geöffnet.

⬇

Schritt 3	
Handlungen:	1) In dem linken Variablenfeld die Variable *x1* (eingeschätzter Verkaufspreis) markieren. Dann den *Pfeil* (links neben dem mittleren Feld: *Unabhängige Variable(n):*) anklicken.
	2) In dem linken Variablenfeld die Variable *x2* (*Verdreckungsgrad*)) markieren. Dann den *Pfeil* (links neben dem mittleren Feld: *Unabhängige Variable(n):*) anklicken.
	3) In dem linken Variablenfeld die Variable *x3* (*Verkaufspreisniveau*) markieren. Dann den *Pfeil* (links neben dem oberen mittleren Feld *Gruppierungsvariable:*) anklicken.
	4) Den Button *Bereich definieren* anklicken und in der dabei entstehenden Dialogbox den Wert "1" bei Minimum und den Wert "2" bei Maximum eingeben und dann den Button Weiter anklicken.
	5) Den kleinen Kreis für *Schrittweise Methode* verwenden anklicken.
	6) Den Button *Statistiken* (rechts oben) anklicken.
Auswirkungen:	1) & 2) Die Variablen x1 und x2 sind zur weiteren Bearbeitung als Prädiktoren ausgewählt.
	3) & 4) Die Variable x3 ist als Kriterium mit den beiden Gruppenwerten 1 und 2 festgelegt worden.
	5) Es wird eine *Schrittweise* Diskriminanzanalyse durchgeführt.
	6) Die Dialogbox *Diskriminanzanalyse: Statistik* ist geöffnet.

⬇

 Abb. 6.2 *Diskriminanzanalyse (Schrittweise Methode): traditioneller Suppressoreffekt* – SPSS-Schema 15

Schritt 4	
Handlungen:	1) Links oben unter Deskriptive Statistik die Kästchen (links neben) a) Mittelwert, b) Univariate ANOVA und c) Box'M anklicken. 2) Links unten unter Funktionskoeffizienten das Kästchen (links neben) *Nicht standardisiert* anklicken. 3) Den Button *Weiter* (links unten) anklicken.
Auswirkungen:	1) a) Die Mittelwerte und die Standardabweichungen für die ausgewählten Prädiktoren pro Gruppe werden berechnet. b) Für die einzelnen Prädiktoren werden F-Tests für die Prüfung der Gruppenmittelwerte auf Gleichheit durchgeführt. c) Die Voraussetzung der Varianzhomogenität wird geprüft. 2) Die Koeffizienten b_1, b_2 und b_0 der Diskriminanzfunktion y für die nicht standardisierten Prädiktoren werden angegeben. 3) Die Dialogbox *Diskriminanzanalyse* ist wieder geöffnet.

Schritt 5	
Handlungen:	1) Den Button *Methode* anklicken. 2) In der dadurch entstandenen Dialogbox *Diskriminanzanalyse: Schrittweise Methode* unter Kriterien (rechts oben) den kleinen Kreis für *F-Wahrscheinlichkeit verwenden* anklicken. 3) Den Button Weiter (links unten) anklicken.
Auswirkungen:	1) & 2) Prädiktoren werden nur dann in die Analyse aufgenommen, wenn sie einen signifikanten ($\alpha = 0{,}05$) Zuwachs an Varianzaufklärung bringen. 3) Die Dialogbox *Diskriminanzanalyse* ist wieder aktiviert.

Schritt 6	
Handlungen:	1) Den Button *Klassifizieren* anklicken. 2) In der dadurch entstandenen Dialogbox *Diskriminanzanalyse: Klassifizieren* unter Anzeige (links Mitte) das kleine Kästchen für *Zusammenfassungstabelle* anklicken. 3) Den Button *Weiter* (links unten) anklicken.
Auswirkungen:	1) & 2) Es wird eine Tabelle mit den Klassifizierungsergebnissen (Häufigkeiten und Prozentwerte) erstellt. 3) Die Dialogbox *Diskriminanzanalyse* ist wieder aktiviert.

Schritt 7	
Handlungen:	Den *OK*-Button (links unten) anklicken.
Auswirkungen:	Das Ausgabefenster mit den Ergebnissen wird angezeigt.

◘ Abb. 6.2 (Fortsetzung)

6.2 · Basisablauf: Traditioneller Suppressoreffekt

Tab. 6.7 Deskriptive Statistiken für die Diskriminanzanalyse mit den Prädiktoren x1 und x2 und dem Kriterium x3

Deskriptive Statistiken	Kriterium = x3			
x3 = *Verkaufspreisniveau*	Prädiktor	N	Mittelwert	Standardabweichung
1 = niedrig	x1	6	4,33	2,07
	x2	6	5,33	2,58
2 = hoch	x1	6	7,83	1,94
	x2	6	5,33	3,44

Tab. 6.8 Einfaktorielle Varianzanalysen mit der unabhängigen Variable x3 und den beiden abhängigen Variablen x1 und x2

ANOVA Abhängige Variable:	Unabhängige Variable x3 = Verkaufspreisniveau (niedrig vs. hoch)		
	Wilks Lambda $1-R^2$	F_{emp}	p
x1	0,522	9,149	0,013
x2	1,000	0,000	1,000

Tab. 6.9 Schrittweise Diskriminanzanalyse mit dem Kriterium x3 und den beiden Prädiktoren x1 und x2

Schrittweise Diskriminanzanalyse Schritt:	Kriterium x3 = Verkaufspreisniveau (niedrig vs. hoch)	
	Aufgenommener Prädiktor	Wilks Lambda $1-R^2$
1	x1	0,522
2	x2	0,242

Maximale Signifikanz des F-Werts für die Aufnahme ist 0,05

Stevie: Stimmt. Die Ergebnisse für die *Schrittweise Analyse* erhalten wir in den folgenden Tabellenteilen (sechs bis neun). Unsere zentrale Frage (siehe „Statistische Hypothesen", Punkt e)):

Wird der Prädiktor x2 (Suppressor) im zweiten Schritt der Diskriminanzanalyse (mit signifikantem Varianzaufklärungszuwachs, α = 0,05) aufgenommen?

wird im sechsten Tabellenteil positiv beantwortet. In die Tab. 6.9 tragen wir nur die dafür wichtigen Informationen ein.

Im elften Tabellenteil werden die wichtigsten Ergebnisse zu dem chi^2-Signifikanztest für die Diskriminanzfunktion y angegeben, die wir in der Tab. 6.10 wiedergeben.

◘ **Tab. 6.10** chi²-Signifikanztest für die Diskriminanzfunktion y mit den beiden Prädiktoren x1 und x2 für das Kriterium x3

Diskriminanzfunktion $y = b_1 \cdot x1 + b_2 \cdot x2 + b_0$				
Kriterium: x3 = Verkaufspreisniveau (niedrig vs. hoch)	Wilks Lambda $1 - R^2$ 0,242	chi^2_{emp} 12,771	df 2	p 0,002

Basierend auf der eigentlich zugrunde liegenden Prüfgröße Wilks Lambda (0,242 = 24,2 % der Kriteriumsvarianz werden nicht durch die beiden Prädiktoren aufgeklärt), wird ein chi²-Signifikanztest durchgeführt, der hier mit einem empirischen chi²-Wert von 12,771, einem Freiheitsgrad (df) von 2 und einem p-Wert von 0,002 signifikant wird.

Stefanie: Aus dem vierzehnten Tabellenteil können wir die Koeffizienten b_1, b_2 und b_0 für die nichtstandardisierte Diskriminanzfunktion y entnehmen:

$$y = 0,923 \cdot x1 + 0,511 \cdot x2 - 8,345$$

Weil die Höhe der Koeffizienten in der nichtstandardisierten Funktion von der Varianz der einzelnen Prädiktoren abhängt, können und dürfen wir anhand der Höhe dieser Werte keine Rückschlüsse darüber ziehen, welche Bedeutung der jeweilige Prädiktor für die Unterscheidung zwischen den Kriteriumsgruppen hat.

Aus dem fünfzehnten Tabellenteil können wir die Mittelwerte dieser Diskriminanzfunktion y auf den beiden Kriteriumsgruppen entnehmen, die wir in die ◘ Tab. 6.11 eintragen.

Stoffel: Der letzte, achtzehnte Tabellenteil ist wiederum von großer Bedeutung, es wird in absoluten und in prozentualen Werten angegeben, wie gut die Gruppen des Kriteriums mithilfe der Diskriminanzfunktion y zugeordnet werden. In der ◘ Tab. 6.12 begnügen wir uns damit, nur die absoluten Trefferanzahlen und die Gesamttrefferquote anzugeben.

Eine Trefferquote von 100 %, das ist ein absolutes Spitzenergebnis.

Stefanie: Bedenke bitte, dass wir hier ein konstruiertes fiktives Beispiel untersucht haben. In der Realität werden wir so ein Resultat kaum erreichen.

Stevie: Leider liefert uns die Diskriminanzanalyse keine Ergebnisse zu der Korrelation zwischen den beiden Prädiktoren x1 und x2 (siehe Hypothese c)). Wir müssen daher zusätzlich gemäß Kuhlmei (2018, S. 203, SPSS-Schema 17) für die Produkt-Moment-Korrelation (mit den Variablen x1 und x2) diese Berechnung durchführen. Die Ergebnisse dazu tragen wir direkt in die ◘ Tab. 6.13 ein.

◘ **Tab. 6.11** Mittelwerte für die Diskriminanzfunktion y mit den beiden Prädiktoren x1, x2 auf dem Kriterium x3

Gruppenmittelwerte	Diskriminanzfunktion $y = 0,923 \cdot x1 + 0,511 \cdot x2 - 8,345$	
Verkaufspreisniveau = x3		Mittelwert von y
	1 = niedrig	−1,616
	2 = hoch	1,616

6.2 · Basisablauf: Traditioneller Suppressoreffekt

Tab. 6.12 Klassifikationstabelle für die Diskriminanzfunktion y mit den Prädiktoren x1, x2 und dem Kriterium x3

	Anzahl der vorhergesagten Gruppenzugehörigkeit für x3		
	1	2	Gesamt
Anzahl der tatsächlichen Gruppenzugehörigkeit für x3 1	6	0	6
2	0	6	6

Die Gesamttrefferquote beträgt 100 %

Tab. 6.13 Produkt-Moment-Korrelation zwischen x1 und x2

Korrelation	x2 = Verdreckungsgrad	
x1 = *Einschätzung des Verkaufspreises*	Korrelation nach Pearson	−0,608
	Signifikanz für ungerichtete Hypothesen	0,036
	N	12

- **7) Vorbetrachtung und Betrachtung der Voraussetzungen**

Es wird geprüft, ob die Bedingungen für die Durchführung der Signifikanztests erfüllt sind.

- **Vorbetrachtung**

Stefanie: Wenn unsere wissenschaftlichen Hypothesen stimmen würden, dann müsste(n) in der untersuchten Stichprobe
a) der Mittelwert von x1 auf der Variable x3 für die Gruppe 1 (niedrig) kleiner sein als für die Gruppe 2 (hoch). Das trifft hier zu: 4,33 < 7,83 (siehe ◘ Tab. 6.7);
b) die Mittelwerte von x2 auf der Variable x3 für die beiden Gruppen (niedrig vs. hoch) gleich groß sein. Das trifft hier zu: 5,33 = 5,33 (siehe ◘ Tab. 6.7). Hinweis: Ein solches Ergebnis wird man normalerweise nur in einem fiktiven Datensatz finden;
c) eine negative Korrelation zwischen x1 und x2 vorliegen. Das trifft hier zu: r(x1, x2) = − 0,608 (siehe ◘ Tab. 6.13);
d) ein Unterschied der Diskriminanzfunktionsmittelwerte y für die beiden Gruppen (niedrig vs. hoch) des Kriteriums x3 auftreten. Das trifft hier zu: −1,616 ≠ 1,616 (siehe ◘ Tab. 6.11);
e) Wilks Lambda nach dem ersten Schritt der schrittweisen Diskriminanzanalyse mit dem Prädiktor x1 größer sein als Wilks Lambda nach dem zweiten Schritt der schrittweisen Diskriminanzanalyse mit den Prädiktoren x1 und x2. Das trifft hier zu: 0,522 > 0,242 (siehe ◘ Tab. 6.9).

Das spricht bei den Hypothesen a), c), d) und e) jeweils für die Alternativhypothese, und daher ist bei diesen Hypothesen mit den weiteren Prüfungen im Ablaufschema fortzufahren.

Bei der Hypothese b) dagegen spricht das Stichprobenergebnis tendenziell für die Nullhypothese (die wir hier vertreten), ohne weitere Durchführung des Signifikanztests wird die Entscheidung gefällt, dass die entsprechende Nullhypothese (vorläufig) beibehalten wird.

▪▪ Betrachtung der Voraussetzungen

Stevie: Für die Prüfung der Varianzhomogenität haben wir den Box'schen M-Test durchgeführt, der, wie oben bereits dargestellt, aufzeigt, dass die Varianzhomogenitätsvoraussetzung nicht verletzt ist (Box-M = 1,923 und p = 0,681).

Da die Korrelation der beiden Prädiktoren r(x1, x2) = −0,608 beträgt (siehe ◘ Tab. 6.13), können wir zusätzlich das Problem der Multikollinearität zwischen den Prädiktoren eindeutig ausschließen.

Bevor der Signifikanztest im Ablaufpunkt 8) durchgeführt werden kann, könnte streng genommen gefordert werden, dass vorher noch die zentrale Voraussetzung der *multivariaten Normalverteilung* für die beiden Prädiktoren geprüft werden sollte. In diesem fiktiven Beispiel mit einer so kleinen Stichprobe von N = 12 ist diese Prüfung praktisch nicht durchführbar. Da dieses Beispiel von uns aber ohnehin nur zu Demonstrationszwecken der Prüfbarkeit von einem traditionellen Suppressoreffekt im Kontext der Diskriminanzanalyse verwendet wird, ist das hier kein wirkliches Problem.

Die weiteren Analyseschritte des Signifikanztests werden absolviert.

▪ 8) Empirische Prüfgrößen und Irrtumswahrscheinlichkeiten p

Stefanie: Die Prüfgrößen und die Irrtumswahrscheinlichkeiten der Signifikanztests für unsere Hypothesen sind:

a) Der durchgeführte F-Test für den Mittelwertvergleich von x1 auf den beiden Gruppen der Variable x3 (niedrig vs. hoch) liefert die empirische Prüfgröße $F_{emp} = 9,149$ und die Irrtumswahrscheinlichkeit p = 0,013 (siehe ◘ Tab. 6.8).

b) Für den Mittelwertvergleich von x2 auf den beiden Gruppen der Variable x3 (niedrig vs. hoch) sind hier keine Angaben mehr erforderlich, weil das Stichprobenergebnis bereits tendenziell für die Nullhypothese spricht (siehe oben). Hinweis: Die Irrtumswahrscheinlichkeit liegt dann automatisch über 0,5 (p > 0,5).

c) Für die Korrelation zwischen den beiden Prädiktoren x1 und x2 liegt für unsere gerichtete Hypothese die Irrtumswahrscheinlichkeit bei $p = \frac{0,036}{2} = 0,018$ (siehe ◘ Tab. 6.13).

d) Für die Diskriminanzfunktion y mit den beiden Prädiktoren x1 und x2 für das Kriterium x3 liegt als empirische Prüfgröße der chi^2-Wert von 12,771 mit der Irrtumswahrscheinlichkeit p = 0,002 (siehe ◘ Tab. 6.10) vor. Hinweis: Der empirische chi^2-Wert basiert auf der eigentlichen Prüfgröße in der Diskriminanzanalyse, dem Wilks Lambda, der hier den Wert von 0,242 erreicht.

e) Bei der durchgeführten schrittweisen Diskriminanzanalyse mit dem Kriterium x3 und den Prädiktoren x1 und x2 liegt die von uns verwendete Irrtumswahrscheinlichkeit für die Aufnahme der einzelnen Prädiktoren in die Analyse bei maximal 0,05 (SPSS-Standardeinstellung) und somit können wir von einer Irrtumswahrscheinlichkeit p ≤ 0,05 ausgehen.

9) Entscheidungen

Stoffel: Alle von uns vertretenen Hypothesen werden bestätigt:
a) Die statistische Nullhypothese wird abgelehnt, weil $p < \alpha$ ist $(0{,}013 < 0{,}05)$.
b) Die von uns vertretene statistische Nullhypothese wird (vorläufig) beibehalten, weil $p > \alpha$ ist (mindestens $0{,}5 > 0{,}20$).
c) Die statistische Nullhypothese wird abgelehnt, weil $p < \alpha$ ist $(0{,}018 < 0{,}05)$.
d) Die statistische Nullhypothese wird abgelehnt, weil $p < \alpha$ ist $(0{,}002 < 0{,}05)$.
e) Die statistische Nullhypothese wird abgelehnt, weil $p < \alpha$ ist (maximal $0{,}05 < 0{,}05$).

Stefanie: Mit dem letzten Punkt e) bin ich nicht einverstanden, müssten wir nicht genauer sagen, dass $p \leq \alpha$ ist (maximal $0{,}05 \leq 0{,}05$)?

Stevie: Ich verstehe deinen Einwand. Da aber bei der Berechnung des „p-Wertes" die dafür zugrunde liegende Variable stetig ist, können wir davon ausgehen, dass der exakte Wert von „0,05" für p praktisch nie genau erreicht wird.

10) Ergebnisdarstellungen, Interpretation und Diskussion

Stoffel: Alle unsere Erwartungen wurden bestätigt.

Stefanie: Stimmt. Der Signifikanztest für den Mittelwertvergleich auf den beiden Gruppen der Variable x3 (niedrig vs. hoch) wurde nur für x1 ($F_{emp} = 9{,}149$, $p = 0{,}013$) und nicht für x2 ($F_{emp} = 0{,}000$, $p = 1{,}000$) signifikant.

Die Korrelation zwischen den beiden Prädiktoren $r(x1, x2) = -0{,}608$ ist signifikant ($p = 0{,}018$) und es liegt ein großer Stichprobeneffekt vor ($r^2 = 0{,}37$).

Der chi²-Test für die Diskriminanzfunktion y (chi² $= 12{,}771$, $p = 0{,}002$) wurde signifikant und es liegt dabei nach Cohen (1988, S. 477–478) ein großer Stichprobeneffekt vor ($R^2 = 0{,}758$, da Wilks Lambda $= 1 - R^2 = 0{,}242$). Die Trefferquote ist mit 100 % optimal.

Wenn der Prädiktor x1 für die Zuordnung des Kriteriums x3 bereits verwendet wird, dann bringt die Hinzunahme des Prädiktors x2 (in der schrittweisen Diskriminanzanalyse) noch eine signifikante Verbesserung der Zuordnung ($p \leq 0{,}05$).

Wir können somit insgesamt festhalten, dass sich unsere Vermutung: Die Variable x2 = *Verdreckungsgrad* wirkt als Suppressorvariable auf die Variable x1 = *Einschätzung des Verkaufspreises* bei der Zuordnung des Kriteriums x3 = *Verkaufspreisniveau*, (vorläufig) bewährt hat.

Auf die weiteren einzelnen Ergebnisdarstellungen und auf die Diskussion werden wir hier nicht weiter eingehen.

In der ◘ Abb. 6.3 sehen wir Stoffel als Suppressor-Lkw-Fahrer, der sehr gerne Radarfallen unterdrückt. Ein entsprechender Erfolg wird auf der Kühlerhaube markiert.

 Abb. 6.3 Stoffel als ein Suppressor-LKW-Fahrer

6.3 Hinweise zu verwandten Verfahren

6.3.1 Multivariater t-Test

Stevie: Die Diskriminanzanalyse mit zwei Gruppen ist sehr eng mit dem multivariaten t-Test verwandt. In der ◘ Tab. 6.14 werden die beiden Verfahren miteinander verglichen.

◘ Tab. 6.14 Vergleich des multivariaten t-Tests mit der Diskriminanzanalyse

	Multivariater t-Test	Diskriminanzanalyse
Eine zweistufige nominalskalierte Variable	Unabhängige Variable (UV)	Kriterium
Zwei oder mehrere intervallskalierte Variablen	Abhängige Variablen (AV)	Prädiktoren
Fragestellung des Verfahrens	Unterscheiden sich die untersuchten Objekte der beiden Gruppen(UV) in ihren Populationsmittelwerten auf den abhängigen Variablen?	Wie gut können die untersuchten Objekte mithilfe der Prädiktoren (die in der Diskriminanzfunktion verwendet werden) den beiden Gruppen des Kriteriums richtig zugeordnet werden?

Stefanie: Aus der Tabelle kann man entnehmen, dass den beiden Verfahren die gleichen Variablen (eine zweistufige nominalskalierte und mehrere intervallskalierte Variablen) mit unterschiedlichen Bezeichnungen zugrunde liegen. Das bedeutet, dass die Ausgangsdatensätze der beiden Verfahren identisch sind.

Stevie: Außerdem sind auch die auf den ersten Blick unterschiedlich wirkenden Fragestellungen sehr eng miteinander verbunden:

Nur wenn sich die untersuchten Objekte der beiden Gruppen (UV) in ihren Populationsmittelwerten auf den abhängigen Variablen unterscheiden (multivariater t-Test), dann können die untersuchten Objekte mithilfe der Prädiktoren den beiden Gruppen des Kriteriums gut zugeordnet werden (Diskriminanzanalyse).

6.3.2 Multivariate Varianzanalyse

Stoffel: Ich vermute, dass dann die Diskriminanzanalyse mit mehr als zwei Gruppen sehr eng mit der multivariaten Varianzanalyse verwandt sein dürfte.

Stefanie: Stimmt genau. In der ◻ Tab. 6.15 vergleichen wir diese beiden Verfahren miteinander.

Stevie: Auch hier sind die Ausgangsdatensätze der beiden Verfahren identisch, und es gilt die Aussage:

Nur wenn sich die untersuchten Objekte der verschiedenen Gruppen (UV) in ihren Populationsmittelwerten auf den abhängigen Variablen unterscheiden (multivariate Varianzanalyse), dann können die untersuchten Objekte mithilfe der Prädiktoren den Gruppen des Kriteriums gut zugeordnet werden (Diskriminanzanalyse).

Ich möchte noch auf Folgendes hinweisen: Die Gruppenbildung bei der Diskriminanzanalyse für das (eine) Kriterium kann auf einer oder auf mehreren Dimensionen basieren. In der multivariaten Varianzanalyse liegen dementsprechend nur eine oder mehrere UV vor.

Stoffel: Kannst du das bitte an einem konkreten Beispiel veranschaulichen.

Stevie: Eine Diskriminanzanalyse mit den vier Gruppen *Katholiken, Protestanten, Buddhisten* und der *Restgruppe* (andere Religionen, Atheisten usw.) und den beiden Prädiktoren *Zufriedenheit* und *monatliches Einkommen* entspricht einer

◻ **Tab. 6.15** Vergleich der multivariaten Varianzanalyse mit der Diskriminanzanalyse

	Multivariate Varianzanalyse	**Diskriminanzanalyse**
Eine oder mehrere nominalskalierte Variablen	Eine oder mehrere unabhängige Variablen (UV)	Ein Kriterium
Zwei oder mehrere intervallskalierte Variablen	Abhängige Variablen (AV)	Prädiktoren
Fragestellung des Verfahrens	Unterscheiden sich die untersuchten Objekte der verschiedenen Gruppen (UV) in ihren Populationsmittelwerten auf den abhängigen Variablen?	Wie gut können die untersuchten Objekte mithilfe der Prädiktoren (die in der Diskriminanzfunktion verwendet werden) den verschiedenen Gruppen des Kriteriums richtig zugeordnet werden?

einfaktoriellen multivariaten Varianzanalyse mit einer vierstufigen UV = *Religionszugehörigkeit* und den beiden AV: *Zufriedenheit* und *monatliches Einkommen*.

Eine Diskriminanzanalyse mit den vier Gruppen *jüngere Frauen, ältere Frauen, jüngere Männer* und *ältere Männer* und den beiden Prädiktoren *Zufriedenheit* und *monatliches Einkommen* entspricht einer zweifaktoriellen multivariaten Varianzanalyse mit den beiden dichotomen UV *Geschlecht (weiblich vs. männlich)* und *Alter (jung vs. alt)* und den beiden AV: *Zufriedenheit* und *monatliches Einkommen*.

6.3.3 Logistische Regressionsanalyse

Stefanie: Bei der logistischen Regressionsanalyse haben wir die genau gleichen Datensätze und die gleiche Fragestellung wie bei der Diskriminanzanalyse vorliegen.

Stoffel: Dann sind die beiden Verfahren ja vollkommen identisch, oder?

Stevie: Ganz und gar nicht. Wie du dem zweiten Teil der ◘ Tab. 6.16 entnehmen kannst, unterscheiden sich die beiden Verfahren grundsätzlich in ihrem konzeptuellen Vorgehen bei der Lösung des Zuordnungsproblems.

Stoffel: In der Diskriminanzanalyse werden die Prädiktoren linear in der (oder in den) Diskriminanzfunktion(en) kombiniert, und dann werden die Objekte basierend auf ihren Diskriminanzfunktionswerten den Gruppen zugeordnet, das ist mir soweit klar.

Wie kann ich mir das aber mit der logistischen Funktion – in der logistischen Regressionsanalyse – vorstellen?

Stevie: In der logistischen Regressionsanalyse werden die geschätzten Wahrscheinlichkeiten $\hat{p}$ für die verschiedenen Gruppenzugehörigkeiten (nach der Maximum-Likelihood-Methode) mithilfe der folgenden logistischen Funktion bestimmt. Der Wertebereich liegt dabei sinnvollerweise zwischen 0 und 1. Wenn nur zwei Prädiktoren x1 und x2 verwendet werden, dann lautet die Formel dafür (vgl. Urban und Mayerl 2011, S. 335, Formel (6.6.1). Hinweis: b_0 entspricht dem a bei Urban und Mayerl):

$$\hat{p} = \frac{e^{b_1*x1+b_2*x2+b_0}}{1 + e^{b_1*x1+b_2*x2+b_0}}$$

Stoffel: Die Prädiktoren x1 und x2 werden hier doch auch linear kombiniert: $b_1*x1 + b_2*x2 + b_0$.

Stefanie: Richtig. Aber diese Linearkombinationen sind die Exponenten in der Formel für die geschätzten Wahrscheinlichkeiten $\hat{p}$. Der Zusammenhang zwischen den Prädiktoren und den $\hat{p}$-Werten ist daher exponentiell und somit nichtlinear.

Stoffel: Wie erfolgt dann im Rahmen der logistischen Regressionsanalyse die Zuordnung zu den Gruppen?

Stefanie: Das ist relativ einfach. Wenn für eine Person die geschätzte Wahrscheinlichkeit $\hat{p}$ der Gruppenzugehörigkeit über 0,5 liegt, dann wird sie dieser Gruppe zugeordnet.

Stoffel: Und wie kann ich mich entscheiden, welches der beiden Verfahren (logistische Regressionsanalyse oder Diskriminanzanalyse) ich gegebenenfalls anwenden sollte?

6.3 · Hinweise zu verwandten Verfahren

Tab. 6.16 Vergleich der logistischen Regressionsanalyse mit der Diskriminanzanalyse

	Logistische Regressionsanalyse	Diskriminanzanalyse
I. Gemeinsamkeiten		
Eine nominalskalierte Variable	Kriterium	Kriterium
Zwei oder mehrere intervallskalierte Variablen	Prädiktoren	Prädiktoren
Fragestellung des Verfahrens	Wie gut können die untersuchten Objekte mithilfe der Prädiktoren (die in der logistischen Funktion verwendet werden) den verschiedenen Gruppen des Kriteriums richtig zugeordnet werden?	Wie gut können die untersuchten Objekte mithilfe der Prädiktoren (die in den Diskriminanzfunktionen verwendet werden) den verschiedenen Gruppen des Kriteriums richtig zugeordnet werden?
II. Unterschiede		
Verteilungsannahmen	Keine	Multivariate Normalverteilung und Varianzhomogenität
Konzeptuelles Vorgehen zur Lösung der Unterscheidungsproblematik	Die Wahrscheinlichkeiten für die Gruppenzugehörigkeiten der untersuchten Objekte werden mithilfe der logistischen Funktion geschätzt. Dabei wird das Prinzip der Maximum-Likelihood-Schätzung verwendet.	Es werden Diskriminanzfunktionen gebildet. Die Bestimmung der Regressionskoeffizienten basiert dabei jeweils auf der Optimierung des Diskriminanzkriteriums.
Art des vermuteten Zusammenhangs zwischen den Prädiktoren und dem Kriterium	Nicht lineare logistische Funktion	Linearer Zusammenhang in den Diskriminanzfunktionen

Stefanie: Wie du der ◘ Tab. 6.16 entnehmen kannst, hat die logistische Regressionsanalyse gegenüber der Diskriminanzanalyse einen sehr bedeutsamen Vorteil: Es werden keine Verteilungsannahmen vorausgesetzt. Deswegen plädiere ich eindeutig für die Verwendung der logistischen Regressionsanalyse.

Stevie: Das stimmt, andererseits ist die Interpretation der inhaltlichen Bedeutung der Regressionskoeffizienten, bzw. den damit jeweils verbundenen Prädiktoren, in der logistischen Regressionsanalyse vergleichsweise deutlich problematischer als in der Diskriminanzanalyse einzustufen.

Wie man z. B. in Urban und Mayerl (2011, S. 340–345, Abschn. 6.2.1) oder im Backhaus et al. (2018, S. 290–295, ▶ Abschn. 5.2.3) nachlesen kann, wird versucht, mithilfe von den aus dem Wettbereich bekannten *odds* (= Gewinnchancen = $\frac{\hat{p}}{1-\hat{p}}$) bzw. den *odds ratios* (= Effektkoeffizienten = Gewinnchancenveränderungen) diese Problematik in den Griff zu bekommen.

Nach meiner Einschätzung können im Rahmen der logistischen Regressionsanalyse aber nicht wirklich interpretative Aussagen getroffen werden, die über das folgende Niveau hinausgehen: *Ein positiver (negativer) Regressionskoeffizient zeigt an, dass die Wahrscheinlichkeit der Gruppenzugehörigkeit mit steigenden Prädiktorwerten ansteigt (abnimmt) (vgl. Backhaus et al. 2018, S. 294, Abb. 5.26).*

Stefanie: So schlecht finde ich das nicht. Ich präferiere weiterhin die logistische Regressionsanalyse.

Stoffel: Warum haben wir dann hier nicht besser dieses Verfahren vorgestellt?

Stevie: Im Kontext dieser Arbeit haben wir uns bewusst dafür entschieden, die Diskriminanzanalyse und nicht die logistische Regressionsanalyse vorzustellen. Begründung: Mit der Diskriminanzanalyse ist hier der beachtliche Vorteil verbunden, dass sie grundsätzlich auf die gleichen Konzepte (lineare Zusammenhänge zwischen den Variablen, Aufklärung von Varianzen) zurückgreift, die auch in den anderen von uns vorgestellten Verfahren (Regressionsanalyse und Varianzanalyse) zur Anwendung kamen.

Stoffel: Ich wiederhole meine Frage: Welches der beiden Verfahren ist generell zu bevorzugen?

Stevie: Dazu möchte ich die folgende (leicht provokative) Empfehlung aussprechen.

Man sollte die logistische Regressionsanalyse gegenüber der Diskriminanzanalyse bevorzugen, wenn für die eigene Forschungsarbeit die folgenden beiden Punkte erfüllt sind:

1. *Es liegen anspruchsvollere Ziele vor (eine spätere Publikation oder eine besonders gute Note für die Bachelorarbeit oder Masterarbeit werden angestrebt). In diesem Kontext könnte z. B. eine strenge Kontrolle der Voraussetzungen der verwendeten Verfahren als besonders wichtig eingeschätzt werden, was dann mit der voraussetzungsfreien logistischen Regressionsanalyse einfacher zu erreichen wäre.*
2. *Dass die Gewinnchancenveränderungen nur sehr begrenzt sinnvoll interpretierbar sind, wird als unproblematisch bewertet.*

In den Büchern von Backhaus et al. (2018, ▶ Kap. 5), Field (2009, ▶ Kap. 8), Tabachnick und Fidell (2007, ▶ Kap. 10) und Urban und Mayerl (2011, Kap. 6) finden sich sehr gute Präsentationen der logistischen Regressionsanalyse.

Stefanie: Das bestätigt meine Position und beflügelt mich für eine weitere, tiefere Auseinandersetzung mit diesem Thema.

Stoffel: Ich glaube fest daran, nicht diskriminiert zu werden, obwohl ich in meiner Bachelorarbeit – bei einer entsprechenden Fragestellung – die Diskriminanzanalyse (und nicht die logistische Regressionsanalyse) verwenden werde.

Ergänzungen zu der Regressionsanalyse und der Diskriminanzanalyse

Inhaltsverzeichnis

7.1   Bedeutungen der einzelnen Prädiktoren – 174

7.2   Kreuzvalidierung – 174
7.2.1   Kreuzvalidierung bei der multiplen Regressionsanalyse – 175
7.2.2   Kreuzvalidierung bei der Diskriminanzanalyse – 176

© Springer-Verlag GmbH Deutschland, ein Teil von Springer Nature 2020
E. Kuhlmei, *Lerne mit uns komplexe Statistik!*,
https://doi.org/10.1007/978-3-662-61751-9_7

Im Folgenden werden noch einige wichtige Interpretations- und Validitätsaspekte besprochen, die die Regressionsanalyse und die Diskriminanzanalyse gleichermaßen betreffen.

7.1 Bedeutungen der einzelnen Prädiktoren

Stefanie: Kann man in der multiplen Regressionsanalyse und in der Diskriminanzanalyse die inhaltliche Bedeutung der einzelnen Prädiktoren für die Kriteriumsvorhersage bzw. für die Gruppenzuordnungen jeweils aus einem Größenvergleich der entsprechenden Stichproben-Regressionskoeffizienten bzw. der Stichproben-Diskriminanzfunktionskoeffizienten ableiten?

Stevie: Das geht nicht, weil die Größe dieser Koeffizienten stark davon abhängt, wie hoch die Varianz des jeweiligen Prädiktors ist und welche anderen Prädiktoren (möglicherweise auch zufallsbedingt) noch in der Analyse berücksichtigt werden.

> **Empfehlung für die Beurteilung der Bedeutung eines einzelnen Prädiktors innerhalb der multiplen Regressionsanalyse und der Diskriminanzanalyse**
> 1. Betrachtung der Regressionskoeffizienten bzw. der Diskriminanzfunktionskoeffizienten für die nichtstandardisierten und für die standardisierten Variablen.
> und zusätzlich
> 2. Betrachtung des Zusammenhangs zwischen dem einzelnen Prädiktor (ohne Berücksichtigung der anderen Prädiktoren) und dem Kriterium:
>   a) In der multiplen Regressionsanalyse kann man dafür jeweils die einzelne Produkt-Moment-Korrelation zwischen dem Prädiktor und dem Kriterium ermitteln.
>   b) In der Diskriminanzanalyse werden dazu jeweils einzelne einfaktorielle Varianzanalysen, mit dem Kriterium als unabhängige Variable und dem Prädiktor als abhängige Variable, durchgeführt.

Stefanie: Vermutlich gehe ich euch schon wieder auf die Nerven, aber meines Wissens sind die genauen Ausprägungen der Regressionskoeffizienten und der Diskriminanzfunktionskoeffizienten normalerweise auch noch stark von der (meist zufällig) ausgewählten Stichprobe abhängig, und das erschwert zusätzlich die Interpretierbarkeit dieser Werte.

Stevie: Du hast Recht. Es besteht aber immerhin die Möglichkeit, das Ausmaß der Stichprobenabhängigkeit dieser Koeffizienten im Rahmen einer Kreuzvalidierung (siehe ▶ Abschn. 7.2) zu überprüfen und dann diesen Aspekt auch noch bei der Interpretation der Koeffizienten mit zu berücksichtigen.

7.2 Kreuzvalidierung

Stefanie: Die im Rahmen der einfachen linearen Regressionsanalyse von Kuhlmei (2018, S. 212–213) bereits angesprochene Fragestellung: *Wie gut ist die in der untersuchten Stichprobe gefundene (signifikante) Regressionsgleichung auf neue*

Stichproben übertragbar? stellt sich prinzipiell auch bei der multiplen Regressionsanalyse. Analog ist diese Frage bei der Diskriminanzanalyse – für die Diskriminanzfunktion(en) und die damit verbundenen Klassifikationen – zu stellen.

Mit dem Konzept der Kreuzvalidierung kann die Güte dieser zu prüfenden *Stichprobenstabilität* bewertet werden.

7.2.1 Kreuzvalidierung bei der multiplen Regressionsanalyse

Stevie: Betrachten wir zunächst das vollständige Konzept der Kreuzvalidierung (= Doppelkreuzvalidierung) mit zwei Teilstichproben.

> **Die grundlegenden Ablaufschritte der vollständigen Kreuzvalidierung (Doppelkreuzvalidierung) bei der multiplen Regressionsanalyse mit zwei Teilstichproben**
>
> Schritt 1: Die multiple Regressionsanalyse wird für die zu untersuchende Gesamtstichprobe durchgeführt. Die Stichprobenstabilität der dabei gefundenen (signifikanten) Regressionsgleichung soll bewertet werden.
> Die multiple Korrelation R_{Gesamt} in der Gesamtstichprobe zwischen den Prädiktoren und dem Kriterium wird bestimmt.
> Schritt 2: Die zu untersuchende Stichprobe wird nach dem Zufallsprinzip in zwei möglichst gleich große Teilstichproben A und B aufgeteilt.
> Schritt 3: Die multiple Regressionsanalyse wird für beide Teilstichproben A und B getrennt durchgeführt.
> Schritt 4:
> a) Die für die Teilstichprobe A ermittelte Regressionsgleichung wird auf die Teilstichprobe B angewendet. Auf diese Weise wird für jede Person aus der Teilstichprobe B ein Kriteriumswert vorhergesagt. Die Korrelation zwischen diesen vorhergesagten Kriteriumswerten und den tatsächlichen Kriteriumswerten der Personen aus der Teilstichprobe B wird als „$R_A \rightarrow {}_B$" bezeichnet.
> b) Die ermittelte Regressionsgleichung der Teilstichprobe B wird auf die Teilstichprobe A angewendet, und die Korrelation $R_B \rightarrow {}_A$ zwischen den dabei vorhergesagten und den tatsächlichen Kriteriumswerten wird bestimmt.
>
> Schritt 5: Wenn die in den Schritten 4a) und 4b) gefundenen Korrelationen $R_A \rightarrow {}_B$ und $R_B \rightarrow {}_A$ beide groß genug sind und beide nur geringfügig von R_{Gesamt} abweichen, dann kann die Schlussfolgerung gezogen werden, dass die in Schritt 1 gefundene Regressionsgleichung stichprobenstabil ist und berechtigt auf neue Stichproben übertragen werden kann.

Häufig wird die Kreuzvalidierung nur von der Teilstichprobe A auf die Teilstichprobe B angewendet (ohne die Umkehrung), und wir erhalten dann eine *Kreuzvalidierungsversion mit nur drei Ablaufschritten (siehe unten)*.

Stoffel: Kann das Verfahren der Kreuzvalidierung auch angewendet werden, wenn man bereits zwei Stichproben (aus zwei verschiedenen Messzeitbereichen) vorliegen hat?

Stevie: Das ist möglich. In dem Buch von Diehl und Staufenbiel (2007, S. 430–433, Kap. 64) kannst du dir die dabei verwendete Version im Kontext des Beispiels 2 mit der Thematik *vorhergesagter Ausbildungserfolg mithilfe von vier geeigneten Prädiktoren* ansehen:

Die grundlegenden Ablaufschritte der Kreuzvalidierung bei der multiplen Regressionsanalyse mit zwei vorgegebenen Stichproben

Schritt 1: Die multiple Regressionsanalyse wird für die Stichprobe 1 durchgeführt. Die Stichprobenstabilität der dabei gefundenen (signifikanten) Regressionsgleichung soll bewertet werden.

Die multiple Korrelation $R_{\text{Stichprobe 1}}$ zwischen den Prädiktoren und dem Kriterium in der Stichprobe 1 wird bestimmt.

Schritt 2: Die gefundene Regressionsgleichung der Stichprobe 1 wird für die Stichprobe 2 angewendet und die Korrelation $R_{\text{Stichprobe 1} \rightarrow \text{Stichprobe 2}}$ zwischen den dabei vorhergesagten und den tatsächlichen Kriteriumswerten wird bestimmt.

Schritt 3: Wenn die in Schritt 2 gefundene Korrelation $R_{\text{Stichprobe 1} \rightarrow \text{Stichprobe 2}}$ nur geringfügig von der Korrelation $R_{\text{Stichprobe 1}}$ abweicht, dann kann die Schlussfolgerung gezogen werden, dass die in Schritt 1 gefundene Regressionsgleichung stichprobenstabil ist und gut auf neue Stichproben übertragen werden kann.

Hinweise: Die Stichprobe 1 ist in dem Beispiel von Diehl und Staufenbiel (2007, Kap. 64) die Stichprobe von 1987 und die Stichprobe 2 ist die Stichprobe von 1988. $R_{\text{Stichprobe 1}} = 0{,}764$ und $R_{\text{Stichprobe 1} \rightarrow \text{Stichprobe 2}} = 0{,}482$. Es liegt keine Doppelkreuzvalidierung vor, weil die umgekehrte Variante (das Ergebnis aus der Stichprobe 2 wird in der Stichprobe 1 angewendet) hier nicht durchgeführt wird.

Stefanie: Im Bortz (2005, S. 454) könnt ihr übrigens Literaturhinweise zu alternativen Kreuzvalidierungsprozeduren finden, bei denen nicht bereits zwei Stichproben vorliegen und keine Teilstichproben gebildet werden müssen.

Stoffel: Besten Dank. Mich interessiert jetzt aber noch viel mehr, wie die Kreuzvalidierung bei der *Diskriminanzanalyse* abläuft.

7.2.2 Kreuzvalidierung bei der Diskriminanzanalyse

Stevie: Das Grundprinzip ist genau das Gleiche: Das Ergebnis aus der einen Teilstichprobe A wird in der anderen Teilstichprobe B angewendet (und umgekehrt). Hier werden dann aber nicht wie in der multiplen Regressionsanalyse Korrelationen miteinander verglichen, sondern es wird geprüft, wie stark sich dabei die Trefferquote bei der Klassifikation der untersuchten Objekte verschlechtert.

In dem Buch von Diehl und Staufenbiel (2007, S. 474–476, Kap. 66) kannst du dir diese Vorgehensweise im Kontext des Beispiels 4 mit der Thematik *Essstörungen bei Frauen (es gibt vier Gruppen, die mithilfe von neun geeigneten Prädiktoren klassifiziert werden)* ansehen:

7.2 · Kreuzvalidierung

Die grundlegenden Ablaufschritte der Kreuzvalidierung bei der Diskriminanzanalyse mit zwei Teilstichproben

Schritt 1: Die Diskriminanzanalyse wird für die Teilstichprobe A durchgeführt. Die Stichprobenstabilität der dabei gefundenen (signifikanten) Diskriminanzfunktion(en) soll(en) bewertet werden.

Die Trefferquote$_A$ der durchgeführten Klassifikation unter Anwendung der gefunden(en) Diskriminanzfunktionen in der Teilstichprobe A wird bestimmt.

Schritt 2: Die gefunden(en) (signifikanten) Diskriminanzfunktion(en) der Teilstichprobe A wird (werden) für die Teilstichprobe B angewendet und die Trefferquote$_{A \to B}$ wird bestimmt.

Schritt 3: Wenn die in dem Schritt 2 ermittelte Trefferquote$_{A \to B}$ nur geringfügig von der Trefferquote$_A$ abweicht, dann kann die Schlussfolgerung gezogen werden, dass die in Schritt 1 gefundene(n) Diskriminanzfunktion(en) stichprobenstabil ist (sind) und gut auf neue Stichproben übertragen werden kann (können).

Hinweise: In dem Beispiel von Diehl und Staufenbiel (2007, Kap. 66) werden drei signifikante Diskriminanzfunktionen gefunden. Die Teilstichprobe A setzt sich aus den *ausgewählten Fällen* (N = 655) und die Teilstichprobe B aus den *nicht*

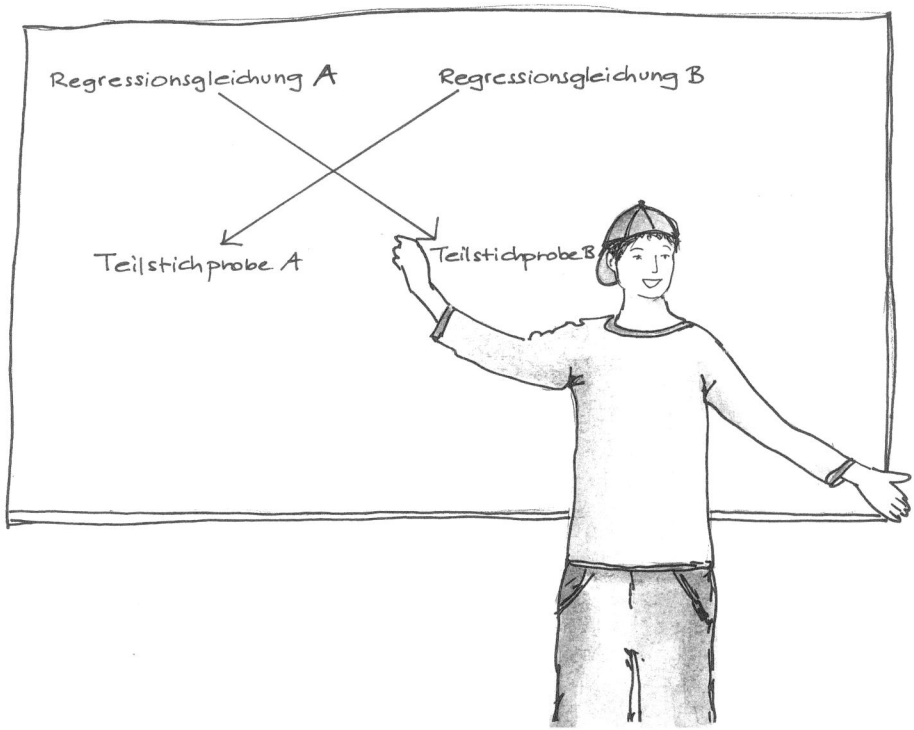

◘ Abb. 7.1   Veranschaulichung der Kreuzvalidierung durch Stevie

ausgewählten Fällen (N = 621) zusammen. Trefferquote$_A$ = 80,6 % und Trefferquote$_{A \to B}$ = 73,4 %. Es liegt keine Doppelkreuzvalidierung vor, weil die umgekehrte Variante (das Ergebnis aus der Teilstichprobe B wird in der Teilstichprobe A angewendet) hier nicht durchgeführt wird.

In der ◘ Abb. 7.1 sehen wir, wie Stevie die Kreuzvalidierung bei der Regressionsanalyse erklärt.

Sonderfall, Prüfungen der Voraussetzungen und Robustheitsstudien

Inhaltsverzeichnis

Kapitel 8   Varianzhomogenität: Levene-Test – 181

Kapitel 9   Prüfung der Normalverteilungsannahme von stetigen, (mindestens) intervallskalierten Variablen – 191

Kapitel 10 Robustheitsstudien zu den Signifikanztests – 207

Bei den bereits in diesem Buch und auch bei den von Kuhlmei (2018) besprochenen statistischen Verfahren bezogen sich die untersuchten inhaltlichen Fragestellungen auf den Vergleich der Häufigkeiten oder der zentralen Tendenz (bzw. den Zusammenhang) von Variablen. Den Sonderfall, dass sich die zu untersuchende inhaltliche Fragestellung auf den *Vergleich von Varianzen* für die Variablen bezieht, behandeln wir hier im zweiten Teil dieser Arbeit, weil das entsprechende Prüfverfahren ganz eng mit der Prüfung der Varianzhomogenitätsvoraussetzung zusammen hängt.

Die grundlegenden Vorgehensweisen bei den Prüfungen der beiden zentralen Voraussetzungen für parametrische Verfahren – Varianzhomogenität und Normalverteilung – werden aufgezeigt.

Da wir in dem Buch von Kuhlmei (2018) und auch in dieser Arbeit mit dem Hinweis auf die Robustheit der verwendeten statistischen Verfahren auf die Prüfung dieser beiden Voraussetzungen grundsätzlich verzichtet haben, wird zum Abschluss das Robustheitskonzept kurz erläutert und ein kleiner historischer Einblick in die Robustheitsdebatte dazu geliefert.

Varianzhomogenität: Levene-Test

Inhaltsverzeichnis

8.1 Sonderfall – Basisablauf: Zwei unabhängige Stichproben – 183

8.2 Basisablauf: Prüfung der Varianzhomogenität (Modellvoraussetzung) – 187

8.3 Indirekte Prüfung der Varianzen – 189

© Springer-Verlag GmbH Deutschland, ein Teil von Springer Nature 2020
E. Kuhlmei, *Lerne mit uns komplexe Statistik!*,
https://doi.org/10.1007/978-3-662-61751-9_8

Stefanie: In diesem Kapitel wird zunächst der Sonderfall, die zu untersuchende Fragestellung bezieht sich auf den *Vergleich von Varianzen* (der Variablen), behandelt.

Stevie: Die Tests für den Vergleich von Varianzen kommen bei Fragestellungen zur Anwendung, bei denen jeweils eine oder mehrere zwei- oder mehrstufige *nominalskalierte Variable(n)* (das ist (sind) dann normalerweise die unabhängige(n) Variable(n)) und eine *intervallskalierte Variable* (das ist dann normalerweise die abhängige Variable) vorliegen. Zwischen den Stufen der nominalskalierten Variable(n) können Abhängigkeiten vorliegen oder nicht.

Eine ausführliche Darstellung der verschiedenen Verfahren (F-Test, Levene-Test, Brown-Forsythe-Test, Bartlett-Test usw.) findet sich in dem Buch von Diehl & Arbinger (2001, S. 333–363, Kap. 15).

Wir beschränken uns hier auf die Präsentation des im SPSS abrufbaren Levene-Tests, der in allgemeiner Form mit zwei oder mehr unabhängigen Gruppen einen empirischen F-Wert als Prüfgröße verwendet und der in dem Buch von Diehl & Arbinger im Kap. 15.4.1 (S. 352–353) dargestellt wird.

In unserem Beispiel im ▶ Abschn. 8.1 ist die unabhängige Variable die nominalskalierte zweistufige Variable *Sitzposition* (x15) mit den beiden Gruppen *vorne* vs. *hinten*. Es werden dann die Varianzen auf der intervallskalierten Variable *Leistungszufriedenheit* (x17) für die beiden Gruppen (vorne vs. hinten) miteinander verglichen. In diesem Abschnitt prüfen wir also eine inhaltliche Fragestellung in Bezug auf die Varianzen.

Im ▶ Abschn. 8.2 liegen die gleichen Variablen vor wie im ▶ Abschn. 8.1, aber wir prüfen keine inhaltliche Fragestellung, sondern die Modellannahme der *Varianzhomogenität* für den t-Test.

Beim Levene-Test müssen mindestens 5 Personen pro Gruppe untersucht werden, nach Möglichkeit sollten wir aber 30 Personen pro Gruppe haben.

Im ▶ Abschn. 8.3 sprechen wir noch kurz die Problematik an, dass der Levene-Test nur indirekt die Varianzen der untersuchten Gruppen miteinander vergleicht.

ⓘ Sprungmöglichkeit →

Es gibt eine zweistufige nominalskalierte Variable 1, durch die zwei verschiedene Gruppen (Gruppe 1 und Gruppe 2) ohne Abhängigkeiten festgelegt werden. Die Variable 2 ist (mindestens) intervallskaliert.

Generelle ungerichtete statistische Hypothesen für den Levene-Test für zwei unabhängige Stichproben

In der Nullhypothese H_0 wird davon ausgegangen, dass sich die Populationsvarianzen σ^2 (der Variable 2) für die beiden Gruppen 1 und 2 (Variable 1) nicht unterscheiden: $\sigma_1^2 = \sigma_2^2$.

Die Alternativhypothese H_1 behauptet dagegen, dass sich die Populationsvarianzen σ^2 (der Variable 2) für die beiden Gruppen 1und 2 (Variable 1) unterscheiden: $\sigma_1^2 \neq \sigma_2^2$.

Es können hier auch problemlos gerichtete Hypothesen untersucht werden (siehe ▶ Abschn. 8.1).

8.1 · Sonderfall – Basisablauf: Zwei unabhängige Stichproben

❶ ← Sprungmöglichkeit

- **Hinweise zur Notation**

Stoffel: Ich finde es noch wichtig, dass ich die beiden verschiedenen Schreibweisen bei der Population und der Stichprobe gut unterscheiden kann. Könnt ihr mir dabei bitte helfen?

Stefanie: Mit dem kleingeschriebenen, griechischen Buchstaben (sigma): „σ" wird die Populationsstandardabweichung bezeichnet. Die Populationsvarianz wird mit „σ^2" dargestellt. Mit dem kleingeschriebenen, griechischen Buchstaben (mü): „μ" wird der Populationsmittelwert ausgedrückt. Hinweis: „μ" wurde von uns im ▶ Kap. 2 verwendet, in diesem Kapitel wird „μ" nicht benötigt.

Für die Stichproben verwenden wir hier einfach die Bezeichnungen Mittelwert und Standardabweichung (ohne Abkürzungen).

8.1 Sonderfall – Basisablauf: Zwei unabhängige Stichproben

- **1) Fragestellung**

Stoffel: In unserem konkreten Beispiel wird der Einfluss von der Sitzposition der Studierenden im Hörsaal (x15) auf die Varianzen der selbst eingeschätzten Leistungszufriedenheiten (x17) untersucht.

- **2) Wissenschaftliche Hypothese (WH)**

Wissenschaftliche Hypothese

Stefanie: Ich vermute, dass Studierende, die in den vorderen Sitzreihen Platz nehmen (=Gruppe 1) im Vergleich zu den Studierenden aus den hinteren Sitzreihen (=Gruppe 2) in ihrer Leistungszufriedenheit vergleichsweise weniger stark variieren, weil diese Studierenden in ihrer Motivation, ihrem Engagement und ihrer positiven Gesamteinstellung homogener sind.

Stoffel: Ich möchte darauf hinweisen, dass die von Stefanie geäußerten Vermutungen über die Studierenden zu den Konzepten der Motivation, des Engagements und der positiven Gesamteinstellung hier von rein theoretischer Natur sind, von mir persönlich nicht geteilt werden und im Rahmen dieser Arbeit nicht geprüft werden können.

Stevie: Einverstanden, stellen wir die statistischen Hypothesen auf.

- **3) Statistische Hypothesen (SH)**

Statistische Hypothesen

Stefanie: Aus der gerichteten wissenschaftlichen Hypothese wird die gerichtete Alternativhypothese H_1 abgeleitet: $\sigma_1^2 < \sigma_2^2$
(σ^2 = die Populationsvarianz auf der Variable Leistungszufriedenheit).
Komplementär zu dieser H_1 lautet die Nullhypothese H_0: $\sigma_1^2 \geq \sigma_2^2$.

- **4) Versuchsplanung**

Stevie: Aus der wissenschaftlichen Hypothese folgt die Alternativhypothese, dementsprechend wählen wir ein Signifikanzniveau von $\alpha = 5\,\% = 0{,}05$.

Es wurden N = 66 Psychologiestudierende (zweites Semester in Fribourg) untersucht. Für die Variablen x15 und x17 liegen die Messwerte von insgesamt 61 Personen vor. Davon gehören $N_1 = 30$ Personen zur Gruppe 1 der Variable x15 und $N_2 = 31$ Personen zur Gruppe 2 von x15.

ⓘ Sprungmöglichkeit →

Teststärkeanalyse für den Levene-Test

Es handelt sich hier um einen F-Test wie bei der einfaktoriellen Varianzanalyse (siehe Kuhlmei (2018, S. 174–180, Abschn. 12.3.1), wobei allerdings die Abweichungen von den jeweiligen Gruppenmittelwerten analysiert werden (siehe ▶ Abschn. 8.3).

Wenn wir nach der Konvention von Cohen (1988, S. 287) von einer großen Effektgröße $f = 0{,}4$ (Signifikanzniveau 5 %, Freiheitsgrad $u = p - 1 = 2 - 1 = 1$, $N_1 = 30$ und $N_2 = 31$) ausgehen, dann liegt die interpolierte Teststärke bei 0,875 (Cohen 1988, S. 311, Tab. 8.3.12). Hinweis: Von Cohen (1988, S. 362) wird dieser Fall der Tabellenanwendung (einfaktorielle Varianzanalyse mit ungleich großen Stichproben) im Kap. 8 als *case 1* bezeichnet. Für die Bestimmung der Stichprobengröße $n = 30{,}5$ ist dabei die Formel (8.3.3) in Cohen (1988, S. 362) zu verwenden, das ist hier ganz einfach der Mittelwert aus N_1 und N_2.

ⓘ ← Sprungmöglichkeit

- **5) Datenerhebung und Datentabelle**

▶ Siehe Kap. 3 für die Erstellung der Datentabelle.

- **6) Stichprobenergebnisse bzw. SPSS-Ergebnisse**

Stefanie: Mit dem SPSS-Schema 16 wird nun die Durchführung des Levene-Tests mit SPSS vorgestellt (◘ Abb. 8.1). Dieser statistische Test wird im SPSS nicht als eigene Prozedur geführt, aber er wird u. a. im Kontext des t-Tests für unabhängige Stichproben (in der Standardeinstellung) automatisch mit durchgeführt. Das SPSS-Schema 16 ist daher mit dem SPSS-Schema 12 für den t-Test für unabhängige Stichproben (siehe Kuhlmei 2018, S. 140), bis auf die Auswahl der abhängigen Variablen x17 statt x18, identisch.

Stoffel: Speichern und Drucken der SPSS-Ergebnisse bitte nicht vergessen.

Stevie: Im ersten Teil der SPSS-Ergebnisausgabe erhalten wir eine Tabelle mit den Informationen zu der Anzahl der verarbeiteten Fälle N: 30 Studierende mit Sitzposition vorn und 31 Studierende mit Sitzposition hinten. Also haben insgesamt fünf Studierende keine Angaben auf der Variable x17 (Leistungszufriedenheit) gemacht. Der Mittelwert für die Gruppe 1 (vorn) beträgt 72,67, und für die Gruppe 2 (hinten) beträgt er 69,13. Die Standardabweichungen liegen bei 15,87 für die Gruppe 1 und bei 20,30 für die Gruppe 2. Die weitere SPSS-Angabe zu den Standardfehlern der Mittelwerte benötigen wir hier nicht. In der ◘ Tab. 8.1 sind diese Resultate zusammengefasst.

8.1 · Sonderfall – Basisablauf: Zwei unabhängige Stichproben

Schritt 1	
Handlungen:	Die SPSS-Datei mit dem Dateinamen *Fragebogen* starten.
Auswirkungen:	SPSS-Bildschirm: *Datenansicht* mit der Datentabelle (N = 66 für x1 bis x22) ist reaktiviert.

⬇

Schritt 2	
Handlungen:	1) In der Menüleiste *Analysieren* anklicken. 2) In dem dadurch entstandenen ersten Untermenü *Mittelwerte vergleichen* anvisieren und in dem zweiten entstandenen Untermenü *t-Test bei unabhängigen Stichproben...* anklicken.
Auswirkungen:	Eine Dialogbox *t-Test bei unabhängigen Stichproben* hat sich geöffnet.

⬇

Schritt 3	
Handlungen:	1) In dem linken Variablenfeld die Variable *x17* (Leistungszufriedenheit) markieren. Dann den *Pfeil* (links neben dem Testvariable(n)feld) anklicken, damit die Variable x17 in das Feld T*estvariable(n)* übertragen wird. 2) In dem linken Variablenfeld die Variable *x15* (Sitzposition) markieren. Dann den *Pfeil* (links neben dem Gruppierungsvariablefeld) anklicken, damit die Variable x15 in das Feld *Gruppierungsvariable* übertragen wird. 3) Den Button *Gruppen definieren...* (unter dem Gruppierungsvariablefeld) anklicken.
Auswirkungen:	1) & 2) In der Dialogbox T*ests bei zwei unabhängigen Stichproben* sind die Variablen x15 (als Gruppenvariable) und x17 (als Testvariable) zur weiteren Bearbeitung ausgewählt. 3) Öffnung der Dialogbox: *Gruppen definieren*

⬇

Schritt 4	
Handlungen:	1) In dem Feld für Gruppe 1 den Wert "1" eintragen und in dem Feld für Gruppe 2 den Wert "2" eintragen. 2) Den Button *Weiter* (links unten) anklicken.
Auswirkungen:	Die Dialogbox *t-Test bei unabhängigen Stichproben* ist aktiviert und die beiden Gruppen der Variable x15 sind festgelegt.

⬇

Schritt 5	
Handlungen:	Den *OK*-Button (links unten) anklicken.
Auswirkungen:	Das Ausgabefenster mit den Ergebnissen wird angezeigt.

◘ **Abb. 8.1** *Levene-Test* – SPSS-Schema 16

◨ **Tab. 8.1** Anzahl der Personen, Mittelwerte, Standardabweichungen für die unabhängige Variable x15 auf der abhängigen Variable x17

Gruppenstatistiken	Leistungszufriedenheit = x17			
Sitzposition = x15		N	Mittelwert	Standardabweichung
	1 = vorne	30	72,67	15,87
	2 = hinten	31	69,13	20,30

◨ **Tab. 8.2** Anzahl der Personen, Mittelwerte, Standardabweichungen, Varianzen für die unabhängige Variable x15 auf der abhängigen Variable x17

Gruppenstatistiken	Leistungszufriedenheit = x17				
Sitzposition = x15		N	Mittelwert	Standardabweichung	Varianzen
	1 = vorne	30	72,67	15,87	251,86
	2 = hinten	31	69,13	20,30	412,09

Stoffel: Bei unserer Fragestellung geht es aber doch um die Varianzen der beiden Gruppen.

Stevie: Kein Problem. Die (mit dem Taschenrechner leicht zu berechnenden) quadrierten Standardabweichungen ($15,87^2$ und $20,30^2$) sind die Varianzen: 251,86 und 412,09. Die ◨ Tab. 8.2 enthält diese zusätzlichen relevanten Ergebnisse.

- **7) Vorbetrachtung und Betrachtung der Voraussetzungen**

Es wird geprüft, ob die Bedingungen für die Durchführung der Signifikanztests erfüllt sind.

▪▪ **Vorbetrachtung**

Stefanie: Wenn meine wissenschaftliche Hypothese stimmen würde, dann müsste auch in dieser Stichprobe die Varianz für Gruppe 1 (vorne) kleiner sein als die Varianz für die Gruppe 2 (hinten). Das ist hier offensichtlich der Fall: 251,86 < 412,09 (siehe ◨ Tab. 8.2). Das Stichprobenergebnis spricht damit in der Tendenz für die Alternativhypothese.

▪▪ **Betrachtung der Voraussetzungen**

Stevie: Bevor beim Levene-Test mit der Bestimmung der empirischen Prüfgröße und der Irrtumswahrscheinlichkeit fortgeschritten wird, könnte man auf die Idee kommen, vorher noch die Voraussetzung *Normalverteilung der Messwerte* prüfen zu wollen. In unserem Beispiel müssen wir uns dazu keine wirklichen Sorgen machen, weil wir hier mit $N_1 = 30$ und $N_2 = 31$ fast gleich große Stichproben vorliegen haben, die jeweils größer gleich 30 sind. Begründung: zentraler Grenzwertsatz für die Normalverteilung.

◘ **Tab. 8.3** Prüfgröße und Irrtumswahrscheinlichkeit für den Levene-Test für zwei unabhängige Stichproben

Leistungszufriedenheit = x17	
F	1,72
Signifikanz (für ungerichtete Hypothesen)	0,195

- **8) Empirische Prüfgröße und Irrtumswahrscheinlichkeit p**

Stefanie: Im zweiten Teil der SPSS Ergebnisausgabe (durch das SPSS-Schema 16 erzeugt) finden wir in den ersten beiden Spalten die Befunde für den Levene-Test für zwei unabhängige Stichproben, die wir in der ◘ Tab. 8.3 zusammengestellt haben. Die weiteren SPSS-Ergebnisse zu dem t-Test (empirischer t-Wert usw.) werden hier nicht benötigt.

Stoffel: In der ersten Zeile ist die empirische Prüfgröße $F_{emp} = 1,72$ angegeben.

Da wir eine gerichtete Alternativhypothese vertreten, muss der Wert 0,195 (in der zweiten Zeile) halbiert werden (das SPSS prüft hier immer automatisch eine ungerichtete Hypothese). Die Irrtumswahrscheinlichkeit ist somit $p = \frac{0,195}{2} = 0,0975$.

- **9) Entscheidung**

Stefanie: Weil $p > \alpha$ (0,0975 > 0,05) ist, wird die Nullhypothese (vorläufig) beibehalten.

- **10) Ergebnisdarstellungen, Interpretation und Diskussion**

Stoffel: Die Interpretation unseres Befundes lautet:

Der durchgeführte Levene-Test wurde nicht signifikant ($F_{emp} = 1,72$, $p = 0,0975$). Damit hat sich unsere Vermutung, dass Studierende, die in den vorderen Reihen sitzen, im Vergleich zu den Studierenden aus den hinteren Sitzreihen in ihren Leistungseinschätzungen im Durchschnitt weniger variieren, (vorläufig) nicht bewährt.

Auf die einzelnen Ergebnisdarstellungen und auf die Diskussion werden wir hier nicht weiter eingehen.

8.2 Basisablauf: Prüfung der Varianzhomogenität (Modellvoraussetzung)

Stevie: Die vermutlich häufigste Anwendung des Levene-Tests findet bei der Prüfung der Modellannahme *Varianzhomogenität* im Kontext vom t-Test für unabhängige Stichproben oder von der Varianzanalyse statt.

Wenn sich unsere inhaltliche Fragestellung im ▶ Abschn. 8.1 nicht auf die Varianzen, sondern auf die Mittelwerte bezogen hätte, dann sollten wir im Kontext des dafür durchzuführenden t-Tests im Schritt 7 die Voraussetzung der *Varianzhomogenität* mit dem Levene-Test prüfen.

Im Folgenden werden wir den Ablauf für die Prüfung dieser Modellannahme aufzeigen:

- **1) Fragestellung**

Siehe ▶ Abschn. 8.1: Die eigentliche inhaltliche Fragestellung soll sich nun auf die Mittelwerte (der Variable x17) beziehen. Die Voraussetzung der Varianzhomogenität für den durchzuführenden t-Test soll dabei geprüft werden. Hinweis: Die Bedingungen für die Robustheit des t-Tests werden als nicht erfüllt eingeschätzt (vgl. Kuhlmei 2018, S. 151) und/oder diese Prüfung wird extern (z. B. durch die betreuende Person einer akademischen Arbeit) eingefordert.

- **2) Wissenschaftliche Hypothese (WH)**

> **Wissenschaftliche Hypothese**
> Modellvoraussetzung der Varianzhomogenität: Wir vermuten, dass Studierende die in den vorderen Sitzreihen Platz nehmen (=Gruppe 1), im Vergleich zu den Studierenden aus den hinteren Sitzreihen (=Gruppe 2) in ihrer Leistungszufriedenheit vergleichsweise genauso stark variieren.

- **3) Statistische Hypothesen (SH)**

> **Statistische Hypothesen**
> Aus der ungerichteten wissenschaftlichen Hypothese wird die ungerichtete Nullhypothese H_0 abgeleitet: $\sigma_1^2 = \sigma_2^2$
> (σ^2 = die Populationsvarianz auf der Variable Leistungszufriedenheit x17).
> Komplementär zu dieser H_0 lautet die Alternativhypothese H_1: $\sigma_1^2 \neq \sigma_2^2$.

- **4) Versuchsplanung**

Aus der wissenschaftlichen Hypothese folgt die Nullhypothese, dementsprechend wählen wir ein Signifikanzniveau von $\alpha = 20\,\% = 0{,}20$ (Begründung siehe ▶ Abschn. 2.1.1 bei der Versuchsplanung Punkt 4). Es wurden N = 66 Psychologiestudierende (zweites Semester in Fribourg) untersucht. Für die Variablen x15 und x17 liegen die Messwerte von insgesamt 61 Personen vor. Davon gehören $N_1 = 30$ Personen zur Gruppe 1 der Variable x15 und $N_2 = 31$ Personen zur Gruppe 2 von x15.

🛈 Sprungmöglichkeit →

■ ■ **Teststärkeanalyse für den Levene-Test**

Es handelt sich hier um einen F-Test wie bei der einfaktoriellen Varianzanalyse (siehe Kuhlmei 2018, S. 174–180), wobei allerdings die Abweichungen von den jeweiligen Gruppenmittelwerten analysiert werden (siehe ▶ Abschn. 8.3).

Wenn wir nach der Konvention von Cohen (1988, S. 287) von einer großen Effektgröße $f = 0{,}4$ (Freiheitsgrad $u = p - 1 = 2 - 1 = 1$, $N_1 = 30$ und $N_2 = 31$) ausgehen, dann liegt die interpolierte Teststärke bei einem Signifikanzniveau von 10 % bei 0,93 (Cohen 1988, S. 333, Tab. 8.3.23). Für das gesuchte Signifikanzniveau von 20 % wäre die Teststärke noch größer (bei Cohen (1988) liegen dafür leider keine Tabellenwerte vor.)

8.3 · Indirekte Prüfung der Varianzen

Hinweis: Von Cohen (1988, S. 362) wird dieser Fall der Tabellenanwendung (einfaktorielle Varianzanalyse mit ungleich großen Stichproben) im Kap. 8 als *case 1* bezeichnet. Für die Bestimmung der Stichprobengröße n = 30,5 ist dabei die Formel (8.3.3) von Cohen (1988, S. 362) zu verwenden, das ist hier ganz einfach der Mittelwert aus N_1 und N_2.

🛈 ← Sprungmöglichkeit.

- **5) Datenerhebung und Datentabelle**

Siehe ▶ Abschn. 8.1.

- **6) Stichprobenergebnisse bzw. SPSS-Ergebnisse**

Siehe ▶ Abschn. 8.1.

- **7) Vorbetrachtung und Betrachtung der Voraussetzungen**

Siehe ▶ Abschn. 8.1.

- **8) Empirische Prüfgröße und Irrtumswahrscheinlichkeit p**

Wir erhalten die gleiche ◘ Tab. 8.3 wie im ▶ Abschn. 8.1.

Da wir eine ungerichtete Nullhypothese vertreten, ist die Irrtumswahrscheinlichkeit p = 0,195 direkt aus der ◘ Tab. 8.3 zu entnehmen.

- **9) Entscheidung**

Weil p < α (0,195 < 0,20) ist, wird die Nullhypothese abgelehnt.

- **10) Ergebnisdarstellungen, Interpretation und Diskussion**

Die Interpretation unseres Befundes lautet:

Der durchgeführte Levene-Test wurde signifikant (F_{emp} = 1,72, p = 0,195). Damit hat sich unsere Vermutung der *Varianzhomogenität* (vorläufig) nicht bewährt.

Auf die einzelnen Ergebnisdarstellungen und auf die Diskussion werden wir hier nicht weiter eingehen.

In der Konsequenz würde man in diesem Beispiel (siehe oben) für den angestrebten Mittelwertvergleich nicht den t-Test (bei dem die Varianzhomogenität vorausgesetzt wird), sondern den Welch-Test (der im SPSS standardmäßig mit dem t-Test durchgeführt wird und bei dem die Varianzhomogenität nicht vorausgesetzt wird) anwenden (vgl. Kuhlmei 2018, S. 151).

8.3 Indirekte Prüfung der Varianzen

Stoffel: In dem Buch von Diehl & Arbinger (2001, Abschn. 15.2.2 und 15.4.1) habe ich gelesen, dass die Teststatistik beim Levene-Test gar nicht auf dem Vergleich der Varianzen, sondern auf dem Vergleich der *durchschnittlichen absoluten Werte der Differenzen vom Mittelwert* basiert. Ist das nicht problematisch, und warum ist das überhaupt so?

Stefanie: Wenn du das Kap. 15 in dem Buch von Diehl & Arbinger (2001) etwas gründlicher gelesen hättest, könntest du es selber beantworten:

Der im Bortz (2005, S. 148–150, Abschn. 5.1.5) und im Diehl & Arbinger (2001, S. 337–340, Abschn. 15.2.1) dargestellte F-Test für den Vergleich der Varianzen bei zwei unabhängigen Stichproben, bei dem die Teststatistik wie gewünscht auf den Varianzen basiert, reagiert sehr empfindlich auf die Verletzung seiner vorausgesetzten Normalverteilungsannahme und wird auch bei zunehmender Stichprobengröße in dieser Hinsicht leider nicht robust.

Der Levene-Test mit der veränderten Teststatistik *(durchschnittliche absolute Werte der Differenzen vom Mittelwert)* ist zumindest im Vergleich mit diesem F-Test als robuster gegen Verletzungen der Normalverteilungsannahme einzustufen, und die mit diesem Test verbundene indirekte Prüfung, gemäß der folgenden Logik:

> „Wenn sich die *durchschnittlichen absoluten Werte der Differenzen vom Mittelwert* bei den untersuchten Gruppen unterscheiden, dann sind auch die entsprechenden Varianzen ungleich."

ist plausibel, wenn sich tatsächlich die *durchschnittlichen absoluten Werte der Differenzen vom Mittelwert* bei den untersuchten Gruppen unterscheiden.

Problematisch wird es mit der Interpretation, wenn keine solchen Abweichungen gefunden werden.

In der ◘ Abb. 8.2 sehen wir Stoffel und Stefanie im Hörsaal C-0.104 (Regina Mundi in Fribourg).

◘ **Abb. 8.2** Stoffel sitzt in den hinteren Sitzreihen variationsreicher als Stefanie in der vordersten Sitzreihe.

Prüfung der Normalverteilungsannahme von stetigen, (mindestens) intervallskalierten Variablen

Inhaltsverzeichnis

9.1 Visuelle Analysen – 193
9.1.1 Häufigkeitsverteilung mit eingezeichneter Normalverteilung – 193
9.1.2 P-P-Plot – 196

9.2 Signifikanztests – 198
9.2.1 z-Tests für die Schiefe und die Kurtosis – 199
9.2.2 Kolmogorov-Smirnov-Test/Lilliefors-Test – 203

9.3 Gesamtbewertung der visuellen Analysen und der Signifikanztests – 205

Stevie: Bei den meisten der von uns verwendeten Signifikanztests (t-Tests für Mittelwertvergleiche, Varianzanalysen, Korrelationsanalysen, Regressionsanalysen und Diskriminanzanalysen) wird u. a. jeweils die *Normalverteilungsannahme der Messwerte auf der abhängigen Variable* vorausgesetzt. Bei der Darstellung dieser Verfahren haben wir in den entsprechenden Abschnitten, jeweils mit dem Verweis auf die unter bestimmten Bedingungen (genügend große Stichproben) vorliegende Robustheit dieser Verfahren und/oder die Problematik der Prüfbarkeit, auf die Prüfung dieser Voraussetzung verzichtet.

In dieser Hinsicht befinden wir uns in guter Übereinstimmung mit dem anspruchsvollen, exzellenten Buch von Westermann (2000, S. 333–334, Abschn. 15.2.3) in dem, unter bestimmten Bedingungen, der grundsätzliche Verzicht dieser Voraussetzungsprüfung im Rahmen eines sehr gut dargestellten und begründeten wissenschaftstheoretischen und experimentalmethodischen Gesamtkonzepts vorgeschlagen wird. Dabei wird u. a. auf die Robustheit und die relative Effizienz dieser statistischen Tests hingewiesen, und auch die Problematik der Prüfbarkeit der Normalverteilungsannahme wird angesprochen.

Stoffel: Was mache ich, wenn ich für eine stetige, (mindestens) intervallskalierte Variable die Normalverteilungsannahme prüfen möchte, weil z. B. der Betreuer meiner Masterarbeit es so angeordnet hat?

Stefanie: Dann kannst du dich an den von Diehl und Arbinger (2001, S. 505–519, Kap. 22), Field (2009, S. 133–148, Abschn. 5.4. und 5.5) und Urban und Mayerl (2011, S. 193–201, Abschn. 4.1.2) vorgeschlagenen Prüfungskonzepten der Normalverteilungsannahme orientieren und entsprechende visuelle Analysen und/oder Signifikanztests durchführen. Gute anschauliche Beschreibungen zum besseren Verständnis des Konzepts des Kolmogorov-Smirnov-Tests (Signifikanztest zur Prüfung der Normalverteilung) finden sich in dem Abschn. 3.4.2 von Clauß und Ebner (1983, S. 236-240) und im Abschn. 7.3 von Bortz, Lienert und Boehnke (2008, S. 319–323).

Stoffel: Können wir bitte die Vorgehensweisen dazu an einem einfachen Beispiel erläutern?

Stevie: Einverstanden. Wir werden die folgende Fragestellung untersuchen:

> Ist die stetige, intervallskalierte Variable *Berufseinschätzung* (x18) in der Population der Psychologiestudierenden normal verteilt?

Da wir hier nur die grundlegende Vorgehensweise demonstrieren wollen, können wir uns dabei sinnvollerweise auf die Untersuchung der gesamten Stichprobe beschränken.

Wenn man die Normalverteilungsannahme im Kontext eines t-Tests für unabhängige Stichproben z. B. mit der unabhängigen dichotomen Variablen x15 (Sitzposition, vorne = 1, hinten = 2) und der abhängigen Variable x18 durchführen wollte, müsste man die Prüfung für die beiden Sitzpositionsgruppen (vorne und hinten) getrennt durchführen. In dem Buch von Field (2009, S. 141–144, Abschn. 5.4.3.2) kann man dazu genauere Erläuterungen finden.

9.1 · Visuelle Analysen

Bei den Ergebnissen zu den visuellen Analysen (siehe Abschn. 9.1) werden wir ausnahmsweise direkt die vom SPSS erstellten Diagramme verwenden. In der Darstellung beschränken wir uns dabei auf die wichtigsten beiden Grafiken, die Häufigkeitsverteilung und den P-P-Plot, die auch bei Field (2009, S. 133–144, Abschn. 5.4) vorgestellt werden. Da hier kein Signifikanztest durchgeführt wird, werden wir bei unseren Ausführungen nicht das gewohnte Ablaufschema verwenden.

Bei den Signifikanztests (siehe ▶ Abschn. 9.2) beschränken wir uns auf die z-Tests für die Schiefe und die Kurtosis und den Kolmogorov-Smirnov-Test. Auf die Darstellung des möglichen chi^2-Tests (siehe Bortz 2005, S. 164–166, Abschn. 5.3.2) verzichten wir, weil dieser nicht direkt über das SPSS angewendet werden kann.

- **Hinweise zu den zentralen Begriffen „Schiefe und Kurtosis" und zur Notation**

Stoffel: Ich fände es noch hilfreich, wenn ich auch in diesem Kapitel die beiden verschiedenen Schreibweisen bei der Population und der Stichprobe gut unterscheiden könnte. Außerdem könntet ihr bitte die beiden wichtigen Begriffe *Schiefe* und *Kurtosis* vorweg kurz erklären?

Stevie: Sehr gerne. Die Schiefe einer Verteilung wird (anschaulich, vereinfacht) durch die Differenz zwischen dem Mittelwert und dem Modalwert erfasst, wobei diese Differenz noch durch die Standardabweichung geteilt (gewichtet) wird. Eine rechtssteile Verteilung hat eine negative Schiefe, eine linkssteile Verteilung hat eine positive Schiefe, und eine symmetrische Verteilung (wie z. B. die Normalverteilung) hat eine Schiefe von „0".

Die Kurtosis (= Exzess oder Wölbung) einer Verteilung drückt aus, wie breitgipflig bzw. schmalgipflig eine Verteilung ist. Eine Normalverteilung hat eine Kurtosis von „0". Eine vergleichsweise breitgipfligere Verteilung hat eine negative Kurtosis. Eine vergleichsweise schmalgipfligere Verteilung hat eine positive Kurtosis.

Für die genaueren Angaben (Formeln usw.) dazu siehe Bortz (2005, S. 38 und 45–46) und Diehl und Staufenbiel (2007, S. 102).

Wir verwenden bei der *Schiefe* und bei der *Kurtosis* keine besonderen Abkürzungen. In der Population sprechen wir von der Populationsschiefe und von der Populationskurtosis. In der Stichprobe verwenden wir dagegen die Begriffe Stichprobenschiefe und Stichprobenkurtosis.

9.1 Visuelle Analysen

9.1.1 Häufigkeitsverteilung mit eingezeichneter Normalverteilung

Stefanie: Unsere Vermutung lautet:

Die *Berufseinschätzung* (x18) ist in der Population der Psychologiestudierenden normal verteilt.

Schritt 1	
Handlungen:	Die SPSS-Datei mit dem Dateinamen *Fragebogen* starten.
Auswirkungen:	SPSS-Bildschirm: *Datenansicht* mit der Datentabelle (N = 66 für x1 bis x22) ist reaktiviert.

⬇

Schritt 2	
Handlungen:	1) In der Menüleiste *Analysieren* anklicken. 2) In dem dadurch entstandenen ersten Untermenü *Deskriptive Statistiken* anvisieren und in dem zweiten entstandenen Untermenü *Häufigkeiten…* anklicken.
Auswirkungen:	Eine Dialogbox *Häufigkeiten* hat sich geöffnet.

⬇

Schritt 3	
Handlungen:	1) In dem linken Variablenfeld die Variable *x18* (Berufseinschätzung) markieren. Dann den *Pfeil* (links neben dem Variable(n)feld) anklicken, damit die Variable x18 in das Feld V*ariable(n)* übertragen wird. 2) Den Button *Diagramme…* anklicken.
Auswirkungen:	1) In der Dialogbox *Häufigkeiten* ist die Variable x18 zur weiteren Bearbeitung ausgewählt. 2) Öffnung der Dialogbox: *Häufigkeiten: Diagramme*

⬇

Schritt 4	
Handlungen:	1) In dem Feld Diagrammtyp den Kreis für Histogramme anklicken und anschließend das Kästchen für Normalverteilungskurve im Histogramm anzeigen anklicken 2) Den Button *Weiter* (links unten) anklicken.
Auswirkungen:	1) Die Dialogbox *Häufigkeiten* ist aktiviert und die Häufigkeits-Diagrammerstellung wurde ausgewählt. 2) Die Dialogbox Häufigkeiten ist wieder sichtbar.

⬇

Schritt 5	
Handlungen:	Den *OK*-Button (links unten) anklicken.
Auswirkungen:	Das Ausgabefenster mit den Ergebnissen wird angezeigt.

Abb. 9.1 *Häufigkeitsverteilung für x18 mit eingezeichneter Normalverteilung* – SPSS-Schema 17

Mit dem SPSS-Schema 17 (Abb. 9.1) erzeugen wir eine Häufigkeitsverteilung der Messwerte für x18 mit eingezeichnetem idealen Normalverteilungsverlauf für unsere untersuchte Stichprobe von 66 Psychologiestudierenden.

Stoffel: Speichern und Drucken der SPSS-Ergebnisse bitte nicht vergessen.

Stefanie: In der ersten SPSS-Ergebnistabelle erhalten wir für x18 Informationen zu der Anzahl der gültigen Messwerte (N = 62).

9.1 · Visuelle Analysen

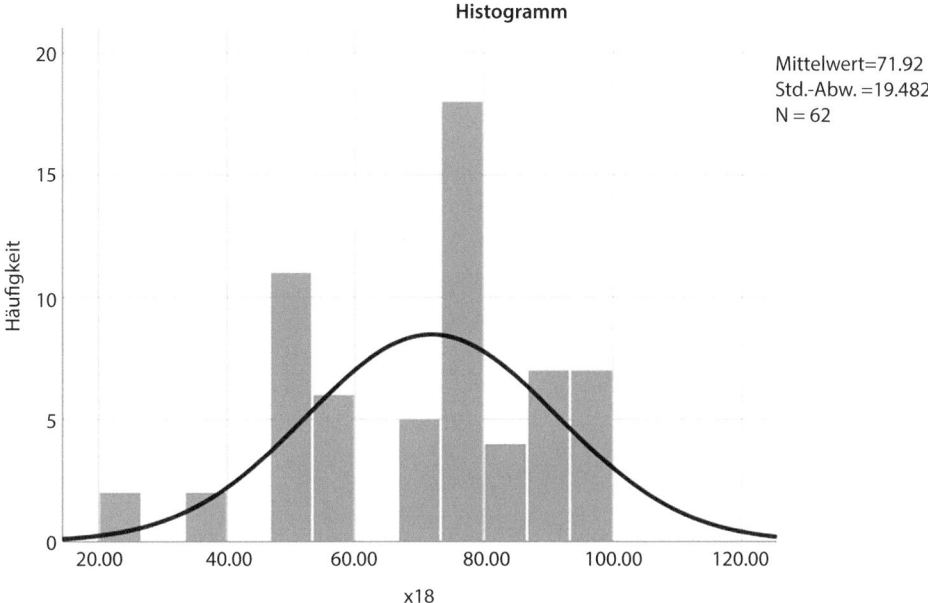

Abb. 9.2 Häufigkeitsverteilung für x18 mit eingezeichneter Normalverteilung

In der zweiten SPSS-Ergebnistabelle erhalten wir für x18 detaillierte Informationen zu den absoluten und prozentualen Häufigkeiten usw. der einzelnen Messwerte, auf die wir hier nicht eingehen werden.

In der dritten SPSS-Ergebnisausgabe erhalten wir dann für x18 die gewünschte Grafik mit der Häufigkeitsverteilung (siehe ◘ Abb. 9.2). Zusätzlich erhalten wir die Information, dass die Variable x18 einen Mittelwert von 71,92 und eine Standardabweichung von 19,482 hat, und es wird nochmals mitgeteilt, dass 62 (gültige) Messwerte vorliegen.

Stevie: In unserer visuellen Analyse können wir nun durch die Betrachtung der Abweichungen der Häufigkeitsbalken der einzelnen Messwerte für x18 von der eingezeichneten idealen Normalverteilungskurve in der ◘ Abb. 9.2 einen ersten Eindruck darüber gewinnen, ob die Variable x18 in der Population normalverteilt ist. Wenn keine oder nur sehr geringe Differenzen zwischen den einzelnen Häufigkeitsbalken und der eingezeichneten idealen Normalverteilungskurve vorliegen würden, könnten wir dies als einen guten Hinweis für das Vorliegen der Normalverteilung von x18 bewerten.

Stefanie: Es würde für unsere Variable x18 mit den Abweichungen zur Normalverteilung gar nicht so schlecht aussehen, wenn da nicht um dem Wertebereich 50 und 80 herum die Häufigkeitsbalken jeweils deutlich oberhalb der idealen Normalverteilungskurve liegen würden.

Stevie: Unsere visuelle Analyse liefert uns somit insgesamt einen ersten, noch nicht eindeutigen (die vorliegenden Abweichungen könnten auch Zufallsprodukte der untersuchten Stichprobe sein) Hinweis darauf, dass x18 in der Population nicht normal verteilt ist.

9.1.2 P-P-Plot

Stefanie: Wir prüfen immer noch die gleiche Vermutung:

> Die *Berufseinschätzung* (x18) ist in der Population der Psychologiestudierenden normal verteilt.

Mit dem SPSS-Schema 18 (◘ Abb. 9.3) erzeugen wir einen Probability-Probability-Plot (P-P-Plot), bei dem die kumulierten Wahrscheinlichkeiten der theoretischen (idealen) Normalverteilungskurve auf der Ordinate und die kumulierten Wahrscheinlichkeiten (relativen Häufigkeiten) der beobachteten Messwerte für unsere untersuchte Stichprobe auf der Abszisse abgetragen werden.

Stoffel: Speichern und Drucken der SPSS-Ergebnisse bitte nicht vergessen.

Stefanie: In den ersten drei SPSS-Ergebnistabellen erhalten wir für x18 u. a. Informationen zu der Anzahl der gültigen Messwerte, dem Mittelwert, der Standardabweichung, auf die wir hier noch nicht eingehen werden.

Schritt 1	
Handlungen:	Die SPSS-Datei mit dem Dateinamen *Fragebogen* starten.
Auswirkungen:	SPSS-Bildschirm: *Datenansicht* mit der Datentabelle (N = 66 für x1 bis x22) ist reaktiviert.

Schritt 2	
Handlungen:	1) In der Menüleiste *Analysieren* anklicken. 2) In dem dadurch entstandenen ersten Untermenü *Deskriptive Statistiken* anvisieren und in dem zweiten entstandenen Untermenü *P-P-Diagramme...* anklicken.
Auswirkungen:	Eine Dialogbox *P-P-Diagramme* hat sich geöffnet.

Schritt 3	
Handlungen:	In dem linken Variablenfeld die Variable *x18* (Berufseinschätzung) markieren. Dann den *Pfeil* (links neben dem Variablenfeld) anklicken, damit die Variable x18 in das Feld *Variablen* übertragen wird.
Auswirkungen:	In der Dialogbox *Häufigkeiten* ist die Variable x18 zur weiteren Bearbeitung ausgewählt.

Schritt 4	
Handlungen:	Den *OK*-Button (links unten) anklicken.
Auswirkungen:	Das Ausgabefenster mit den Ergebnissen wird angezeigt.

◘ **Abb. 9.3** *P-P-Plot für x18* – SPSS-Schema 18

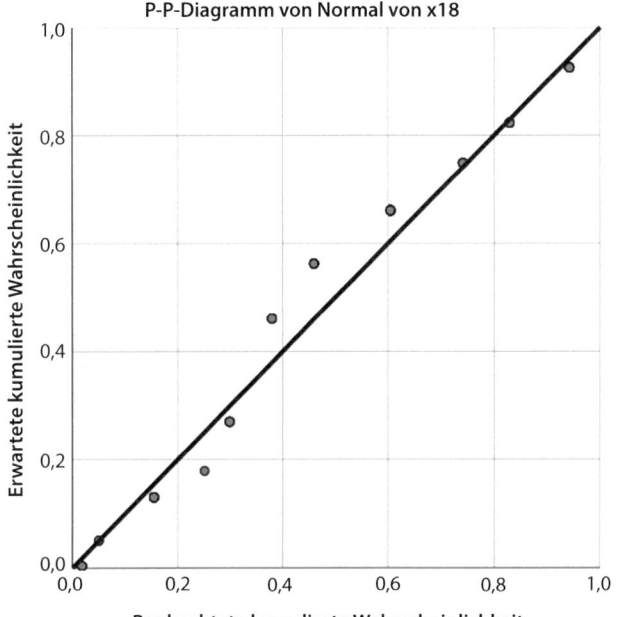

☐ **Abb. 9.4** P-P-Plot für x18

In der vierten SPSS-Ergebnisausgabe erhalten wir dann für x18 den gewünschten P-P-Plot (siehe ☐ Abb. 9.4).

Das trendbereinigte P-P-Diagramm in der sechsten SPSS-Ergebnisausgabe werden wir in unserer Analyse ebenfalls nicht berücksichtigen.

Stevie: In dem P-P-Plot (☐ Abb. 9.4) entspricht die eingezeichnete Diagonale (von links unten nach rechts oben) dem theoretischen idealen Normalverteilungsverlauf: Beobachtete kumulierte Wahrscheinlichkeit = Erwartete kumulierte Wahrscheinlichkeit. Die als kleine Punkte (Kreise) eingezeichneten Werte der Stichprobendaten würden im idealen Normalverteilungsfall alle genau auf dieser Diagonale liegen.

Wenn keine oder nur sehr geringe Differenzen zwischen den einzelnen Punkten (Kreisen) und der idealen Normalverteilungsdiagonale vorliegen würden, könnten wir dies als einen Hinweis auf das Vorliegen der Normalverteilung von x18 bewerten.

Stefanie: Im unteren und im oberen Wahrscheinlichkeitsbereich liegen die Punkte (Kreise) sehr nah an der idealen Normalverteilungsdiagonale, aber im mittleren Wahrscheinlichkeitsbereich gibt es Punkte (Kreise), die deutlich unterhalb oder oberhalb dieser Ideallinie liegen.

Stevie: Der P-P-Plot liefert uns somit insgesamt einen weiteren, immer noch nicht eindeutigen (die vorliegenden Abweichungen könnten auch Zufallsprodukte der untersuchten Stichprobe sein) Hinweis darauf, dass x18 in der Population nicht normal verteilt ist.

9.2 Signifikanztests

Stefanie: Mit dem SPSS-Schema 19 (siehe ◘ Abb. 9.5) werden für die Variable x18 Signifikanztests durchgeführt.

Schritt 1	
Handlungen:	Die SPSS-Datei mit dem Dateinamen *Fragebogen* starten.
Auswirkungen:	SPSS-Bildschirm: *Datenansicht* mit der Datentabelle (N = 66 für x1 bis x22) ist reaktiviert.

⇩

Schritt 2	
Handlungen:	1) In der Menüleiste *Analysieren* anklicken. 2) In dem dadurch entstandenen ersten Untermenü *Deskriptive Statistiken* anvisieren und in dem zweiten entstandenen Untermenü *Explorative Datenanalyse...* anklicken.
Auswirkungen:	Eine Dialogbox *Explorative Datenanalyse* hat sich geöffnet.

⇩

Schritt 3	
Handlungen:	1) In dem linken Variablenfeld die Variable *x18* (Berufseinschätzung) markieren. Dann den *Pfeil* (links neben dem Feld *Abhängige Variablen:*) anklicken, damit die Variable x18 in das Feld *Abhängige Variablen:* übertragen wird. 2) Den Button *Diagramme...* anklicken.
Auswirkungen:	1) In der Dialogbox *Häufigkeiten* ist die Variable x18 zur weiteren Bearbeitung ausgewählt. 2) Öffnung der Dialogbox: *Explorative Datenanalyse: Diagramme*

⇩

Schritt 4	
Handlungen:	1) Das Kästchen für *Normalverteilungsdiagramm mit Tests* (in der Mitte) anklicken. 2) Den Button *Weiter* (links unten) anklicken.
Auswirkungen:	Die Dialogbox *Explorative Datenanalyse* ist aktiviert und der Kolmogorov-Smirnov-Signifikanztest bzw. Lilliefors-Test wurde ausgewählt.

⇩

Schritt 5	
Handlungen:	Den *OK*-Button links unten) anklicken.
Auswirkungen:	Das Ausgabefenster mit den Ergebnissen wird angezeigt.

◘ **Abb. 9.5** *Signifikanztests zur Prüfung der Normalverteilung für x18* – SPSS-Schema 19

9.2 · Signifikanztests

Tab. 9.1. Schiefe und Kurtosis mit den Standardfehlern für x18

Berufseinschätzung = x18	
Schiefe	−0,602
Standardfehler der Schiefe	0,304
Kurtosis	−0,061
Standardfehler der Kurtosis	0,599

Tab. 9.2 Kolmogorov-Smirnov-Test bzw. Lilliefors-Test für x18

Berufseinschätzung = x18	
Teststatistik D	0,161
df	62
Signifikanz (für ungerichtete Hypothesen)	0,000

Durch das SPSS-Schema 19 erhalten wir für die Variable x18:

1. In der zweiten SPSS-Ergebnistabelle, für die Durchführung der z-Tests für die Schiefe und die Kurtosis (siehe ▶ Abschn. 9.2.1), die Kennwerte für die Schiefe und die Kurtosis mit ihren Standardabweichungen, die wir in der ◘ Tab. 9.1 (siehe ▶ Abschn. 9.2.1) zusammengestellt haben.

2. In der dritten SPSS-Ergebnistabelle, die Resultate des Kolmogorov-Smirnov-Tests (siehe ▶ Abschn. 9.2.2), die wir in der ◘ Tab. 9.2 zusammengestellt haben.

Stevie: In dem gesamten SPSS-Ergebnisausdruck für die Variable x18 liegt noch eine Vielzahl von weiteren Ergebnissen vor (Anzahl gültiger Messwerte, Mittelwert und Standardabweichung, Konfidenzintervalle, Q-Q-Diagramme usw.), auf die wir nicht eingehen werden.

Stoffel: Speichern und Drucken der SPSS-Ergebnisse bitte nicht vergessen.

9.2.1 z-Tests für die Schiefe und die Kurtosis

■ **1) Fragestellung**

Stevie: Es geht um die Verteilungsfunktion der Variable x18 (Berufseinschätzung) in der Population der Psychologiestudierenden.

■ **2) Wissenschaftliche Hypothese (WH)**

Wissenschaftliche Hypothese
Stoffel: Wir vermuten, dass die *Berufseinschätzung* in der Population der Psychologiestudierenden normal verteilt ist.

■ **3) Statistische Hypothesen (SH)**

Statistische Hypothesen
Stefanie: Aus der ungerichteten wissenschaftlichen Hypothese wird die ungerichtete Nullhypothese H_0 abgeleitet:

$$f(x18) = \frac{1}{\sqrt{2*\pi*\sigma^2}} * e^{\frac{-(x18-\mu)^2}{2*\sigma^2}}$$

Komplementär zu dieser H$_0$ lautet die Alternativhypothese H$_1$:

$$f(x18) \neq \frac{1}{\sqrt{2*\pi*\sigma^2}} * e^{\frac{-(x18-\mu)^2}{2*\sigma^2}}$$

(μ = der Populationsmittelwert auf der Variable x18, σ^2 = die Populationsvarianz auf der Variable x18).
Ich habe in den statistischen Hypothesen die Normalverteilungs-Funktionsformel (siehe Bortz 2005, S. 74) für die Variable x18 verwendet.
Stevie: Achtung, diese statistischen Hypothesen können so aber gar nicht wirklich geprüft werden.
Die Prüfung erfolgt in diesem Abschnitt nur sehr indirekt über die Parameter für die Schiefe und die Kurtosis der Verteilungsfunktion, die bei vorliegender Normalverteilung jeweils die Idealwerte von „0" annehmen würden:
Wir prüfen somit die von uns vertretene Nullhypothese H$_0$: Populations-Schiefe (von x18) = 0 **und (nicht oder)** Populations-Kurtosis (von x18) = 0.
Die dazu komplementäre Alternativhypothese H$_1$ lautet: Populations-Schiefe (von x18) $\neq$ 0 **und (oder)** Populations-Kurtosis (von x18) $\neq$ 0.
Hinweise: Wenn die Schiefe bei „0" liegt, ist die Verteilung vollkommen symmetrisch. Wenn die Kurtosis bei „0" liegt, ist die Verteilung weder zu steil noch zu flach (für eine Normalverteilung).

ⓘ Sprungmöglichkeit →

Stoffel: Die generelle ungerichtete statistische Nullhypothese würde lauten:
Für die auf die Normalverteilung zu prüfende (mindestens) intervallskalierte Variable x gilt: Die Populations-Schiefe **und (nicht oder)** die Populations-Kurtosis sind beide gleich 0.

ⓘ ← Sprungmöglichkeit

- **4) Versuchsplanung**

Stefanie: Aus der wissenschaftlichen Hypothese folgt die Nullhypothese, dementsprechend wählen wir ein Signifikanzniveau von $\alpha = 20\% = 0{,}20$ (Begründung siehe ▶ Abschn. 2.1.1 bei der Versuchsplanung Punkt 4).
Es wurden N = 66 Psychologiestudierende (zweites Semester in Fribourg) untersucht. Für die Variable x18 liegen die Messwerte von N = 62 Personen vor.

ⓘ Sprungmöglichkeit →

Stevie: Die grundsätzliche Vorgehensweise für die Bestimmung des β-Fehlers (Fehler zweiter Art) findet sich im Bortz (2005, S. 121–125, Abschn. 4.7). Ohne großen rechnerischen Aufwand kann dann auch die Teststärke: $1 - \beta$ bestimmt werden.

9.2 · Signifikanztests

Die Standardfehler in den folgenden Berechnungen können jeweils der ◘ Tab. 9.1. (siehe oben) entnommen werden.

Bitte beachten: Die unteren und die oberen z-Grenzwerte (z_{UG} und z_{OG}) unterscheiden sich in Schritt 1 und Schritt 2, weil sie zum einen für die *Nullhypothese* und zum anderen für die *Alternativhypothese* bestimmt werden.

▪▪ Teststärkeanalyse für den z-Test für die Schiefe

Schritt 1: Ausgehend von der ungerichteten Nullhypothese (Schiefe = 0 = μ_0) können aus der Tabelle B im Bortz (2005, S. 812–816) $z_{UG} = -1{,}28$ und $z_{OG} = +1{,}28$ (80 %-Bereich, da α = 20 %) entnommen werden. Für den z-Test können darauf basierend die obere Grenze (= OG) und die untere Grenze (= UG) nach den folgenden Formeln ermittelt werden:

Schiefe$_{OG}$ = z_{OG} * Standardfehler + μ_0 = 1,28 * 0,304 + 0 = 0,39
Schiefe$_{UG}$ = z_{UG} * Standardfehler + μ_0 = (- 1,28) * 0,304 + 0 = - 0,39

Schritt 2: Ausgehend von der Alternativhypothese (Schiefe = 1 = μ_1) (Urban und Mayerl 2011, S. 196) wird die Teststärke bestimmt.

$$z_{UG} = \frac{Schiefe_{OG} - 1}{Standardfehler} = \frac{0,39 - 1}{0,304} = -2,01$$

z_{OG} = 2,01 (wegen der Symmetrie der Normalverteilung)

Aus der Tabelle B im Bortz (2005) können die Flächen von 0,0222 für unterhalb von z_{UG} und oberhalb von z_{OG} entnommen werden,

Teststärke = 1 – 2 * (Fläche unterhalb von z_{UG}) = 1 – 2 * 0,0222 = 0,9556 = 95,56 %

▪▪ Teststärkeanalyse für den z-Test für die Kurtosis

Schritt 1: Ausgehend von der ungerichteten Nullhypothese (Kurtosis = 0 = μ_0) können aus der Tabelle B im Bortz (2005) $z_{UG} = -1{,}28$ und $z_{OG} = +1{,}28$ (80 %-Bereich, da α = 20 %) entnommen werden. Für den z-Test können darauf basierend die obere Grenze (= OG) und die untere Grenze (= UG) nach den folgenden Formeln ermittelt werden:

Kurtosis$_{OG}$ = z_{OG} * Standardfehler + μ_0 = 1,28 * 0,599 + 0 = 0,77
Kurtosis$_{UG}$ = z_{UG} * Standardfehler + μ_0 = (- 1,28) * 0,599 + 0 = - 0,77
(OG – obere Grenze, UG = untere Grenze)

Schritt 2: Ausgehend von der Alternativhypothese (Kurtosis = 1 = μ_1) (Urban und Mayerl 2011, S. 196) wird die Teststärke bestimmt.

$$z_{UG} = \frac{Kurtosis_{OG} - 1}{Standardfehler} = \frac{0,77 - 1}{0,599} = -0,39$$

z_{OG} = 0,39 (wegen der Symmetrie der Normalverteilung)

Aus der Tabelle B im Bortz (2005) können die Flächen von 0,3483 für unterhalb von z_{UG} und oberhalb von z_{OG} entnommen werden.

Teststärke = 1 – 2 * (Fläche unterhalb von z_{UG}) = 1 – 2 * 0,3483 = 0,3034 = 30,34 %

Hinweis: Eine Teststärke von nur 30,34 % ist als sehr niedrig zu bewerten. Durch die Verwendung einer größeren Stichprobe (unter sonst gleichen Bedingungen) könnte dieser Wert verbessert werden.

← Sprungmöglichkeit

- **5) Datenerhebung und Datentabelle**
▶ Siehe Kap. 3 für die Erstellung der Datentabelle.

- **6) Stichprobenergebnisse bzw. SPSS-Ergebnisse**

Stefanie: Durch die Anwendung des SPSS-Schema 19 (siehe ◘ Abb. 9.5) erhalten wir die Kennwerte für die Schiefe und die Kurtosis zusammen mit ihren Standardfehlern für die Variable x18, die wir in der ◘ Tab. 9.1 (siehe oben) zusammengestellt haben.

- **7) Vorbetrachtung**

Stoffel: Wenn die Alternativhypothese stimmen würde, dann müssten auch in dieser Stichprobe die Kennwerte für die Schiefe und die Kurtosis von dem Idealwert „0" abweichen.

Das ist hier offensichtlich der Fall: $-0{,}602 \neq 0$ und $-0{,}061 \neq 0$ (siehe ◘ Tab. 9.1). Das Stichprobenergebnis spricht damit in der Tendenz für die Alternativhypothese. Wir können im Ablaufschema fortfahren.

- **8) Empirische Prüfgrößen und Irrtumswahrscheinlichkeiten p**

Stevie: Leider erhalten wir hierzu im SPSS keine Resultate.

Die empirischen Prüfgrößen z_{emp} können aber sehr leicht mithilfe der angegeben Standardfehler ermittelt werden:

a) Schiefe: $z_{emp} = \frac{\text{Kennwert der Schiefe} - 0}{\text{Standardfehler der Schiefe}} = \frac{-0{,}602 - 0}{0{,}304} = -1{,}98$

b) Kurtosis: $z_{emp} = \frac{\text{Kennwert der Kurtosis} - 0}{\text{Standardfehler der Kurtosis}} = \frac{-0{,}061 - 0}{0{,}599} = -0{,}10$

Für die Bestimmung der Irrtumswahrscheinlichkeiten nehmen wir aus dem Bortz (2005, S. 812–816) die Tabelle B für die Standardnormalverteilung zu Hilfe. Da wir jeweils eine ungerichtete Nullhypothese vertreten, resultieren die folgenden Irrtumswahrscheinlichkeiten:
a) Schiefe: p = 2*0,0239 = 0,0478 (siehe Bortz 2005, S. 812)
b) Kurtosis: p = 2*0,4602 = 0,9204 (siehe Bortz 2005, S. 814)

- **9) Entscheidungen**

Stoffel: Für die Schiefe liegt ein signifikantes Ergebnis vor, für die Kurtosis ist das Ergebnis nicht signifikant.
a) Schiefe: p < α (0,0478 < 0,20)
b) Kurtosis: p > α (0,9204 > 0,20)

Stevie: Da in unserer Nullhypothese die Vermutungen für die Schiefe und die Kurtosis mit einem **„und (nicht oder)"** verbunden sind, wird die Nullhypothese somit insgesamt abgelehnt.

- **10) Ergebnisdarstellungen, Interpretation und Diskussion**

Stefanie: Die Interpretation unseres Befundes lautet:

9.2 · Signifikanztests

Der durchgeführte z-Test für die Schiefe wurde signifikant ($z_{emp} = -1{,}98$, $p = 0{,}0478$). Damit hat sich unsere Vermutung, dass die Berufseinschätzung (x18) für die Psychologiestudierenden normal verteilt ist, (vorläufig) nicht bewährt.

Auf die einzelnen Ergebnisdarstellungen und auf die Diskussion werden wir hier nicht weiter eingehen.

Stevie: In den Büchern von Field (2009, S. 139, Abschn. 5.4) und Urban und Mayerl (20011, S. 196, Abschn. 4.1.2) wird explizit darauf hingewiesen, dass man die Entscheidung über die Normalverteilungsvermutung nicht allein von dem Ergebnis dieses z-Tests abhängig machen sollte.

9.2.2 Kolmogorov-Smirnov-Test/Lilliefors-Test

Stefanie: Wenn der Populationsmittelwert und die Populationsstandardabweichung bekannt sind und geprüft werden soll, ob eine Verteilung normalverteilt ist, dann wird der Kolmogorov-Smirnov-Test angewendet.

Wenn dagegen, so wie hier, geprüft werden soll, ob eine Verteilung überhaupt normalverteilt ist (der Populationsmittelwert und die Populationsstandardabweichung sind nicht bekannt, sie müssen mithilfe des Stichprobenmittelwertes und der Stichprobenstandardabweichung geschätzt werden), dann wird der Kolmogorov-Smirnov-Test mit Lilliefors-Schranken (siehe Bortz et al 2008, S. 321–323) verwendet.

Der von uns dazu mit SPSS verwendete Normalverteilungstest wird von Diehl und Staufenbiel (2007, S. 193) einfach als Lilliefors-Test bezeichnet.

- **1) Fragestellung**

Stevie: Es geht weiterhin um die Verteilungsfunktion der Variable x18 (Berufseinschätzung) in der Population der Psychologiestudierenden.

- **2) Wissenschaftliche Hypothese (WH)**

Wissenschaftliche Hypothese
Stoffel: Wir vermuten, dass die *Berufseinschätzung* in der Population der Psychologiestudierenden normal verteilt ist.

- **3) Statistische Hypothesen (SH)**

Statistische Hypothesen
Stefanie: Aus der ungerichteten wissenschaftlichen Hypothese wird die ungerichtete Nullhypothese H_0 abgeleitet:

$$f(x18) = \frac{1}{\sqrt{2 * \pi * \sigma^2}} * e^{\frac{-(x18-\mu)^2}{2*\sigma^2}}$$

Komplementär zu dieser H_0 lautet die Alternativhypothese H_1:

$$f(x18) \neq \frac{1}{\sqrt{2 * \pi * \sigma^2}} * e^{\frac{-(x18-\mu)^2}{2*\sigma^2}}$$

(μ = der Populationsmittelwert auf der Variable x18, σ^2 = die Populationsvarianz auf der Variable x18). Das ist eine Anwendung der Normalverteilungs-Funktionsformel (siehe Bortz 2005, S. 74) für die Variable x18.

Stevie: Auch bei dem Kolmogorov-Smirnov-Test werden diese statistischen Hypothesen nur indirekt geprüft: Die kumulierten relativen Häufigkeiten der Stichprobendaten werden mit den kumulierten theoretisch zu erwartenden Häufigkeiten (der Normalverteilung) verglichen. Als Prüfgröße wird der absolute Wert der maximal gefundenen Differenz D_{max} (zwischen diesen beiden Häufigkeiten) verwendet.

Aus der von uns vertretenen Nullhypothese H_0 kann dann die folgende empirische Erwartung sinnvoll abgeleitet werden: $D_{max} = 0$ (für x18).

Aus der von uns nicht vertretenen komplementären Alternativhypothese H_1 wird dementsprechend die folgende empirische Erwartung sinnvoll abgeleitet: $D_{max} > 0$ (für x18).

🛈 Sprungmöglichkeit →

Empirische Erwartung
Stoffel: Aus der **generellen ungerichteten statistischen Nullhypothese** würde die folgende empirische Erwartung abgeleitet werden:
Für die auf die Normalverteilung zu prüfende (mindestens) intervallskalierte Variable x gilt: $D_{max} = 0$.

🛈 ← Sprungmöglichkeit

Stevie: Gute anschauliche Beschreibungen zum besseren Verständnis des Konzepts des Kolmogorov-Smirnov-Tests (Signifikanztest zur Prüfung der Normalverteilung) finden sich in dem Abschn. 3.4.2 von Clauß und Ebner (1983, S. 236–240) und im Abschn. 7.3 von Bortz, Lienert und Boehnke (2008, S. 319–323).

■ **4) Versuchsplanung**
Stefanie: Aus der wissenschaftlichen Hypothese folgt die Nullhypothese, dementsprechend wählen wir ein Signifikanzniveau von $\alpha = 20\% = 0{,}20$ (Begründung siehe ▶ Abschn. 2.1.1 bei der Versuchsplanung Punkt 4).

Es wurden N = 66 Psychologiestudierende (zweites Semester in Fribourg) untersucht.

Stoffel: Die Teststärkeanalyse lassen wir hier weg, weil wir dazu bei Cohen (1988) keine Anleitungen bzw. Angaben finden.

Stefanie: Stevie, können wir das so stehen lassen?

Stevie: Ja, weil mir dazu keine einfache Alternative bekannt ist und die Durchführung einer eigenen Computersimulation, zur Bestimmung der Teststärkefunktion, im Rahmen dieser Arbeit zu aufwendig wäre.

■ **5) Datenerhebung und Datentabelle**
▶ Siehe Kap. 3 für die Erstellung der Datentabelle.

- **6) Stichprobenergebnisse bzw. SPSS-Ergebnisse**

Stefanie: Durch die Anwendung des SPSS-Schemas 19 (siehe ◘ Abb. 9.5) erhalten wir die Ergebnisse des Kolmogorov-Smirnov-Tests für die Variable x18, die wir in der ◘ Tab. 9.2 (siehe oben) zusammengestellt haben.

Die maximale Differenz D_{max} zwischen den kumulierten relativen Häufigkeiten der Stichprobendaten und den kumulierten relativen Häufigkeiten der nach der Normalverteilung zu erwartenden Häufigkeiten beträgt 0,161. Die Anzahl der gültigen Messwerte von N = 62 ist hier gleichzeitig der Freiheitsgrad df = 62. Die Irrtumswahrscheinlichkeit ist p = 0,000.

- **7) Vorbetrachtung**

Stoffel: Der in der Stichprobe gefundene D_{max}-Wert = 0,161 liegt über 0. Das entspricht der aus der Alternativhypothese abgeleiteten Erwartung: Wir können im Ablaufschema fortfahren.

- **8) Empirische Prüfgröße und Irrtumswahrscheinlichkeit p**

Stevie: Noch mal kurz und knapp: $D_{max} = 0{,}161$ und p = 0,000 (siehe ◘ Tab. 9.2).

- **9) Entscheidung**

Stoffel: Weil p < α (0,000 < 0,20) ist, wird die Nullhypothese abgelehnt.

- **10) Ergebnisdarstellungen, Interpretation und Diskussion**

Stefanie: Die Interpretation unseres Befundes lautet:

Der durchgeführte Kolmogorov-Smirnov-Test bzw. Lilliefors-Test wurde signifikant ($D_{max} = 0{,}161$, p = 0,000). Damit hat sich unsere Vermutung, dass die Berufseinschätzung (x18) für die Psychologiestudierenden normal verteilt ist, (vorläufig) nicht bewährt.

Auf die einzelnen Ergebnisdarstellungen und auf die Diskussion werden wir hier nicht weiter eingehen.

Stevie: In dem Buch von Field (2009, S. 144, Abschn. 5.5) wird explizit darauf hingewiesen, dass man die Entscheidung über die Normalverteilungsvermutung nicht allein von dem Ergebnis des Kolmogorov-Smirnov-Tests (bzw. Lilliefors-Tests) abhängig machen sollte.

9.3 Gesamtbewertung der visuellen Analysen und der Signifikanztests

Stefanie: Es wird dringend empfohlen, bei der Prüfung einer stetigen, (mindestens) intervallskalierten Variable auf Normalverteilung alle Resultate der durchgeführten visuellen Analysen und der Signifikanztests in einer Gesamtbetrachtung gemeinsam zu bewerten.

Stevie: Normalerweise wird man dabei der objektiven Aussagekraft der Signifikanztests einen höheren Stellenwert als den subjektiven visuellen Eindrücken zuordnen.

◘ Abb. 9.6 Stoffel und die Normalverteilung

Bei sehr großen Stichproben (N > 200) kann es aber durchaus sinnvoll sein, den *visuellen Analysen* einen relativ höheren Stellenwert als den *Signifikanztests* (die dann auch bei sehr kleinen Abweichungen von der Normalverteilung bereits leicht signifikant werden) einzuräumen (siehe Field 2009, S. 139 und 144).

Stoffel: Für unsere Vermutung,

dass die stetige, intervallskalierte Variable *Berufseinschätzung* (x18) in der Population der Psychologiestudierenden normal verteilt ist,

haben wir hier eine ziemlich eindeutige ablehnende Antwort erhalten:

Die visuellen Analysen (Häufigkeitsverteilung und P-P-Plot) und auch die Signifikanztests (z-Test für die Schiefe und Kolmogorov-Smirnov-Test) zeigen durchgehend einheitlich an, dass die Variable *Berufseinschätzung* (x18) nicht normal verteilt ist.

Stevie: Wir werden daher (vorläufig), gut begründet, unsere Normalverteilungsannahme für die Variable x18 aufgeben.

In der ◘ Abb. 9.6 sehen wir, wie Stoffel eine Normalverteilung zeichnet.

Robustheitsstudien zu den Signifikanztests

Inhaltsverzeichnis

10.1 Monte-Carlo-Studien – 208
10.1.1 z-Test (Stichprobe/Population) und Monte-Carlo-Studien – 209
10.1.2 t-Test (Stichprobe/Population) und Monte-Carlo-Studien – 210
10.1.3 Weitere Signifikanztests, Variationen und Robustheitskriterium – 211

10.2 Die beiden gegensätzlichen Standpunkte bei den Robustheitsstudien – 213
10.2.1 Positive und differenzierte Robustheitsnachweise – 214
10.2.2 Negative und differenzierte Robustheitsnachweise – 216
10.2.3 Konfrontationsschlag mit der Realität von Micceri – 218
10.2.4 Konterschlag gegen Micceri von Sawilowsky und Blair – 219
10.2.5 Abschließende Bemerkungen – 219

© Springer-Verlag GmbH Deutschland, ein Teil von Springer Nature 2020
E. Kuhlmei, *Lerne mit uns komplexe Statistik!*,
https://doi.org/10.1007/978-3-662-61751-9_10

Stoffel: Können wir bitte die Bezeichnung *Robustheit von Signifikanztests* vorweg kurz erläutern?

Stevie: Lieber Stoffel, wie du weißt, bezeichnet man Gegenstände als *robust*, wenn sie trotz unsachgemäßer Behandlung ihre ursprüngliche Funktionalität nicht oder nur geringfügig verlieren.

Stoffel: Na klar. Zum Beispiel haben wir bei einem Tisch die folgende Grundannahme: Er soll zum Lesen und Schreiben, zum Essen und Trinken usw. verwendet werden. Wenn nun jemand mit einem Hammer auf den Tisch einschlägt oder den Tisch aus dem Fenster (aus der fünften Etage) wirft, dann werden praktisch die Voraussetzungsbedingungen dieses Gegenstandes verletzt. Wenn man den Tisch anschließend immer noch zum Lesen und Schreiben, zum Essen und Trinken usw. benutzen kann, dann hat er *robust* auf die Verletzung seiner Voraussetzungsannahmen reagiert.

Stefanie: Bei den von uns präsentierten Signifikanztests (t-Tests, F-Tests der Varianzanalyse usw.) sind die Normalverteilungsannahme und die Varianzhomogenität zentrale Voraussetzungen. Wenn diese Annahmen verletzt werden, aber der Signifikanztest trotzdem die Wahrscheinlichkeiten für den Fehler erster und zweiter Art immer noch korrekt oder nur mit geringfügigen Abweichungen berechnet, dann können wir den Signifikanztest als *robust* bezeichnen.

10.1 Monte-Carlo-Studien

Stevie: Die sogenannten Monte-Carlo-Studien (MCS) sind spezielle Computersimulationen, die sich hervorragend für die Überprüfung der Robustheit der diversen Signifikanztests eignen. Im Bortz (2005, S. 130–132, Abschn. 4.11) wird das Vorgehen dabei sehr schön erklärt.

Stefanie: Können wir uns die zugehörigen Prozeduren vielleicht trotzdem noch etwas genauer für möglichst einfache Signifikanztests ansehen, bevor wir auf die Literatur dazu eingehen?

Stevie: Einverstanden. Ich werde im folgenden ▶ Abschn. 10.1.1 zunächst im Teil I kurz das Vorgehen beim z-Test (Vergleich einer Stichprobe mit einer Population) erläutern.

Im Teil II wird dann das Konzept der Monte-Carlo-Studien an einer Art Probedurchlauf (mit Idealbedingungen) erläutert, bei dem die Voraussetzung des z-Tests erfüllt ist, und wo zu erwarten ist, dass die in der MCS auftretende tatsächliche Irrtumswahrscheinlichkeit (wir nennen sie α') mit dem vorher festgelegten Signifikanzniveau α exakt übereinstimmen sollte.

Erst danach sehen wir uns die eigentliche zentrale Frage (das Grundkonzept) im Teil III an: Wie stark weicht die in der MCS gefundene tatsächliche Irrtumswahrscheinlichkeit α' von α ab, wenn die Voraussetzung des statistischen Verfahrens nicht erfüllt ist?

Im darauffolgenden ▶ Abschn. 10.1.2 nehmen wir uns dann analog dazu den t-Test (Vergleich einer Stichprobe mit einer Population) vor.

Wir werden dabei jeweils von der gleichen gerichteten Alternativhypothese $\mu_1 > \mu_0$ ausgehen und das Signifikanzniveau α konstant auf 5 % legen.

Im ▶ Abschn. 10.1.3 gehen wir dann auf weitere Signifikanztests in diesem Kontext ein.

10.1.1 z-Test (Stichprobe/Population) und Monte-Carlo-Studien

- **I. Voraussetzungen und Durchführung des z-Tests**

Bei diesem z-Test richten wir unsere Aufmerksamkeit auf die folgende Voraussetzung: Die Stichprobengröße muss $N \geq 30$ sein. Das untersuchte Merkmal x in der zugrunde-liegenden Population kann irgendeine Verteilungsform haben. Die Unabhängigkeitsbedingung (die Versuchspersonen beeinflussen sich in keinster Weise gegenseitig) versteht sich von selbst.

Für die Population sind die Parameter μ_0 und σ^2 bekannt (σ^2 kann notfalls auch mithilfe der Stichprobe geschätzt werden).

Für die genügend große Zufallsstichprobe (z. B. $N = 40$) wird der Mittelwert M_x berechnet. Wenn die Vorbetrachtung in Ordnung ist, wird der empirische z-Wert nach der folgenden Formel bestimmt:

$z_{emp} = (M_x - \mu_0)/(\sigma/\sqrt{N})$ und für $\alpha = 0{,}05$ mit dem *theoretischen kritischen oberen z-Wert* $z_{OG} = 1{,}645$ (siehe Bortz 2005, S. 815, Tab. B bei der Fläche von 0,95) verglichen.

Wenn $z_{emp} > z_{OG}$ ist, dann wird die Nullhypothese ($\mu_1 \leq \mu_0$) abgelehnt.

- **II. Simulierung der Idealbedingung in der MCS**

Schritt 1: Auf einem geeigneten Computer wird eine virtuelle (Ausgangs-)Population (im Prinzip mit beliebiger Verteilungsform) für ein bestimmtes Merkmal x mit den Parametern μ_0 und σ^2 (siehe oben) künstlich erzeugt.

Aus dieser Population wird dann virtuell eine sehr große Anzahl r an Stichproben (z. B. $r = 100000$) mit jeweils der gleichen *Stichprobengröße N* (z. B. $N = 40$) gezogen.

Schritt 2: Für jede dieser virtuellen Stichproben wird der Mittelwert M_x bestimmt und dann dafür die z-Transformation durchgeführt. Somit erhalten wir in diesem Beispiel $r = 100000$ z-Werte.

Schritt 3: Es kann dann problemlos ausgezählt werden, wie viel Prozent p dieser 100000 z-Werte den *theoretischen kritischen oberen z-Wert* $z_{OG} = 1{,}645$ (siehe oben) überschreiten.

Dieser Prozentwert p ist die durch die MCS unter den gegebenen Bedingungen im z-Test ermittelte tatsächliche Irrtumswahrscheinlichkeit für den Fehler erster Art α'.

Hier müsste dann für $p = \alpha'$ ziemlich genau der α-Wert von 0,05 resultieren, weil die Voraussetzungen des Signifikanztests erfüllt sind. Ansonsten müssen wir davon ausgehen, dass die durchgeführte Computersimulation irgendwie fehlerhaft war.

Auch wenn das für unser aktuelles Anliegen nicht von Bedeutung ist, möchte ich kurz darauf hinweisen, dass man natürlich auch die Standardabweichung dieser 100000 z-Werte berechnen könnte und damit den Standardfehler erhalten würde.

- **III. Grundkonzept: Auswirkung der Verletzung der Idealbedingung in der MCS**

Schritt 1: Auf einem geeigneten Computer wird eine virtuelle (Ausgangs-)Population (im Prinzip mit beliebiger Verteilungsform) für ein bestimmtes Merkmal x mit den Parametern μ_0 und σ^2 (siehe oben) künstlich erzeugt.

Aus dieser Population wird dann virtuell eine sehr große Anzahl r an Stichproben (z. B. r = 100000) mit jeweils der gleichen *Stichprobengröße N* (z. B. N = 5) gezogen. Damit wird die zentrale Voraussetzung N ≥ 30 sehr deutlich verletzt.

Schritt 2: Für jede dieser virtuellen Stichproben wird der Mittelwert M_x bestimmt und dann dafür die z-Transformation durchgeführt. Somit erhalten wir auch in diesem Beispiel r = 100000 z-Werte.

Schritt 3: Es kann dann problemlos ausgezählt werden, wie viel Prozent p dieser 100000 z-Werte den *theoretischen kritischen oberen z-Wert* $z_{OG} = 1{,}645$ (siehe oben) überschreiten.

Dieser Prozentwert p ist die durch die MCS unter den gegebenen Bedingungen im z-Test ermittelte tatsächliche Irrtumswahrscheinlichkeit für den Fehler erster Art α'.

> Wenn dieser *p-Wert* = α' weiterhin bei 0,05 liegen oder nur sehr gering davon abweichen würde, dann könnte man sagen, der z-Test hat **robust** auf die oben gewählte Voraussetzungsverletzung reagiert.

Das würde hier aber so generell nicht passieren, die ermittelten tatsächlichen Irrtumswahrscheinlichkeiten α' (= p-Werte) würden in der MCS (in Abhängigkeit von der Verteilungsform der Ausgangspopulation) von α = 0,05 abweichen und somit anzeigen, dass der z-Test auf diese Voraussetzungsverletzung eher nicht robust reagiert.

Das ist übrigens auch der Grund, warum wir bei Stichprobengrößen von N < 30 nicht den z-Test, sondern stattdessen den t-Test anwenden sollten.

Hinweis: Da sich die Verteilung des t-Tests bei großen Stichproben der Normalverteilung annähert, kann und darf der t-Test natürlich auch bei N ≥ 30 angewendet werden.

Dafür kommt dann aber beim t-Test (Stichprobe/Population) eine andere zentrale Voraussetzung ins Spiel: Das Merkmal x muss in der zugrunde liegenden Population normalverteilt sein.

10.1.2 t-Test (Stichprobe/Population) und Monte-Carlo-Studien

- **I. Simulierung der Idealbedingung in der MCS**

Schritt 1: Auf einem geeigneten Computer wird eine virtuelle *normalverteilte* (Ausgangs-)Population für ein bestimmtes Merkmal x mit den Parametern μ_0 und σ^2 (siehe oben) künstlich erzeugt.

Aus dieser Population wird dann virtuell eine sehr große Anzahl r an Stichproben (z. B. r = 100000) mit jeweils der gleichen *Stichprobengröße N* (z. B. N = 15) gezogen.

Schritt 2: Für jede dieser virtuellen Stichproben wird der Mittelwert M_x bestimmt und dann dafür die t-Transformation durchgeführt. Somit erhalten wir in diesem Beispiel r = 100000 t-Werte.

Hinweis: Die t-Transformation ist hier mathematisch mit der z-Transformation (siehe oben) identisch.

Schritt 3: Es kann dann problemlos ausgezählt werden, wie viel Prozent p dieser 100000 t-Werte den *theoretischen kritischen oberen t-Wert* $t_{OG}=1{,}761$ (Bortz 2005, S. 819, Tab. D, Fläche von 0,95, Freiheitsgrad df = N – 1 = 14) überschreiten.

Dieser Prozentwert p ist die durch die MCS unter den gegebenen Bedingungen im t-Test ermittelte tatsächliche Irrtumswahrscheinlichkeit für den Fehler erster Art α'. Hier müsste dann für p = α' ziemlich genau der α-Wert von 0,05 resultieren, ansonsten ist die Computersimulation fehlerhaft.

Auch wenn das für unser aktuelles Anliegen nicht von Bedeutung ist, möchte ich darauf hinweisen, dass man natürlich auch die Standardabweichung dieser 100000 t-Werte berechnen könnte und damit den Standardfehler erhalten würde.

- **II. Grundkonzept: Auswirkung der Verletzung der Idealbedingung in der MCS**

Schritt 1: Auf einem geeigneten Computer wird eine virtuelle *nicht normalverteilte* (z. B. steilgipflige symmetrische Verteilung) (Ausgangs-)Population für ein bestimmtes Merkmal x mit den Parametern μ_0 und σ^2 (siehe oben) künstlich erzeugt. Damit wird die zentrale Voraussetzung verletzt.

Aus dieser Population wird dann virtuell eine sehr große Anzahl r an Stichproben (z. B. r = 100000) mit jeweils der gleichen *Stichprobengröße N* (z. B. N = 15) gezogen.

Schritt 2: Für jede dieser virtuellen Stichproben wird der Mittelwert M_x bestimmt und dann dafür die t-Transformation durchgeführt. Somit erhalten wir in diesem Beispiel r = 100000 t-Werte.

Schritt 3: Es kann dann problemlos ausgezählt werden, wie viel Prozent dieser 100000 t-Werte den *theoretischen kritischen oberen t-Wert* $t_{OG}=1{,}761$ (Bortz 2005, S. 819, Tab. D, Fläche von 0,95, Freiheitsgrad df = N – 1 = 14) überschreiten.

Dieser Prozentwert p ist die durch die MCS unter den gegebenen Bedingungen im t-Test ermittelte tatsächliche Irrtumswahrscheinlichkeit für den Fehler erster Art α'.

Wenn dieser *p-Wert* = α' weiterhin bei 0,05 liegen oder nur sehr gering davon abweichen würde, dann könnte man sagen, der t-Test hat **robust** auf die oben gewählte Voraussetzungsverletzung reagiert.

Genau mit einem solchen positiven Ergebnis dürften wir hier auch tatsächlich rechnen, wie die folgende noch vorzustellende Literatur der Robustheitsstudien im ▶ Abschn. 10.2 aufzeigen wird.

10.1.3 Weitere Signifikanztests, Variationen und Robustheitskriterium

Das oben vorgestellte Monte-Carlo-Studien-Konzept kann problemlos auch auf andere Signifikanztests übertragen werden. Generell wird im Schritt 3 (beim Grundkonzept mit gewählter Voraussetzungsverletzung) der *theoretische kritische Grenzwertbereich,* basierend auf den Voraussetzungsannahmen des entsprechenden Signifikanztests, herangezogen, und es wird dann jeweils ermittelt, wie viel Prozent p der virtuellen Stichproben einen Prüfwert haben, der aus diesem *Grenzwertbereich* herausfällt.

> Wenn der so ermittelte p-Wert = α' (tatsächliche Irrtumswahrscheinlichkeit) dann nahe genug bei dem gewählten α-Signifikanzniveau liegt, wird der Signifikanztest als **robust** gegen die gewählte Voraussetzungsverletzung bezeichnet.

Stoffel: Das ist ja eigentlich alles relativ einfach und leicht überschaubar.

Stevie: Das stimmt, aber durch die große Anzahl an Variationsmöglichkeiten der verschiedenen Ausprägungen der Bedingungskomponenten, die in den MCS üblicherweise dabei miteinander durchgespielt werden, kann einem schon mal schnell schwindelig werden. Wir deuten das hier mal mit der folgenden (unvollständigen) Variationskomponentenliste für den t-Test für unabhängige Stichproben ein wenig an.

I *Basisbedingungen:*
1. Art der Hypothese: gerichtet oder ungerichtet
2. Signifikanzniveau: $\alpha = 0{,}01,\ 0{,}05,\ 0{,}1$ usw.
3. Gesamtstichprobengröße: $N = 10,\ 15,\ 20$ usw.
4. Stichprobengrößen der beiden Stichproben: $N_1 = N_2 = 5$, $N_1 = N_2 = 10$ usw. vs. $N_1 = 5$ und $N_2 = 10$, $N_1 = 5$ und $N_2 = 15$ usw.

II *Voraussetzungsverletzungen (Idealbedingung vs. Verletzungen):*
5. Art der Verteilungsform: normalverteilt vs. steilgipflig, rechtssteil, linkssteil usw.
6. Ausmaß der Stärke der Verletzung der Normalverteilung: Schiefevariationen, Wölbungsvariationen usw.
7. Diverse Kombinationen der Normalverteilungsverletzungen (Punkte 5 und 6) für die beiden Populationen sind möglich. Wobei natürlich auch eine Nicht-Normalverteilungsverletzung in der einen Population mit einer Normalverteilungsverletzung in der anderen Population möglich ist.
8. Verhältnis der beiden Populationsvarianzen: 1:1 (Varianzhomogenität erfüllt) vs. 1:2, 1:4 usw. (Varianzhomogenität in unterschiedlichem Ausmaß nicht erfüllt).

Stoffel: Mir wird bereits schwindelig, und ich erahne die enorme Anzahl an möglichen Variationskombinationen, die sich hier jeweils anbietet.

> **Stevie:** Die zentrale Frage lautet dann jeweils: Unter welchen dieser zahlreichen möglichen Bedingungskombinationen verhält sich der Signifikanztest robust?

Außerdem werden in vielen Studien zur Robustheit der Signifikanztests nicht nur die Auswirkungen von Voraussetzungsverletzungen auf den Fehler erster Art α, sondern darüber hinaus auch noch auf die Teststärke 1 – β ermittelt (β = Fehler zweiter Art).

Stefanie: Ein weiterer sehr wichtiger Aspekt muss noch betrachtet werden:

> Wie hoch dürfen in den Monte-Carlo-Studien die Abweichungen der Irrtumswahrscheinlichkeiten p = α' von den vorher festgelegten Signifikanzniveaus α maximal sein, sodass wir die geprüften Signifikanztests als **robust** bezeichnen können?

Stevie: Bradley (1978) hat als liberales Kriterium dazu vorgeschlagen, dass, wenn der p-Wert = α' in dem folgenden Bereich liegt:
$0{,}5*\alpha \leq \alpha' \leq 1{,}5*\alpha$
kann der entsprechende Signifikanztest (unter den gegebenen Bedingungskombinationen) eben noch als **robust** gegen die gewählten (in der MCS geprüften) Voraussetzungsverletzungen bezeichnet werden.

Stoffel: Ich verstehe, das bedeutet z. B. dass für $\alpha = 0{,}05$ die tatsächliche Irrtumswahrscheinlichkeit α' zwischen 0,025 und 0,075 liegen muss, damit der Signifikanztest als robust bezeichnet werden kann.

Stefanie: Das erscheint mir aber sehr liberal.

Stevie: Für kritischere Personen gibt es von Bradley (1978) auch noch ein strengeres Kriterium. Wenn der p-Wert = α' in dem folgenden Bereich liegt:
$0{,}9*\alpha \leq \alpha' \leq 1{,}1*\alpha$
kann der entsprechende Signifikanztest (unter den gegebenen Bedingungskombinationen) als **robust** gegen die gewählten (in der MCS geprüften) Voraussetzungsverletzungen bezeichnet werden. Für $\alpha = 0{,}05$, müsste nun die tatsächliche Irrtumswahrscheinlichkeit α' zwischen 0,045 und 0,055 liegen, damit der Signifikanztest als robust bezeichnet werden kann.

10.2 Die beiden gegensätzlichen Standpunkte bei den Robustheitsstudien

Stefanie: In den folgenden Betrachtungen und bei unserem historischen Überblick beschränken wir uns grob auf den Zeitraum von 1960 bis 2000, hier wurden bereits alle – für unsere Fragestellungen, Analysen und Präsentationen – grundlegenden und wesentlichen Aspekte zu dem Thema Robustheit der statistischen Verfahren aufgezeigt und diskutiert.

Stoffel: Wenn ich mir die enorme Anzahl an möglichen willkürlich wählbaren Bedingungsvariationen (siehe oben) vor Augen halte und die beachtliche Spannbreite zwischen dem liberalen und dem strengen Robustheitskriterium nach Bradley (1978) auf der Zunge zergehen lasse, kann ich mir kaum noch vorstellen, dass wir eine gut überschaubare, eindeutige und einheitliche Befundlage zu den Robustheitsstudien vorfinden werden.

Stevie: Basierend auf der heterogenen Befundlage, finden wir in dem Zeitraum der letzten 60 Jahre wiederkehrend zwei gegensätzliche Positionslager.

Die eindeutig stärkere und einflussreichere Hauptströmung, mit wichtigen Vertreterinnen wie z. B. Larry Havlicek und Nancy Peterson, Willi Hager, Shlomo Sawilowsky und Rainer Westermann gehen davon aus, dass die meisten wichtigen parametrischen Signifikanztests unter bestimmten Bedingungen (genügend große und gleich große Stichproben usw.) im Wesentlichen robust gegen vielfältige Voraussetzungsverletzungen reagieren.

Auf der anderen Seite gibt es wichtige kritische Vertreter wie z. B. James Bradley und Theodore Micceri, die unermüdlich versuchen, Bedingungskombinationen und Voraussetzungsverletzungen aufzuzeigen, auf die die parametrischen Signifikanztests nicht robust reagieren.

Aus diesen kritischen Betrachtungen gezogene Schlussfolgerungen können dabei so weit gehen, dass sie wie bei Bradley (1968, S. 17) sinngemäß in die Empfehlung münden, grundsätzlich den verteilungsfreien Verfahren einen Vorzug gegenüber den parametrischen Verfahren einzuräumen.

Die zu dieser Fragestellung: *Sind nonparametrische Tests parametrischen bei „beliebigen Verteilungen" vorzuziehen?* von Hübner und Hager (1984) durchgeführte Untersuchung zeigt hinsichtlich der Robustheits- und Teststärkeanalysen bei Verletzungen der Normalverteilungs- und Homogenitätsvoraussetzungen eine Überlegenheit der parametrischen Verfahren auf und legt bei *intervallskalierten Daten* für die abhängige Variable stattdessen die folgende Schlussfolgerung nahe:

Wenn die Varianzhomogenität nicht verletzt wird, sollte der t-Test, bei Verletzungen der Varianzhomogenität ersatzweise der Welch-Test, eingesetzt werden; die nicht parametrischen Verfahren, wie z. B. der U-Test, wären bei intervallskalierten Daten ein weniger guter Ersatz für den t-Test.

Die von Westermann (2000, S. 387–413, Kap. 16) durchgeführten Überlegungen zur Hypothesenvalidität beinhalten sinngemäß die folgende Forderung:

Es sollte eine möglichst gute strukturelle Übereinstimmung zwischen den psychologischen Hypothesen, den empirischen Vorhersagen und den statistischen Hypothesen bestehen. In Anbetracht dieser Überlegungen wird man eine grundsätzliche Bevorzugungsempfehlung für nicht parametrische Verfahren kaum befolgen wollen.

Stoffel: Es kommt mir etwa so vor, wie wenn man ein zu 50 % mit feinem Bier gefülltes Glas optimistisch als halb voll oder pessimistisch als halb leer bezeichnet.

Stevie: Wenn dann die Pessimisten auch noch sagen, man sollte bevorzugt Mineralwasser trinken, werden sie vermutlich unsere Zustimmung sehr schnell verlieren.

Stoffel: Vor allem dann, wenn wir wissen, dass der entsprechende Pessimist selber Mineralwasser hergestellt hat und verkauft. Hinweis: Bradley (1968) hat ein sehr gutes Buch zu den „verteilungsfreien Verfahren" geschrieben.

Stevie: Wir werden versuchen, die folgende Darstellung zum einen inhaltlich zu strukturieren, und zum anderen soll möglichst eine chronologische Reihenfolge eingehalten werden.

10.2.1 Positive und differenzierte Robustheitsnachweise

- **Übersichtsartikel zu der Varianzanalyse**

In der ausgezeichneten Arbeit *Consequences of failure to meet assumptions underlying the fixed effects analyses of variance and covariance* von Glass et al. (1972) werden u. a. die Studien diskutiert, in denen die Auswirkungen der Verletzungen der Varianzhomogenität, der Normalverteilung und der Kombination aus diesen beiden Verletzungen auf die tatsächliche Irrtumswahrscheinlichkeit und auf die Teststärke für die einfaktorielle Varianzanalyse untersucht wurden.

Die Befundlage für die Robustheitseigenschaften und die Teststärke bei der Varianzanalyse wird sehr schön übersichtlich dargestellt und fällt insgesamt positiv differenziert aus (siehe Glass et al. 1972, S. 273, Tab. 16).

- **Übersichtsartikel zu den sogenannten Lokationstests (t-Test, U-Test usw.)**

Hier möchten wir den herausragenden Artikel *Verletzung der Annahmen bei Zwei-Stichproben-Lokationstests: Eine Übersicht über empirische Resultate* von Hager et al. (1983) empfehlen. Es werden etwa 30 Robustheitsstudien aus dem Zeitraum von 1961 bis 1980 sehr gut inhaltlich strukturiert präsentiert. Bei den behandelten Signifikanztests handelt es sich um Verfahren zu den zentralen Tendenzen. Es werden Mittelwertsunterschiede (t-Test, Welch-Test), Medianunterschiede (U-Test) usw. geprüft. Die in den Studien verwendeten Signifikanztests, die Fragestellungen, die Art der Voraussetzungsverletzungen usw. werden in einer sehr schönen Übersicht zusammenfassend dargestellt (siehe Hager et al. (1983, S. 354–355, Tab. 1). Die Befundlage für die Robustheitseigenschaften der geprüften Verfahren fällt insgesamt positiv differenziert aus.

- **t-Test (unabhängige Stichproben)**

Ein besonders erfreulich positiver Robustheitsbefund für den t-Test findet sich in dem Artikel *A Monte Carlo study comparing various two-sample tests for differences in mean* von Neave und Granger (1968). Neben den anderen interessanten Ergebnissen der Studie sticht die folgende Simulation ins Auge, bei der u. a. die beiden zentralen Voraussetzungen *Normalverteilung* und *Varianzhomogenität* des t-Tests gleichzeitig verletzt wurden: Ausgehend von einem gewählten $\alpha = 0{,}05$ und zwei nicht normalverteilten Populationen, deren Varianzen im Verhältnis 1:2 stehen, werden $r = 500$ gleich große Zufallsstichproben mit $N_1 = N_2 = 20$ gezogen. Die tatsächliche Irrtumswahrscheinlichkeit α' fällt mit einem Wert von 0,46 (siehe Neave und Granger 1968, S. 513, Tab. 3.1) sogar in den von Bradley (1978) vorgeschlagenen strengen Robustheitsbereich.

Die von Havlicek und Peterson (1974) in dem Artikel *Robustness of the t-Test: A guide for researchers on effect of violations of assumptions* zum t-Test durchgeführten Analysen sind vergleichsweise sehr viel umfangreicher, und die verschiedenen Bedingungskombinationen, die entweder zu positiven oder zu negativen Robustheitsbefunden führen, können sehr genau studiert werden.

- **Produkt-Moment-Korrelation**

In den beiden Artikeln *Effect of the violation of assumptions upon significance levels of the Pearson r* von Havlicek und Peterson (1977) und *Tests of significance of correlation coefficients in the absence of bivariate normal populations* von Zimmerman (1986) kann Folgendes aufgezeigt werden:

Wenn man sich auf die übliche Nullhypothese, dass in der Population keine Korrelation vorliegt ($p = 0$), beschränkt (also keine Nullhypothesen wie z. B. $p = 0{,}1$ verwendet), dann führen selbst starke Verletzungen der Voraussetzung einer bivariaten Normalverteilung zwischen den beiden Variablen auch bei kleineren Stichproben (z. B. $N = 5$) zu positiven Robustheitseigenschaften des Signifikanztests.

10.2.2 Negative und differenzierte Robustheitsnachweise

- **L-Verteilungen von Bradley**

Bei Bradley (1980a) wird beschrieben (siehe auch Kuhlmei 2018, S. 13), wie von einer Versuchsperson von Bradley im Rahmen einer psychomotorischen Aufgabe (unter bestimmten Bedingungen musste ein von der Handposition leicht entfernter mehr oder weniger kleiner Knopf gedrückt werden) in 2520 Versuchen eine L-förmige Verteilung der Zeitmesswerte real erzeugt wird. Eine L-förmige Verteilung ist extrem linkssteil und hat einen sehr langen rechten dünnen Verteilungsschwanz. Eine grafische Darstellung der L-Verteilung findet sich bei Bradley (1980a, S. 29, Figur 1).

Bradley möchte erklärtermaßen nachweisen, dass es Bedingungen gibt, unter denen selbst bei größeren oder sehr großen Stichproben (N > 30 oder N > 500 oder sogar N > 1000) die wichtigsten parametrischen Signifikanztests (z-Test und t-Test für Stichprobe/Population und für zwei unabhängige Stichproben, Korrelationen, chi²-Test und Varianzanalyse) nicht robust reagieren.

Indem er in seinen Monte-Carlo-Studien in den folgenden drei Artikeln:
- *Nonrobustness in one-sample Z and t tests: A large-scale sampling study* Bradley (1980a)
- *Nonrobustness in classical tests on means and variances: A large-scale sampling study* Bradley (1980b)
- *Nonrobustness in Z, t and F tests at large sample sizes* Bradley (1980c)

künstlich hergestellte L-Verteilungen von Messwerten verwendet und diese teilweise mit der Verletzung der Varianzhomogenität und teilweise auch verschiedene Verteilungsformen kombiniert und teilweise ungleich große Stichproben verwendet, gelingt ihm dieser Nachweis souverän.

Stefanie: Wir sind gewarnt. Nicht normalverteilte *L-Verteilungen* der Messwerte können sich in Kombinationen mit anderen Verletzungen und Bedingungen verheerend auf die Robustheit der parametrischen Signifikanztests auswirken. Aber sollten wir deswegen auf die Anwendung der parametrischen Signifikanztests verzichten und überwiegend nichtparametrische Verfahren verwenden, so wie es uns von Bradley (1984, S. 465) nahegelegt wird?

Stevie: Ich denke nicht. Bei Kuhlmei (2018, S. 13–14) wurde schon auf methodische Möglichkeiten hingewiesen, wie das Auftreten einer L-Verteilung möglicherweise vollständig verhindert oder zumindest abgeschwächt werden könnte: Vermeidung von Boden- und Deckeneffekten und Begrenzungen der Messwertskalen.

Ansonsten sollten und dürfen wir die Befunde von Bradley (1980a, b, c) auch positiv konstruktiv verstehen und anwenden:
1. Wir können die aufgezeigten Robustheitsgrenzen der parametrischen Signifikanztests bei L-Verteilungen bewusst zur Kenntnis nehmen und beachten und gegebenenfalls besser konsequent auf die Anwendung der parametrischen Signifikanztests verzichten und uns mit deskriptiver Statistik begnügen.
2. Darüber hinaus können wir auch in den Studien von Bradley (1980a, b, c) sehr gut Bedingungskombinationen finden, bei denen die Signifikanztests eben doch noch robust reagieren (eher bei größerem Signifikanzniveau von z. B. $\alpha = 0{,}05$

statt α = 0,01 oder noch kleiner, ungerichteten Hypothesen, Gleichheit der Verteilungsformen bei zwei Populationen, gleich große Stichproben).
3. Insbesondere sind die Tab. 1–3 im Artikel von Bradley (1980c, S. 334–335) hervorragend dazu geeignet herauszufinden, ab welchen Stichprobengrößen N die Signifikanztests robust reagieren.

- **Replikationsstudien und Ausweitungen zu den L-Verteilungen von Bradley**

In den beiden Artikeln
- *Nonrobustness in F-tests: 1. A replication and extension of Bradley's study* von Wike und Church (1982a)
- *Nonrobustness in F-tests: 2. Further extensions of Bradley's study* von Wike und Church (1982b)

gelingt es den Autoren problemlos, die Befunde von Bradley (1980c) zu den F-Tests zu replizieren.

Der Versuch, die L-Verteilungen durch üblicherweise verwendete Transformationen (wie z. B. Logarithmieren) der Messwerte einer Normalverteilung anzunähern und dadurch die Signifikanztests robuster zu machen, scheitert deutlich.

Im Kontext einer varianzanalytischen Auswertung der tatsächlichen Irrtumswahrscheinlichkeiten α' gelingt es aber, die verschiedenen Faktoren mit ihren jeweiligen Effektstärken (Varianzhomogenität usw.), die zur Nicht-Robustheit der Signifikanztests beitragen, deutlich herauszuarbeiten.

Darauf basierend werden die Robustheitsergebnisse vom F-Test mit den folgenden alternativen Verfahren verglichen: getrimmter F_T-Test, Kruskal-Wallis H-Test, Welch's W-Test und Brown and Forsythe's F*-Test.

Eine begrenzte und recht bescheidene Verbesserung der Robustheit wird dabei allerdings nur durch den Brown and Forsythe's F*-Test, der zur Verminderung der Varianzheterogenität herangezogen wurde, wirklich erreicht.

Für unsere Diskussion (siehe oben) zur alternativen Verwendung von nichtparametrischen Verfahren wird die Position von Bradley (1984) nicht unterstützt:

Der nichtparametrische Kruskal-Wallis-H-Test führt nicht nur zu keiner durchgehenden Verbesserung der Robustheit, sondern im Durchschnitt eher zu einer Verschlechterung.

- **Zweifaktorielle Varianzanalyse mit ungleich großen Stichproben**

In dem Artikel *Robustness properties of nonorthogonal analysis of variance* von Milligan, Wong und Thompson (1987) wird die folgende Robustheitsgrenze deutlich aufgezeigt:

Wenn bei der Varianzanalyse die Normalverteilungsannahme und (oder) die Varianzhomogenität verletzt wird und wir ungleich große Stichproben in den untersuchten Gruppen (Zellen der Varianzanalyse) verwenden, dann sind die durchgeführten Signifikanztests, ohne wenn und aber, durchweg deutlich nichtrobust.

Stoffel: Ich habe verstanden, bei varianzanalytischen Auswertungen müssen unbedingt gleich große Stichproben verwendet werden. Diese Forderung wird man aber doch wohl normalerweise gut umsetzen können.

10.2.3 Konfrontationsschlag mit der Realität von Micceri

Stevie: In dem Artikel *The unicorn, the normal curve and other improbable creatures* von Micceri (1989) werden die realen Datensätze von 440 Studien aus vier verschiedenen Bereichen (Leistungen/Fähigkeiten, Psychometrie usw.) hinsichtlich ihrer Verteilungsformen untersucht.

Das erklärte Ziel von Micceri (1989) besteht darin, aufzuzeigen, dass die in der sozialwissenschaftlichen Forschung üblicherweise vertretene Annahme der angenäherten Normalverteilung meist unzutreffend ist. Außerdem sollten die Robustheitsstudien der letzten Jahrzehnte kritisch neu bewertet werden, weil sie überwiegend mit künstlich mathematischen Normalverteilungsabweichungen und nicht mit Abweichungen von der Normalverteilung gearbeitet haben, die in realen Datensätzen zu finden sind.

Dabei werden zwei grundlegende Abweichungsarten von der Normalverteilung: 1. *Gewicht der Verteilungsschwänze* (Wahrscheinlichkeiten an den Verteilungsrändern) und 2. *Symmetrie* (Schiefe, Mittelwert/Median Abstand, usw.) berücksichtigt.

Nach Micceris (1989, S. 160 und 162, Tab. 4) sehr strenger Interpretation haben nur 11,6 % der 440 Studien annähernd eine Normalverteilung (Schwanzgewicht: less than Gaussian, near Gaussian gekoppelt mit Asymmetrie: near symmetry).

Wenn wir die Werte deutlich liberaler interpretieren und deswegen auch moderate Abweichungen mit hinnehmen wollen, dann sind immerhin 40 % (Bezeichnungen bei Micceri 1989, S. 162, Tab. 4: *Schwanzgewicht*: „less than Gaussian", „near Gaussian" und „moderate contamination" gekoppelt mit *Asymmetrie*: „near symmetry" und „moderate") der betrachteten 440 Verteilungen hinsichtlich der beiden Kriterien *Gewicht der Verteilungsschwänze* und *Symmetrie,* maximal nur moderat abweichend von der Normalverteilung.

Stoffel: Das erscheint mir so oder so ein vernichtendes Ergebnis zu sein. Der Schlag trifft mich tief. Die *Normalverteilungsannahme* sollte in der Realität wohl eher nicht als berechtigt angenommen werden.

Stefanie: Immer langsam mit den jungen Pferden. Zum einen habe ich an der Arbeit von Micceri (1989) eine fundamentale Kritik anzubringen, und zum zweiten sollten wir uns auch noch den folgenden Konterschlag von Sawilowsky und Blair (1992) zu Gemüte ziehen.

Stoffel: Ich bin gespannt.

Stefanie: Ich beginne mit meiner zentralen Kritik an den Befunden von Micceri (1989). Die 440 Studien haben unterschiedlich große Stichproben, die von $N = 190$ bis $N = 10893$ reichen – und sie werden trotzdem in den Analysen alle einheitlich gewichtet.

Damit sind Tür und Tor für Spekulationen der folgenden Art eröffnet:

Nehmen wir mal an, die 40 % der 440 Studien, in denen die Normalverteilung maximal nur moderat verletzt wird, sind ausgerechnet die Studien, bei denen die größeren Stichproben verwendet wurden. Basierend auf den beschränkten Informationen zu den Stichprobengrößen von Micceri (1989, S. 160) könnte das dann großzügig geschätzt durchaus bedeuten, dass *ca. 80 % der insgesamt erhobenen Messwerte* Verteilungen haben, die maximal nur moderat von der Normalverteilung abweichen.

10.2 · Die beiden gegensätzlichen Standpunkte bei den Robustheitsstudien

Stoffel: Das klingt aber schon ganz anders, auch wenn ich mir nicht so richtig vorstellen kann, wie du auf diese geschätzten Werte kommst.

Stefanie: Ich kann es dir vielleicht an einem stark vereinfachten fiktiven Beispiel mit nur drei Stichproben veranschaulichen.

Die Stichproben 1 und 2 haben beide Stichprobengrößen von $N = 1000$ und sind eindeutig nicht normalverteilt (extreme Abweichungen). Die Stichprobe 3 dagegen hat eine Stichprobengröße von $N = 9000$ und sie weicht nur moderat von der Normalverteilung ab. Somit wurden insgesamt 11000 Messwerte erhoben.

Wir können dann die folgenden beiden Schlussfolgerungen ziehen, die beide aber sehr unterschiedliche Eindrücke erwecken:
1. Nur 33 % der Stichproben haben moderate Abweichungen von der Normalverteilung.
2. $(9000/11000) * 100\% = 81{,}82\%$ der erhobenen Messwerte gehören zu einer nur moderat von der Normalverteilung abweichenden Stichprobe.

Stoffel: Jetzt stelle ich mir allerdings die Frage, warum Micceri (1989) zu den Stichprobengrößen keine genaueren Angaben gemacht hat und warum er die 440 Studien, basierend auf den Stichprobengrößen, nicht unterschiedlich stark gewichtet hat.

10.2.4 Konterschlag gegen Micceri von Sawilowsky und Blair

Stevie: Kommen wir zu der Antwort auf die Micceri-Analysen von Sawilowsky und Blair (1992), die in ihren Monte-Carlo-Studien *A more realistic look at the robustness and type II error properties of the t test to departures from population normality* u. a. die Robustheit des t-Tests (für zwei unabhängige Stichproben) bei insgesamt sieben verschiedenen Verteilungen, die ganz nach der Konzeption von Micceri (1989) nicht normal verteilt sind, untersucht haben.

Stefanie: Was sind das denn für Verteilungen?

Stevie: Es gibt hier auch wieder die uns schon bekannte L-Verteilung, eine Art umgekehrte L-Verteilung, extreme Bimodalität, multimodale klumpenhafte Verteilungen usw.

Die grafischen Darstellungen dazu sind in den Abb. 1–7 bei Sawilowsky und Blair (1992, S. 354–355) zu finden.

Stoffel: Na gut, aber wie sieht es unter der Verwendung so realer und nicht normalverteilter Datensätze mit der Robustheit bei dem von mir so sehr geschätzten t-Test aus?

Stevie: Die Befunde sind durchaus beruhigend. Wenn die Stichproben (fast) gleich groß sind und groß genug sind ($N > 25$) und besser ungerichtete anstatt gerichtete Hypothesen geprüft werden, dann reagiert der t-Test ziemlich robust.

10.2.5 Abschließende Bemerkungen

Es lässt sich das folgende positive differenzierte Gesamtbild festhalten:
Wenn wir in unseren Untersuchungen die folgenden fünf Punkte:
1. Gesamtstichprobe $N > 40$,
2. pro untersuchter Gruppe jeweils $N \geq 30$,

3. Verwendung von gleich großen (oder zumindest annähernd gleich großen) Stichproben,
4. Vermeidung von L-Verteilungen (siehe Kuhlmei 2018, S. 13–14)
5. vorsichtige Interpretation des Ergebnisses, wenn die Irrtumswahrscheinlichkeit nur knapp unter dem α-Niveau liegt,

beachten bzw. einhalten können, dann können wir – trotz der Befunde von Micceri (1989) – weiterhin sinnvoll und berechtigt auf die Prüfungen der beiden zentralen Voraussetzungen (Varianzhomogenität und Normalverteilung), mit dem Verweis auf die Robustheit der statistischen Verfahren, verzichten.

Die generelle Strategie, keine Prüfungen der beiden Voraussetzungen *Varianzhomogenität und Normalverteilung* durchzuführen, wurde (wie bereits zu Beginn im ▶ Kapitel 9 erwähnt) von Westermann (2000, S. 333–334) sinngemäß mit den folgenden Begründungen gerechtfertigt:

1. Die parametrischen statistischen Signifikanztests reagieren relativ robust (siehe Monte-Carlo-Studien) auf Verletzungen der Voraussetzungen (unter Beachtung der fünf Punkte siehe oben), und sie sind relativ effizient (Teststärke) bei Erfüllung der Verteilungsannahmen im Vergleich zu den nonparametrischen Verfahren.
2. Die Prüfungen der Voraussetzungen (mit Signifikanztests) sind mit erheblichen Schwächen verbunden: Bei kleinen Stichproben können sie wegen der mangelnden Teststärke nur schwer signifikant werden, und bei großen Stichproben werden sie zu leicht signifikant. Außerdem werden die Prüfungen meist nur indirekt durchgeführt (siehe ▶ Abschn. 8.3 und 9.2)

In der ◘ Abb. 10.1 sehen wir, wie Stoffel und Stefanie eine Robustheitsprüfung für einen relativ massiven, stabilen Tisch durchführen.

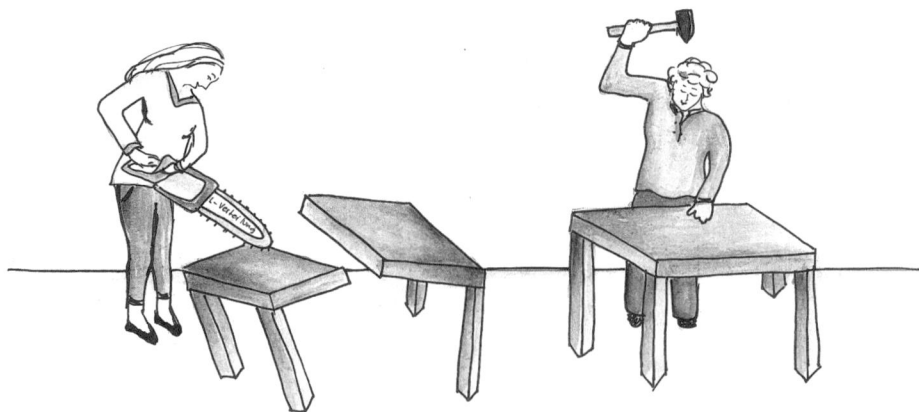

◘ Abb. 10.1 Stoffel und Stefanie: Robustheitsprüfung

Serviceteil

Literatur – 224

Stichwortverzeichnis – 227

© Springer-Verlag GmbH Deutschland, ein Teil von Springer Nature 2020
E. Kuhlmei, *Lerne mit uns komplexe Statistik!*,
https://doi.org/10.1007/978-3-662-61751-9

Literatur

Backhaus, K., Erichson, B., Plinke, W., & Weiber, R. (2018). *Multivariate Analysemethoden. Eine anwendungsorientierte Einführung* (15. Aufl.). Berlin: Springer Gabler.

Bortz, J. (2005). *Statistik für Human- und Sozialwissenschaftler* (6. Aufl.). Berlin: Springer.

Bortz, J., Lienert, G. A., & Boehnke, K. (2008). *Verteilungsfreie Methoden in der Biostatistik*. Heidelberg: Springer.

Bortz, J., & Schuster, C. (2010). *Statistik für Human- und Sozialwissenschaftler* (7. Aufl.). Berlin: Springer.

Bradley, J. V. (1968). *Distribution-free statistical tests*. Englewood Cliffs: Prentice-Hall.

Bradley, J. V. (1978). Robustness? *British Journal of mathematical and statistical Psychology, 31,* 144–152.

Bradley, J. V. (1980a). Nonrobustness in one-sample Z and t tests: A large-scale sampling study. *Bulletin of the Psychonomic Society, 15*(1), 29–32.

Bradley, J. V. (1980b). Nonrobustness in classical tests on means and variances: A large-scale sampling study. *Bulletin of the Psychonomic Society, 15*(4), 275–278.

Bradley, J. V. (1980c). Nonrobustness in Z, t and F tests at large sample sizes. *Bulletin of the Psychonomic Society, 16*(5), 333–336.

Bradley, J. V. (1984). Antinonrobustness: A case study in the sociology of science. *Bulletin of the Psychonomic Society, 22*(5), 463–466.

Clauß, G., & Ebner, H. (1983). *Grundlagen der Statistik. Für Psychologen, Pädagogen und Soziologen* (7. Aufl.). Berlin: Volk und Wissen Volkseigener.

Cohen, J. (1988). *Statistical power analysis for the behavioral sciences* (2. Aufl.). Hillsdale: Lawrence Erlbaum.

Diehl, J. M., & Arbinger, R. (2001). *Einführung in die Inferenzstatistik* (3. Aufl.). Eschborn bei Frankfurt am Main: Dietmar Klotz.

Diehl, J.M., & Staufenbiel, T. (2007). *Statistik mit SPSS für Windows. Version 15.* Eschborn bei Frankfurt a. M.: Dietmar Klotz.

Field, A. (2009). *Discovering statistics. Using SPSS* (3. Aufl.). Los Angeles: Sage.

Glass, G. V., Peckham, P. D., & Sanders, J. R. (1972). Consequences of failure to meet assumptions underlying the fixed effects analyses of variance and covariance. *Review of Educational Research, 42*(3), 237–288.

Hager, W., Lübbeke, B., & Hübner, R. (1983). Verletzung der Annahmen bei Zwei-Stichproben-Lokationstests: Eine Übersicht über empirische Resultate. *Zeitschrift für experimentelle und angewandte Psychologie, 30*(3), 347–386.

Havlicek, L. L., & Peterson, N. L. (1974). Robustness of the t Test: A guide for researchers on effect of violations of assumptions. *Psychological Reports, 34,* 1095–1114.

Havlicek, L. L., & Peterson, N. L. (1977). Effect of the violation of assumptions upon significance levels of the Pearson r. *Psychological Bulletin, 84*(2), 373–377.

Hübner, R., & Hager, W. (1984). Sind nonparametrische Tests parametrischen bei „beliebigen Verteilungen" vorzuziehen? *Zeitschrift für experimentelle und angewandte Psychologie, 31*(2), 214–231.

Kuhlmei, E. (2018). *Lerne mit uns Statistik!: Drei Studies erklären statistische Verfahren und ihre SPSS-Anwendungen.* Berlin: Springer.

Küng, H. (2011). *Projekt Weltethos* (13. Aufl.). München: Piper.

Micceri, T. (1989). The unicorn, the normal curve and other improbable creatures. *Psychological Bulletin, 105*(1), 156–166.

Milligan, G. W., Wong, D. S., & Thompson, P. A. (1987). Robustness properties of nonorthogonal analysis of variance. *Psychological Bulletin, 101*(3), 464–470.

Neave, H. R., & Granger, C. W. J. (1968). A Monte Carlo study comparing various two-sample tests for differences in mean. *Technometrics, 10*(3), 509–522.

Rasch, B., Friese, M., Hofmann, W., & Naumann, E. (2014a). *Quantitative Methoden 1: Einführung in die Statistik für Psychologen und Sozialwissenschaftler* (4. Aufl.). Heidelberg: Springer.

Rasch, B., Friese, M., Hofmann, W., & Naumann, E. (2014b). *Quantitative Methoden 2: Einführung in die Statistik für Psychologen und Sozialwissenschaftler* (4. Aufl.). Heidelberg: Springer.

Röhr, M., Lohse, H., & Ludwig, R. (1983). *Statistik. Für Soziologen, Pädagogen, Psychologen und Mediziner. Band 2. Statistische Verfahren.* Thun und Frankfurt a. M.: Harri Deutsch.

Sawilowsky, S. S., & Blair, R. C. (1992). A more realistic look at the robustness and type II error properties of the t test to departures from population normality. *Psychological Bulletin, 111*(2), 352–360.

Stevens, J. (2002). *Applied multivariate statistics for the social sciences.* New Jersey: Erlbaum.

Tabachnick, B. G., & Fidell, L. S. (2007). *Using multivariate statistics* (5. Aufl.). Boston: Pearson.

Urban, D., & Mayerl, J. (2011). *Regressionsanalyse: Theorie, Technik und Anwendung* (4. Aufl.). Wiesbaden: VS Verlag für Sozialwissenschaften.

Vaitl, D., & Petermann, F. (Hrsg.) (2000). *Handbuch der Entspannungsverfahren. Band 1: Grundlagen und Methoden* (2. Aufl.). Weinheim: Beltz.

Westermann, R. (2000). *Wissenschaftstheorie und Experimentalmethodik. Ein Lehrbuch zur psychologischen Methodenlehre*. Göttingen: Hogrefe.

Wike, E. L., & Church, J. D. (1982a). Nonrobustness in F tests: 1. A replication and extension of Bradley's study. *Bulletin of the Psychonomic Society*, 20 (3), 165–167.

Wike, E. L., & Church, J. D. (1982b). Nonrobustness in F tests: 2. Further extensions of Bradley's study. *Bulletin of the Psychonomic Society*, 20 (3), 168–170.

Zimmerman, D. W. (1986). Tests of significance of correlation coefficients in the absence of bivariate normal populations. *Journal of Experimental Education, 54*(4), 223–227.

Stichwortverzeichnis

A

Ablaufschema V

B

Basisablauf 16, 33, 45, 67, 69, 77, 79, 89, 92, 102, 110, 119, 128, 137, 140, 151, 183, 187
Bedeutung
– einzelner Prädiktor 174

D

Datensatz
– fiktiver 4, 6
– realer 58, 59
Diagnostik 134, 135, 149
Diskriminanzanalyse VI, 64, 66, 138–148, 150–152, 155, 157–159, 161–164, 166–171, 174–177
Diskriminanzfunktion 64, 138–141, 143, 144, 147–151, 154, 161–168, 175, 177
D_{max} 204, 205
Dummycodierung 127
Dummyvariable 127–129, 133, 134

F

F-Test 10, 19, 20, 24, 26, 27, 30–32, 36, 37, 40, 41, 43, 44, 47, 48, 52, 55, 56, 139, 155, 164, 182, 184, 188, 190, 217

G

Gesamt-Trefferquote 149, 162, 163

H

Häufigkeitsverteilung
– eingezeichnete Normalverteilung 194
Hypothese, statistische
– disordinale Interaktion 29

– Levene-Test
 – inhaltliche Fragestellung 183
 – Prüfung der Modellvoraussetzung vom t-Test 188
– multiple Regressionsanalyse: dichotome Moderatorvariable als Interaktionseffekt 105
– multiple Regressionsanalyse: dichotome Moderatorvariable im Gruppenvergleich 111
– multiple Regressionsanalyse: dreistufige nominalskalierte Prädiktorvariable 130
– multiple Regressionsanalyse: Standardmethode, zwei Prädiktoren 82
– multiple Regressionsanalyse: totale Mediatorvariable 120
– multiple Regressionsanalyse: traditioneller Suppressoreffekt 93
– Varianzanalyse
 – unabhängige Stichproben 18
 – zweifaktoriell, Messwiederholung auf beiden Faktoren 35
 – zweifaktoriell, Messwiederholung auf einem Faktor 46

I

Interaktion 12–21, 23–35, 37, 40–48, 51–56, 102, 103
– disordinale 14
– hybride 13
– keine 13
– ordinale 13

K

Kolmogorov-Smirnov-Test 193, 199, 203–206
– Lillifors 203
Kreuzvalidierung 64, 174–178
Kurtosis 193, 199–202

L

Levene-Test VI, 182, 184–190

– indirekte Prüfung der Varianzen 189

M

Mauchly-Test 10, 40, 42, 51–53
Mediator 63, 126
– Drehgeschwindigkeit 117
Mediatorvariable 63, 117–120, 122, 123, 125–127
– Konsum 118
– Konzentrationsfähigkeit 118
– partielle 126
– Reaktionszeit 118
– totale 119
Methode, hierarchische 63, 64, 96
Modell, allgemeines lineares 134
Moderator 63
– Geschlecht 102
– Luftbedingung 101
Moderatorvariable 63, 101, 102, 105, 107, 108, 110, 112–114, 116, 117
Moderatorvariable, dichotome 110
– Gruppenvergleich 110
– Interaktionseffekt 102
Monte-Carlo-Studien 208
– t-Test 210
– z-Test 209
Multikollinearität 65, 66, 88, 100, 109, 110, 115, 124, 150, 164

N

Nichtmultikollinearität 109
Normalverteilung 10, 26, 31, 43, 55, 65, 66, 73, 164, 169, 180, 186, 192–195, 197, 198, 200, 201, 204–206, 208, 210, 212, 214, 215, 217–220

P

Partialkorrelation 66, 68–76
– höherer Ordnung 75
Polynom 134–136
Prädiktoren, zwei
– multiple Regressionsanalyse 80

Prädiktorvariable, nominalskalierte 127
Probability-Probability-Plot 196
Produkt-Moment-Korrelation VI, 63, 69–71, 73, 94, 99, 106, 109, 113, 115, 124, 128, 150, 162, 163, 174, 215

R

R^2 65, 78, 80, 81, 83, 85, 87–89, 91–96, 98–100, 113, 116, 126–128, 130–136, 140, 147, 148, 150, 151, 154–157, 161, 162, 165
Regressionsanalyse VI, 63–66, 68, 76, 78–81, 85–87, 89, 90, 96, 97, 99, 105–109, 113–115, 122–125, 127, 128, 131–136, 138–143, 145, 156, 157, 168–171, 174–176
– logistische 168
Regressionskoeffizient 76, 84, 87, 88, 90, 95, 99, 106, 107, 113, 121, 125, 136, 138, 169, 170, 174
Robustheitsstudie VI, 180, 208, 211, 213, 215, 218
– zwei gegensätzliche Standpunkte 213
Rückfälligkeitsdiagnostik 135

S

Scheinkorrelation 69, 76
Schiefe 193, 199–203, 206, 218
Semipartialkorrelation 75
Sphärizität 40, 42, 43, 51, 53, 54
SPSS-Schema
– Diskriminanzanalyse, traditioneller Suppressoreffekt 157
– Diskriminanzanalyse, zwei Prädiktoren 145
– Häufigkeitsverteilung mit eingezeichneter Normalverteilung 194
– Levene-Test 184
– multiple Regressionsanalyse: dichotome Moderatorvariable als Interaktionseffekt 107
– multiple Regressionsanalyse: dichotome Moderatorvariable mit Gruppenvergleich 113

– multiple Regressionsanalyse: dreistufige nominalskalierte Prädiktorvariable 131
– multiple Regressionsanalyse: Standardmethode, zwei Prädiktoren 85
– multiple Regressionsanalyse: totale Mediatorvariable 122
– multiple Regressionsanalyse: traditioneller Suppressoreffekt 96
– Partialkorrelation 71
– Probability-Probability-Plot 196
– Prüfung der Normalverteilung, Signifikanztests 198
– Varianzanalyse
  – unabhängige Stichproben 21
  – zweifaktoriell, Messwiederholung auf beiden Faktoren 37
  – zweifaktoriell, Messwiederholung auf einem Faktor 49
SPSS-(Teil-)Schema
– Interaktionsvariable 104
– Variablenwerte verändern: Dummycodierung 129
– Variablenwerte verändern 103
Standard-Methode 63, 64, 78, 85, 107, 113, 122, 131, 145
Statistische Hypothesen
– Diskriminanzanalyse, traditioneller Suppressoreffekt 153
– Diskriminanzanalyse, zwei Prädiktoren 144
– Partialkorrelation 69
– Prüfung der Normalverteilungsannahme, Kolmogorov-Smirnov-Test 203
– Prüfung der Normalverteilungsannahme, z-Tests 199
Stichprobeneffekt 25, 27, 42, 54, 74, 88, 89, 100, 116, 125, 133–135, 150, 165
Stichprobeneffektgröße 44, 56, 69
Stichprobenkorrelation -quadrierte R^2 96
Stichprobenregressionskoeffizient 79, 85, 88, 98, 107, 122, 125, 132
Suppressor 63, 139, 151, 152, 157, 158, 161, 165, 166
Suppressoreffekt, traditioneller
– multiple Regressionsanalyse 89

Suppressorvariable 63, 64, 89–92, 98, 100, 101, 135, 139, 151–153, 157, 158, 165
– Entfernung von Dreck 89

T

Toleranzwert 85, 88, 98, 100, 107, 109, 122, 124, 133
Traditioneller Suppressoreffekt
– Diskriminanzanalyse 151
Trefferquote 149, 150, 162, 165, 176
t-Test 20, 26, 31, 37, 43, 44, 56, 105, 138, 166, 167, 182, 184, 187–189, 208, 210–212, 214–216, 219
– multivariater 166

V

Varianz, aufgeklärte 128, 158
Varianzanalyse 4, 9, 10, 12, 14, 16, 20–25, 27, 30–33, 36–40, 43, 45, 47–52, 54, 64, 87, 99, 133, 138, 144, 155, 167, 168, 170, 184, 187–189, 208, 214, 216, 217
– abhängige Stichproben 32
– mehrfaktorielle 9
– multivariate 167
– unabhängige Stichproben 12
– zweifaktorielle 9
Varianzhomogenität VI, 10, 26, 31, 55, 65, 66, 147, 150, 158, 164, 169, 180, 182, 187–189, 208, 212, 214–217, 220

W

Wilks Lambda 140, 147, 148, 150, 158, 161–165

Z

z-Test VI, 201, 203, 206, 208–210, 216
– Schiefe, Kurtosis 199
Zufallstrefferrate 142, 150
Zwei Prädiktoren
– Diskriminanzanalyse 141

If you have any concerns about our products,
you can contact us on
ProductSafety@springernature.com

In case Publisher is established outside the EU,
the EU authorized representative is:
**Springer Nature Customer Service Center GmbH
Europaplatz 3, 69115 Heidelberg, Germany**

Printed by Libri Plureos GmbH
in Hamburg, Germany